누적 판매량 63만 부 돌파
상식 베스트셀러 1위 985회 달성*

수많은 취준생이 선택한
에듀윌 상식 교재 막강 라인업!

[월간] 취업에 강한 에듀윌 시사상식

多통하는 일반상식 통합대비서

일반상식 핵심기출 300제

공기업기출 일반상식

기출 금융경제 상식

언론사기출 최신 일반상식

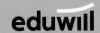

89개월 베스트셀러 1위!*
Why 월간 에듀윌 시사상식

우수콘텐츠잡지
2021

업계 유일!
2년 연속 우수콘텐츠잡지 선정!*

Cover Story, 분야별 최신상식, 취업상식 실전TEST, 논술·찬반 등 취업에 필요한 모든 상식 콘텐츠 수록!

업계 최다!
월간 이슈&상식 부문 89개월 베스트셀러 1위!

수많은 취준생의 선택을 받은 취업상식 월간지 압도적 베스트셀러 1위!

10 YEARS ANNIVERSARY

업계 10년 이상의 역사!
『에듀윌 시사상식』 창간 10주년 돌파!

2011년 창간 이후 10년 넘게 발행되며 오랜 시간 취준생의 상식을 책임진 검증된 취업상식 월간지!

* 알라딘 수험서/자격증 월간 이슈&상식 베스트셀러 1위 기준 (2012년 5월~7월, 9월~11월, 2013년 1월, 4월~5월, 11월, 2014년 1월, 3월~11월, 2015년 1월, 3월~4월, 10월, 12월, 2016년 2월, 7월~12월, 2017년 8월~2022년 4월 월간 베스트)
* 한국잡지협회 주관 2020년, 2021년 우수콘텐츠잡지 선정

하루아침에 완성되지 않는 상식, 에듀윌 시사상식 정기구독이 답!

정기구독 신청 시 10% 할인

매월 자동 결제
정가 10,000원 9,000원

6개월 한 번에 결제
정가 60,000원 54,000원

12개월 한 번에 결제
정가 120,000원 108,000원

· 정기구독 시 매달 배송비가 무료입니다.
· 구독 중 정가가 올라도 추가 부담 없이 이용하실 수 있습니다.
· '매월 자동 결제'는 매달 20일 카카오페이로 자동 결제되며, 6개월/12개월/무기한 기간 설정이 가능합니다.

정기구독 신청 방법

인터넷
에듀윌 도서몰(book.eduwill.net) 접속 ▶
시사상식 정기구독 신청 ▶
매월 자동 결제 or 6개월/12개월 한 번에 결제

전 화
02-397-0178
(평일 09:30~18:00 / 토·일·공휴일 휴무)

입금계좌
국민은행 873201-04-208883 (예금주 : 에듀윌)

정기구독 신청·혜택
바로가기

eduwill

에듀윌 시사상식과
#소통해요

#소통하는 방법

방법 1

QR코드 스캔 접속

방법 2

http://eduwill.kr/62dF

인터넷 주소 입력으로 접속

더 읽고 싶은 콘텐츠가 있으신가요?
더 풀고 싶은 문제가 있으신가요?
의견을 주시면 콘텐츠로 만들어 드립니다!

☑ 에듀윌 시사상식은 독자 여러분의 의견을 적극 반영하고자
합니다.

☑ 읽고 싶은 인터뷰, 칼럼 주제, 풀고 싶은 상식 문제 등 어떤
의견이든 남겨 주세요.

☑ 보내 주신 의견을 바탕으로 특집 콘텐츠 등이 기획될 예정
입니다.

설문조사 참여 시
#스타벅스 아메리카노를 드립니다!

추첨 방법 매월 가장 적극적으로 의견을 주신 1분을 추첨하여 개별 연락

경품 스타벅스 아메리카노 Tall

취업에 강한

에듀윌
시사상식

MAY 2022

05

eduwill

CONTENTS

2022. 05. 통권 제131호

발행일 | 2022년 4월 25일(매월 발행)
편저 | 에듀윌 상식연구소
내용문의 | 02) 2650-3912
구독문의 | 02) 397-0178
팩스 | 02) 855-0008
ISBN | 979-11-360-1465-8
ISSN | 2713-4121

PART 01

Cover Story 01

Cover Story 02

PART 02

분야별 최신상식

Cover Story

이달의 가장 중요한 이슈

1.

북한, ICBM 발사...
레드라인 넘었다

4년여 만에 모라토리엄
파기...한반도 격랑

북한은 3월 25일 전날 신형 대륙간탄도미사일(ICBM) 화성 17형
시험발사에 성공했다고 밝혔다. 북한이 ICBM을 발사한 것은
2017년 이후 4년 4개월 만이다. 북한은 2018년 핵실험 및
ICBM 시험발사 중지를 약속하는 모라토리엄 원칙을 세웠다.
하지만 이번 ICBM 발사로 모라토리엄이 4년여 만에 깨지면서
한반도 평화 프로세스도 결국 원점으로 돌아갔다는 지적이 나온다.
한미 양국은 북한에 대한 고강도 추가 제재를 논의하기로 했다.
새 대북제재는 기존 안보리 대북제재 결의 2397호의 대북 원유 금수
조치를 강화하는 내용으로 추측된다. 그러나 중국과 러시아의 반대로
안보리 결의안이 통과될지는 미지수다. 미국 정부는 북한이 ICBM
발사에 이어 핵실험을 준비하는 징후가 있다고 경고했다.

北, 4년 4개월 만에 ICBM 발사 도발

▲ 3월 25일 조선중앙통신은 북한이 신형 대륙간탄도미사일 (ICBM) '화성 17형' 시험발사에 성공했다고 보도했다.

연초부터 미사일 발사 도발을 지속하던 북한이 레드라인(red line)을 넘었다. 레드라인은 '한계선' 또는 '협상에서 당사자가 양보하지 않으려는 쟁점이나 요구 사항'이라는 뜻으로 대북 정책에서는 **한미 양국이 설정한 '대북 포용 정책을 봉쇄 정책으로 바꾸는 기준선'**이란 의미로 쓰인다. 이때 레드라인은 북한의 행위를 기준으로 기준선을 판단한다.

한미는 ▲북한이 중장거리 미사일을 재발사할 경우 ▲1994년 제네바 합의를 위반할 정도의 핵개발 혐의가 포착될 경우 ▲대규모 대남 무력도발의 반복적 실시 등을 포함하여 북한의 행동에 대한 리스트를 마련했다.

북한은 3월 25일 전날 **신형 대륙간탄도미사일** (ICBM, Intercontinental Ballistic Missile) **화성 17형** 시험발사에 성공했다고 밝혔다. 북한 조선중앙통신은 이날 "김정은 국무위원장의 지도하에 3월 24일 신형 ICBM인 화성 17형 시험발사가 단행됐다"고 전했다. 북한이 ICBM을 발사한 것은 **2017년 11월 29일 화성 15형을 쏘아 올리며 핵무력 완성을 선언한 이후 4년 4개월 만**이다. 국제 사

회가 우크라이나 전쟁에 정신이 팔리고 대한민국에서는 정권 교체로 어수선한 틈을 타 강도 높은 도발을 감행한 셈이다.

합동참모본부는 "북한이 3월 24일 오후 2시 34분쯤 평양 순안공항 일대에서 동해상으로 ICBM 1발을 고각(高角)발사했다"고 밝혔다. **고각발사는 실제 사거리보다 줄여서 발사하기 위해 정상 각도보다 높여 발사하는 것**을 말한다. 합참은 이날 북한이 쏜 ICBM의 정점 고도는 6200km 이상, 사거리는 약 1080km, 속도는 마하 20(시속 2만 4480km)이라고 측정했다. 70분 이상 비행했으며 탄착 지점은 일본 홋카이도 오시마반도 서방 150km로 알려졌다.

국방부는 북한의 주장과 달리 이번에 시험발사된 ICBM은 화성 17형이 아니라고 분석했다. 화성 17형은 4개의 엔진 묶음을 갖고 있지만 발사체는 화성 14형이나 15형처럼 엔진이 2개라고 설명했다. 북한이 공개한 발사 영상도 날씨나 시간대를 추정해보면 이전 화면과 뒤섞인 것으로 평가했다.

이 같은 점으로 볼 때 북한은 지난 3월 16일 화성 17형 시험발사에 실패한 뒤 민심 동요를 막기 위해 8일 만에 발사 성공 확률이 높은 화성 15형을 쏘고 17형을 쐈다고 주장했을 가능성이 높다. 다만 이번에 발사된 ICBM이 화성 15형이어도 고도와 사거리가 증가하며 성능 개선이 이뤄진 것은 사실이다.

북한이 이번에 발사한 ICBM 사거리를 정상 각도로 환산하면 1만5000km에 이르러 미국 본토 전체가 넉넉히 사정거리에 들어오는 범위다. 북한에서 미국 본토까지 직선거리는 1만352km다.

북한 주요 미사일 사거리

구분	사거리
스커드	500~1000km
북극성	1000km 이상
무수단	3000km 이상
화성 12형	4500~5500km
화성 14형	1만km 이상
화성 15형	1만3000km 이상
화성 17형	1만5000km 이상

모라토리엄 파기…
'한반도 평화 프로세스' 파국

▲ 한반도 평화 프로세스가 시작된 2017년 7월 문재인 대통령의 '베를린 구상'

문재인 대통령은 3월 24일 북한 ICBM 발사와 관련, 긴급 국가안전보장회의(NSC, National Safety Council)를 주재하고 **"북한의 이번 발사는 김정은 국무위원장이 국제사회에 약속한 ICBM 발사 유예**(모라토리엄·moratorium)**를 파기한 것"**이라고 비판했다.

윤석열 당선인 대통령직인수위원회 측은 "유엔 안전보장이사회(안보리) 결의를 정면 위반함으로써 우리 안보를 위협하는 중대한 도발 행위를 강력히 도발한다"며 "한미 간 철저한 공조를 토대로 국제사회와 협력해 북한의 도발에 강력히 대응해나가야 한다"고 촉구했다.

북한은 남북·북미 정상회담을 앞두고 대화 분위기가 무르익던 2018년 **핵실험 및 ICBM 시험발사 중지를 약속하는 모라토리엄 원칙**을 세웠다. 당시 북한은 노동당 중앙위원회 제7기 제3차 전원회의에서 "주체 107년(2018년) 4월 21일부터 핵실험과 ICBM 시험발사를 중지할 것"이라는 내용의 결정서를 채택했다.

북한은 이후 2차 북미 정상회담 등 북미 비핵화 협상이 결렬되고 남북대화가 단절한 상황에서도 핵실험과 ICBM 발사라는 선은 넘지 않으며 모라토리엄만큼은 지켜왔다. 북한이 2017년 11월 29일 화성 15형 발사 이후 4년 넘게 ICBM을 발사하지 않은 것을 두고 문재인 정부는 한반도 평화 프로세스의 대표적인 성과로 내세웠다.

올해 들어 북한이 10차례 이상 미사일 발사 도발을 감행한 가운데서도 문재인 정부는 북한과 대화가 필요하다는 희망의 끈을 놓지 않았다. 그러나 이번 ICBM 발사로 **모라토리엄이 4년여 만에 깨지면서 한반도 평화 프로세스도 결국 원점으로 돌아갔다**는 지적이 나온다.

반면 이인영 통일부 장관은 4월 6일 기자 간담회에서 "한반도의 군사적 긴장이 최고조에 달했던 2017년부터 적어도 4년 4개월 동안은 북한 스스로 위협을 내려놓도록 이끌기도 했고 **■9·19 군사합의** 이행으로 군사적으로 가장 예민했던 남북 접경지의 우발적 충돌이 거의 사라진 것도 사실"이라며 "한반도 평화 프로세스를 총체적 실패로 단정하는 것은 합당하지 않다"고 밝혔다.

■ 9·19 군사 합의

9·19 군사 합의(군사 분야 합의서)는 2018년 9월 19일 문재인 대통령과 김정은 북한 국무위원장이 평양정상회담을 통해 채택한 '9월 평양공동선언'의 부속 합의서이다. 남북은 2018년 평양정상회담에서 9·19 군사 분야 합의서를 평양공동선언의 부속합의서로 채택하고 이를 철저히 준수하고 성실히 이행하기로 했다. 여기에는 '판문점선언'에 담긴 비무장지대(DMZ)의 비무장화, 서해 평화수역 조성, 군사당국자회담 정례화 등을 구체적으로 이행하기 위한 후속 조치가 명시됐다.

한미, 새 대북제재 추진...
EU, 북한인결의안 채택

한미 양국은 북한에 대한 고강도 추가 제재를 논의하기로 했다. **성 김 미 국무부 대북특별대표**는 4월 4일(이하 현지시간) **노규덕 외교부 한반도평화교섭본부장**과 한미 북핵 협상 수석대표 회담을 한 뒤 "긴장을 고조시키는 북한의 행위에 대해 유엔 안보리 차원의 강력한 대응이 중요하다는 데 동의했다"고 밝혔다.

노 본부장도 "북한의 ICBM 발사는 다수의 안보리 결의 위반임을 감안해 새로운 (안보리) 결의 추진을 포함한 강력한 조치 추진이 필요하다는 데 의견을 같이했다"고 밝혔다. 한미가 새로운 유엔 안보리 대북제재 결의안 채택을 함께 추진하겠다고 밝힌 것은 처음이다.

새 대북제재는 기존 안보리 ■**대북제재 결의 2397호**의 대북 원유 금수 조치를 강화하는 내용으로 추측된다. 그러나 안보리 결의안이 통과될지는 미지수다. 유엔 안보리에서 새로운 규탄 성명이나 제재 결의안을 채택하려면 5개 상임이사국 모두 찬성해야 하기 때문이다. 바이든 행정부는 올 들어 다섯 차례 열린 유엔 도발 관련 유엔 안보리 회의에서 대북 규탄 성명과 미사일 발사에 연루된 북한 인사 제재를 추진했지만 중국과 러시아의 반대로 모두 실패했다.

유럽연합(EU) 의회는 4월 7일 '북한의 종교 소수자에 대한 박해를 포함한 인권 상황' 결의안을 채택하면서 ICBM 발사도 규탄했다.

유럽의회는 북한 ICBM 발사와 관련해 "불필요하고 위험한 도발 행위를 강하게 규탄한다"며 "북한이 대량살상무기(WMD, Weapons of Mass Destruction)와 탄도미사일 프로그램을 완전하고 검증 가능하며 불가역적인 방식으로 폐기할 것을 요구한다"고 촉구했다.

유럽의회는 또 "북한의 현·전 최고지도자와 지도부가 조직적으로 자행한 수십 년에 걸친 국가 탄압을 강력히 규탄한다"며 "김정은이 몰살·살인·노예화·고문·감금·강간·강제 낙태와 성폭력, 정치·종교·인종·성별에 따른 박해, 강제이동, 강제 실종, 장기화한 기아에 따른 비인도적인 행동에 관한 정책을 중단해야 한다"고 덧붙였다.

이와 함께 47개국으로 구성된 유엔 인권이사회는 4월 1일 북한에서 벌어지는 인권 침해와 반인권 범죄를 규탄하고 개선 조처를 촉구하는 북한 인권결의안을 채택했다. 북한 인권결의안은 2008년 이후 매년 채택됐고 2016년부터는 표결 절차 없이 합의로 채택됐다.

한국은 이번 결의안의 공동제안국에 참여하지 않았다. **한국은 2019년부터 올해까지 네 차례 연속 공동제안국에서 빠졌다.** 외교부 측은 한반도 평화 프로세스의 진전과 남북 관계의 특수한 상황을 종합적으로 고려한 결정이라고 밝혔다.

■ **대북제재 결의 2397호**

대북제재 결의 2397호는 2017년 9월 북한의 6차 핵실험과 11월 ICBM 화성 15형 시험발사에 대한 조치로 12월 유엔 안보리가 채택한 결의안이다. 이는 북한에 대한 원유 공급 연한도를 400만 배럴로, 정제유는 50만 배럴로 제한했고 북한이 추가로 ICBM을 발사할 경우 원유와 정제유 공급을 추가로 줄이는 트리거(trigger·방아쇠) 조항을 명문화했다. 또한 북한의 주요 외화벌이 창구로 꼽히는 해외파견 노동자에 대한 송환 조치, 북한 인사 16명과 단체 1곳 블랙리스트 추가, 산업기계·운송수단·철강 등 금속류의 대북 수출 차단, 식용품·기계류·목재류·선박·농산품 등의 북한 수출 금지 품목 확대 등이 단행됐다.

美 "北 핵실험 가능성 주시"

▲ 함경북도 풍계리 핵실험장 위치

미국 정부는 북한이 ICBM 발사에 이어 핵실험을 준비하는 징후가 있다고 경고했다. 미 CNN 방송은 3월 30일 미 행정부 관리를 인용해 북한이 최근 **함경북도 길주군 풍계리 핵실험장**에서 갱도 굴착과 건설 활동을 시작했다며 2017년 9월 6차 핵실험 이후 7번째 핵실험 준비를 시작했을 가능성이 있다고 보도했다.

북한은 북미 관계 개선 조짐이 보이던 2018년

4월 핵실험·ICBM 시험발사 중단을 결정하고 5월 풍계리 핵실험장 일부 갱도를 폭파했다. 그러나 최근 CNN은 상업 위성사진 분석을 통해 풍계리 핵실험장 복구 작업이 속도를 내고 있다고 전했다.

바이든 행정부는 4월 8일 북한의 WMD와 탄도미사일 프로그램 개발을 지원한 군수공업부 산하 로케트 공업부를 비롯해 자금 조달 자회사 등 5개 기관을 대북 제재 대상으로 추가했다. 해당 기관은 미국 내 자산이 동결되고 이들 기관과의 거래도 금지된다. 이 같은 제재는 북한의 핵실험 도발에 대한 사전 경고 성격으로 풀이된다.

우리 정부 당국은 윤석열 정부가 출범하는 5월 10일 전후에 북한의 핵실험 및 추가 ICBM 도발이 있을 수 있다고 판단했다. 4월 15일 김일성 생일(태양절), 4월 25일 조선인민혁명군 창건일 등을 전후해 도발이 이어질 가능성이 높다는 관측이 나왔다.

➕ **북한의 4대 명절**

▲김일성 생일(태양절·4월 15일) ▲김정일 생일(광명성절·2월 16일) ▲정권 수립일(9월 9일) ▲조선로동당 창건일(10월 10일)

2.

'검찰 수사권 완전 박탈' 충돌

"견제 없는 권력 개혁" – "범죄자 만세 부를 것"

윤석열 정부 출범을 한 달여 남겨둔 시점에서 검수완박(검찰 수사권 완전 박탈)이 최대 이슈로 떠올랐다. 민주당은 4월 12일 의원총회를 열고 검찰 수사권을 타 기관으로 이양하는 것을 골자로 한 검수완박 법안을 당론으로 채택했다. 민주당은 "70년째 수사권과 기소권을 독점하며 견제 없는 권력을 향유한 검찰을 개혁해야 한다"고 주장했다. 국민의힘과 대통령직인수위원회, 검찰은 한목소리로 "범죄자가 판치는 세상을 만들겠다는 것"이라고 반발했다.

'검수완박' 정치권 최대 이슈로 부상

윤석열 정부 출범을 한 달여 남겨둔 시점에서 이른바 **'검수완박'**(검찰 수사권 완전 박탈)이 최대 이슈로 떠올랐다. 문재인 정부는 검찰이 그동안 정치적 목적으로 수사권을 남용하며 '정치검찰'로 전락했다는 문제 인식에 따라 검찰 개혁을 추진해 왔다.

검찰 개혁은 검찰의 힘을 빼놓는 데 집중했다. **고위공직자범죄수사처(공수처)를 설치**해 검찰의 ■**기소** 독점을 허물었고 **검찰의 수사 범위를 6대 범죄**(부패·경제·공직자·선거·방위사업·대형 참사)**로 축소**했다. **경찰에 대한 검찰의 수사지휘권도 폐지**됐다. 경찰은 일차적 수사종결권을 갖게 되며 혐의가 인정되지 않는다고 판단한 사건을 자체 종결할 수 있게 됐다.

더불어민주당은 검찰총장 출신으로 여권의 검찰 개혁론과 각을 세웠던 윤석열 대통령 당선인이 취임하기 전에 검수완박을 이뤄내고 **검찰을 기소 및 공소 유지 기능만 담당하는 공소청으로 격하하는 것을 목표**로 삼고 있다.

민주당은 지난 2020년 '검찰청법 폐지법률안 및 공소청법 제정안'을 발의한 바 있다. 이 법안은 대검찰청에 상응하는 조직을 폐지하고 검사 직무에서 수사 조항을 삭제하며 검사가 공소 제기 및 유지를 전문적으로 하는 조직임을 명시했다.

민주당이 검수완박 추진을 서두르는 이유는 윤 당선인이 대통령 취임 후 검찰 조직을 사실상 직할하고 검찰이 야당에 불리한 수사를 할 가능성을 사전 차단하겠다는 의도다. 민주당 소속 박범

계 법무부 장관은 "윤 당선인은 (검사들과) 눈빛만 봐도 알 수 있는 관계"라며 '검찰 공화국'에 대한 우려를 표출했다.

윤 당선인의 핵심 측근이자 검찰 출신 4선 의원인 권성동 국민의힘 원내대표는 지난 4월 10일 한 언론과의 인터뷰에서 "문재인 대통령을 비롯한 문재인 정부의 실권자들, 이재명 전 대선 후보와 부인(김혜경 씨)의 범죄 행위를 막기 위해 (민주당)이 검찰 수사권을 완전 박탈하겠다는 것 아닌가"라고 말했다.

이는 문 대통령과 이 전 후보가 검찰 수사 대상이 될 수도 있다는 뜻으로 해석되면서 민주당의 검수완박 추진 의지를 키웠다. 윤 당선인 취임 전부터 검찰 개혁을 둘러싼 신구 권력 간 갈등이 충돌하면서 정국은 혼돈으로 빠져드는 모양새다.

■ **기소 (起訴)**

기소는 수사의 마지막 단계에서 검사가 형사사건에 대해 법원의 심판을 구하는 행위로서 공소제기라고도 한다. 기소 시 검사가 피의자의 혐의를 적는 문서를 공소장이라고 한다. 형사소송법 246조는 '공소는 검사가 제기하여 수행한다'고 규정하고 있다. 이에 우리나라에서는 원칙적으로 검사만 기소할 수 있고 이를 기소독점주의라고 부른다.

그러나 2021년 고위공직자범죄수사처(공수처)가 출범하고 공수처에서도 기소할 수 있게 되면서 기소독점주의가 균열됐다. 공수처가 2022년 3월 '스폰서 검사'로 불리던 김형준 전 부장검사를 뇌물 혐의로 기소한 '공수처 1호 기소 사건'으로 70년간 유지됐던 검찰의 기소독점주의가 해체됐다.

민주 "검수완박 당론 채택...4월 처리"

민주당은 4월 12일 의원총회(의총)를 열고 4시간 동안 격론을 벌인 끝에 **검찰 수사권을 타 기관**

▲ 4월 12일 국회 예결위장에서 민주당 의원총회가 열리고 있다.

으로 이양하는 것을 골자로 한 형사소송법 개정 안(검수완박 법안)을 당론으로 채택하고 문 대통령 임기 만료 전인 4월 임시국회에서 처리하기로 했다.

이날 의총 직전까지만 해도 당내에서는 무리한 검찰 개혁 추진이 역풍을 일으켜 오는 6월 1일 지방선거에 악영향을 미칠 수 있다는 지적이 있었다. 그러나 윤 당선인 취임 후에는 **ㆍ대통령 거부권** 행사 가능성이 높은 만큼 문재인 대통령 임기 내 관련법을 처리해야 한다는 당내 강경파의 주장이 그대로 당론에 반영된 것이다.

민주당 오영환 원내대변인은 의총 후 "검찰의 수사권·기소권은 완전히 분리하고 그와 함께 경찰에 대한 견제, 그리고 감시 통제 기능을 강화하기 위한 다양한 방법들을 추진할 것"이라고 밝혔다. 민주당은 검경 수사권 조정 이후 검찰에 남아 있던 6대 범죄에 대한 수사권도 경찰로 넘기는 검찰청법 및 형사소송법 개정안도 4월 중 처리하기로 했다.

다만 법 시행 시기를 3개월 유예하고 **검찰에서 떼어낸 수사권을 이양할 중대범죄수사청**(중수청) 설치는 새 정부 출범 이후 단계적으로 처리하기

로 했다. 민주당은 최종적으로 **검찰의 6대 범죄 수사권을 경찰 하부조직인 국가수사본부로 이관한 뒤 최종적으로 한국형 FBI**(미국 연방수사국) **형태의 기관을 설립**해 이곳으로 권한을 옮기겠다는 방침이다.

민주당은 부패범죄를 수사하는 공수처 기능도 강화할 예정이다. 다만 경찰 내부 범죄에 대해서는 검찰에 수사권을 남겨 감시와 견제 기능을 수행하도록 할 방침이다. 검찰은 오로지 경찰이 직무상 저지른 범죄에 대해서만 수사를 할 수 있게 되는 것이다.

이날 의총에서 만장일치로 당론이 수렴되긴 했지만 찬반 의견은 팽팽했다. **윤호중 공동비상대책위원장**은 "검찰은 1943년 이후 70년째 수사권과 기소권을 독점하며 견제 없는 권력을 향유해왔다, 이 권력을 개혁해야 할 때가 되지 않았나 생각한다"고 말했다.

반면 **박지현 공동비상대책위원장**은 "정의당의 동참과 민주당의 일치단결 없이 (검수완박 법안) 통과는 불가능한데 정의당이 공식 반대했고 당내에도 다양한 의견이 많다"고 지적했다. 또한 "검수완박 법안이 통과되기도 힘들지만 통과된다고 해도 지방선거에 지고 실리를 잃지 않을까 걱정된다"고 우려했다.

ㆍ 대통령 거부권 (大統領拒否權)
대통령 거부권(법률거부권)은 국회에서 이송된 법률안에 대통령이 이의를 달아 국회로 되돌려 보내 재의를 요구할 수 있는 헌법상의 권한이다. 국회에서 법률안에 대해 본회의 의결을 거친 뒤 정부에 법률공포를 요청할 경우, 대통령은 그 법률안에 이의가 있을 시 법률안이 정부에 이송된 후 15일 이내에 이의서를 붙여 국회로 환부하고 그 재의를 요구할 수 있

다. 그러나 거부된 법안에 대해 국회에서 재의결에 붙여 재적의원 과반수 출석과 출석의원 3분의 2 이상의 찬성으로 의결하면 대통령의 공포 없이도 법률로서 효력이 발생한다.

국힘·검찰·인수위 한목소리로 반발

▲ 2020년 2월 당시 윤석열 검찰총장이 한동훈(왼쪽) 검사와 인사하는 모습

국민의힘은 강력히 반발했다. 박형수 국민의힘 원내대변인은 민주당 의총 직후 논평을 내고 "검수완박 법안 강행은 대선 민심을 거스르고 **문재인 대통령과 이재명 민주당 상임고문을 위한 방탄 법안을 만들겠다는 것**"이라며 "대장동 게이트, 월성 원전 경제성 평가 조작, 울산시장 선거 개입, 법인카드 소고기 횡령을 영원히 덮고 범죄자가 판치는 세상을 만들겠다는 것"이라고 비판했다.

권성동 원내대표는 "검찰 수사권을 박탈하겠다는 것은 국민에게 이익이 되는 게 아니라 피해를 주는 법안이므로 우리 당은 총력 저지를 할 수밖에 없다"고 **■필리버스터**를 예고했다. 권 원내대표는 가평계곡 살인사건을 예로 들며 "피의자들이 경찰 수사에서는 풀려났다가, 검찰이 결정적 증거를 발견한 이후 도주 중이다. 검찰이 없었다면 자칫 영구미제 사건이 됐을지도 모른다"고 말했다.

검찰은 검수완박을 '검찰 조직 존폐의 문제'로 보고 저지에 사활을 걸었다. 4월 13일 김오수 검찰총장은 "필사즉생(必死卽生 : 반드시 죽고자 하면 오히려 살아난다는 뜻)의 각오로 법안 통과를 저지하겠다"고 밝혔다. 김 총장은 "법안이 추진된다면 **범죄자는 만세를 부를 것이고 범죄 피해자와 국민은 호소할 곳이 없게 된다**"고 말하고, 4월 17일 검찰총장 직을 내려놓겠다는 사표를 던졌다.

대통령직인수위원회는 4월 13일 더불어민주당이 추진하는 검수완박과 관련해 "즉각 중단해야 한다"고 밝혔다. 인수위 정무사법행정분과는 이날 입장문을 통해 "검찰 수사권의 완전 폐지는 헌법이 검사에게 영장 신청권을 부여한 헌법의 취지에 정면으로 반하는 것으로서 헌법 파괴행위와 다름없다"며 이같이 말했다.

4월 13일 **윤 당선인이 초대 법무부 장관에 '윤석열 사단'으로 불리는 한동훈 사법연수원 부원장(검사장)을 내정**한 가운데 한 검사장은 "이 나라의 상식적인 법조인, 언론인, 학계, 시민단체가 한목소리로 반대한다. 심지어 민변과 참여연대도 반대한다"며 검수완박 반대 입장을 분명히 하고 법안 처리를 시도를 저지하겠다고 밝혔다.

■ 필리버스터 (filibuster)
필리버스터는 의회에서 고의로 합법적인 방법을 이용하여 의사 진행을 방해하는 것이다. 주로 소수당 의원들이 다수당의 전횡을 방지하기 위한 수단으로 사용하는 경우가 많다. 구체적인 필리버스터 방법으로는 법안의 통과 및 의결 등을 막기 위해 토론 발언 시간 무제한으로 늘리기, 유회(流會), 산회(散會)의 동의, 불신임안 제출, 투표의 지연 등이 있다.

PART

02

분 야 별
최신상식

9개 분야 최신이슈와 핵심 키워드

분야별
최신상식

정치
행정

문 대통령–윤 당선인,
대선 19일 만에 첫 회동

민생·안보 등 다양한 주제로 의견 교환

문재인 대통령과 윤석열 대통령 당선인이 3월 28일 만났다(사진). **역대 대통령·당선인 간 회동 중 가장 늦은 대선 후 19일 만**이다. 문 대통령과 윤 당선인은 이날 오후 6시쯤 청와대에서 만찬 회동을 시작했다. 유영민 대통령 비서실장과 장제원 당선인 비서실장이 동석했다. 회동은 2시간 넘게 이어졌다. 윤 당선인이 문 대통령을 만난 것은 검찰총장이던 2020년 6월 반부패정책협의회 참석 이후 21개월 만이다.

문 대통령은 한자로 쓰인 **상춘재**(常春齋 : 청와대 안에서 외빈 접견 등에 사용되는 전통적인 한옥) 현판을 가리키며 "항상 봄과 같이 국민이 편안하기를 바라는 마음(으로 이름을 지었을 것)"이라고 했다. 문 대통령은 상춘재를 두고 "좋은 마당도 어우러져 있어 여러 행사에 사용하고 있다"고 설명했다. 취임 후 청와대에 한 발도 들이지 않겠다는 윤 당선인에게 외빈 접견이나 비공식회의 장소로 활용되는 상춘재의 의미를 강조한 것으로 해석된다.

윤 당선인은 회동에서 코로나19 방역조치에 따른 자영업자·소상공인 손실보상을 위한 50조원 규모의 추가경정예산안 편성 등 민생 현안 협조를 건

의한 것으로 전해졌다. 북한의 탄도미사일 발사로 야기된 한반도 안보 위기 상황에 대해서도 심도 있는 논의가 오간 것으로 알려졌다.

대통령실 용산 시대 360억 예비비 의결

문 대통령은 차기 정부의 '대통령 집무실 용산 국방부 청사로의 이전' 예산 편성에 협조하겠다는 뜻을 밝혔다. 문 대통령은 3월 28일 윤 당선인과의 만찬 회동에서 "집무실 이전 지역에 대한 판단은 차기 정부의 몫이라고 생각한다"며 "지금 정부는 정확한 이전 계획에 따른 예산을 면밀히 살펴 협조하겠다"고 말했다고 장제원 당선인 비서실장이 브리핑을 통해 전했다.

앞서 청와대는 '한반도 안보 위기 고조'를 이유로 "촉박한 시일 안에 대통령 집무실 등을 이전하겠다는 건 무리한 면이 있어 보인다"고 밝혔다. 안보 상황이 급격히 호전될 가능성이 낮다는 점을 고려하면 '문재인 정부 임기 내 청사 이전은 무리'라는 기존 입장과 크게 다를 것이 없다는 것으로 해석됐다.

하지만 회동을 계기로 대통령실 용산 이전은 급물살을 탔다. 문 대통령은 4월 5일 대통령 집무실 용산 이전을 위한 예비비와 관련해 "최대한 빨리 임시 ■국무회의를 열어 조속히 처리하라"고 지시했고 이튿날 정부는 임시 국무회의에서 예비비 지출안을 의결했다. 여기에는 국방비 이전 비용과 전산 서비스 시스템 비용, 한남동 공관 리모델링 비용 등이 반영됐다.

윤 당선인 측은 국방부 청사 1~4층에 대통령 집무실과 비서실, 기자실, 대변인실, 경호처 등 핵심 시설을 배치할 계획이다. 집무실 이전 작업을 고려하면 **대통령 취임일인 5월 10일** 직후 용산 집무 시작은 물리적으로 불가능하며 6월께부터 대통령 집무실 이전이 마무리될 전망이다.

■ **국무회의 (國務會議)**

국무회의는 대한민국 정부의 권한에 속하는 주요 정책을 심의하는 최고 정책심의기관이다. 대통령 및 국무총리와 15명 이상 30명 이하의 국무위원으로 구성된다. 대통령은 국무회의의 의장이 되며 국무총리는 부의장이 된다. 의장과 부의장이 직무를 수행할 수 없을 때는 기획재정부 장관이 직무를 대행한다.

POINT	세 줄 요약

❶ 문재인 대통령과 윤석열 대통령 당선인이 3월 28일 회동했다.

❷ 이날 회동으로 신구 권력 갈등이 다소 가라앉을 것이란 관측이 나온다.

❸ 대통령실 용산 이전은 국무회의에서 예비비 지출안을 의결하며 급물살을 탔다.

윤석열 대통령 당선인,
초대 국무총리 한덕수 지명

▲ 윤석열 대통령 당선인이 신임 국무총리 인선 발표를 하고 있다.
(자료 : 제20대 대통령직인수위원회)

윤석열 대통령 당선인이 4월 3일 새 정부 초대 "국무총리에 한덕수 전 총리를 지명했다. 한 전 총리는 노무현 정부에서 마지막 국무총리를 지낸 인물이다. 윤 당선인은 이날 서울 통의동 인수위 기자회견장에서 "한 후보자는 정파와 무관하게 오로지 실력과 전문성을 인정받아 국정 핵심 보직을 두루 역임하신 분"이라며 한 전 총리를 지명했다. 이는 윤 당선인이 당선인 신분으로 낸 첫 인선 발표다.

한 후보자는 행정고시 합격 후 통상 분야에서 활약하다 국무총리까지 지낸 정통 경제 관료 출신이다. 총리 재임 당시 한미 자유무역협정(FTA) 타결의 기반을 조성했고 이명박 정부에서는 주미 대사를 지낸 '미국통'으로도 꼽힌다.

새 정부의 초대 국무총리 후보자로 한 후보자가 지명되면서, 총리에 두 번 임명되는 역대 다섯 번째 후보자로 기록될 수 있을지 관심이 쏠렸다. 1대 이범석 총리부터 46대 정세균 총리까지 수많

은 총리가 나온 가운데 ▲장면 ▲백두진 ▲김종필 ▲고건 등 4명은 모두 두 차례 총리를 역임했다.

윤 당선인은 장관 후보자 8명의 명단도 4월 10일 발표했다. 부동산 문제를 총괄할 국토교통부 장관 후보자에 원희룡 인수위 기획위원장이 발탁됐다. 경제 부총리 겸 기획재정부 장관 후보자에는 추경호 국민의힘 의원이 지명됐다.

국방부는 이종섭 전 합동참모본부 차장, 문화체육관광부는 박보균 전 중앙일보 대기자, 보건복지부에 정호영 전 경북대 병원장, 산업통상자원부에 이창양 카이스트 교수, 여성가족부 김현숙 전 고용복지수석, 과학기술정보통신부 이종호 서울대 반도체연구소장 등이다.

4월 13일에는 법무부 장관 후보자에 한동훈 사법연수원 부원장, 교육부 김인철 전 한국외대 총장, 외교부 박진 의원, 통일부 권영세 의원, 행정안전부 장관 이상민 전 국민권익위 부위원장, 환경부 한화진 한국환경연구원 명예연구위원, 해양수산부 조승환 전 해양수산과학기술진흥원장, 중소벤처기업부 이영 의원이 낙점됐다. 대통령 비서실장엔 김대기 전 청와대 정책실장이 임명됐다.

■ 국무총리 (國務總理)

국무총리는 대통령의 제1위의 보좌기관으로, 대통령을 보좌하며, 행정에 관하여 대통령의 명을 받아 행정각부를 통할하는 역할을 한다. 국무총리의 임기는 따로 정해져 있지 않으며 본인이 사의를 표하거나, 대통령이 교체하고자 할 때 바뀌게 된다. 한편, 국무총리의 임명은 헌법 제86조에 따라 국회의 동의(재적의원 과반수출석과 출석의원 과반수 찬성)를 얻어 대통령이 임명한다.

기출TIP 상식시험에 국무총리를 임명할 때 국회의 동의 필요 여부를 묻는 문제가 종종 출제된다.

민주 새 원내대표에 이재명계 박홍근..."강한 야당 만들겠다"

▲ 박홍근 신임 민주당 원내대표

더불어민주당이 새 원내대표로 ■**박홍근** 의원 (3선)을 선출했다. 친이재명계로 분류되는 박홍근 신임 원내대표 당선에는 당내 비주류인 이재명 전 경기지사에게 힘을 실어 강한 야당으로 자리매김해야 한다는 의원들의 의지가 반영된 것으로 보인다. 윤석열 정부 초반 여야의 강 대 강 대결 구도가 첨예해질 것이라는 관측이 나온다.

박 원내대표는 3월 24일 원내대표 경선 결선투표에서 박광온 의원보다 더 많은 표를 얻으며 민주당의 21대 국회 세 번째 원내대표로 선출됐다. 박 원내대표는 당선 인사말에서 "개혁과 민생을 야무지게 챙기는 강한 야당을 만들겠다"고 밝혔다.

박 원내대표는 앞서 1차 투표에서 재적의원 (172명) 10% 이상의 지지를 얻은 의원들을 대상으로 실시한 2차 투표에 **박광온·이원욱·최강욱 의원과 함께 진출**했다.

박 원내대표는 1차 투표 후 진행된 정견발표에서

"2차 추경(추가경정예산)과 민생입법, 대장동 특검은 최대한 조속히 추진하겠다"며 "검찰·언론 개혁은 반드시 결과를 만들어내겠다"고 말했다. 이어 "정부·여당의 실정은 반드시 잡아내겠다"며 "정치보복과 검찰 전횡이 현실화하지 않게 모든 것을 걸고 싸우겠다. 반드시 문재인 대통령과 이재명 상임고문을 지켜내겠다"고 목소리를 높였다.

권성동, 국민의힘 새 원내대표 당선

국민의힘에서는 윤석열 대통령 당선인의 핵심 측근으로 분류되는 권성동 4선 의원이 원내대표로 당선됐다. 권 신임 원내대표는 4월 8일 의원총회에서 3선 조해진 의원을 누르고 윤석열 정부 첫해 집권 여당의 원내 사령탑으로 확정됐다. 권 원내대표는 경선 캠프부터 대선 과정까지 후보 비서실장, 당 사무총장을 맡으며 대선 승리의 1등 공신으로 꼽힌다.

■ **박홍근 (朴洪根, 1969~)**

박홍근은 현재 서울 중랑구을 국회의원이며 더불어민주당 원내대표다. 경희대 총학생회장 출신으로 1992년 학생 운동 단체인 전대협(전국대학생대표자협의회) 권한대행을 맡아 민자당(현 국민의힘) 낙선 운동 등에 참여했고 학생운동 이후 시민운동에 매진했다. 2007년 정계 입문해 서울 중랑구에서 3선을 달성했고 지난 21대 대선 경선 과정에서 이재명 후보의 비서실장을 맡으며 친이재명계로 떠올랐다.

▌ 더불어민주당·국민의힘 주요 당직자 현황 (2022년 4월 기준)

구분		더불어민주당	국민의힘
당 대표		윤호중·박지현 (공동 비상대책위원장· 당 대표 권한대행)	이준석
당 3역	원내대표	박홍근	권성동
	사무총장	김민기	한기호
	정책위의장	김성환	성일종

김정숙 여사 옷값 공방 확산..."논두렁 시계 재판"-"특활비 공개해야"

▲ 문재인 대통령의 2018년 프랑스 국빈 방문 당시 김정숙 여사가 입었던 샤넬 한글 재킷과 같은 별도 제작 제품이 영종도 인천국제공항 제1여객터미널에 전시돼 있다.

문재인 대통령의 부인 김정숙 여사의 의상비를 둘러싼 논란이 온라인 등에서 일파만파 번졌다. 일부 네티즌들이 김 여사가 지난 5년간 공식 석상에 입고 나온 옷만 178벌로 한 달에 세 벌꼴이라며 사치 의혹을 제기하면서다. 청와대가 ▪**특수활동비** 및 김 여사에 대한 의전 비용을 밝히지 않는 가운데, 일부에서는 옷값이 이 비용에 포함됐을 것이라는 의구심을 제기했다.

앞서 서울행정법원은 최근 김선택 납세자연맹 회장의 청구에 따라 청와대 특활비와 김 여사의 의전 비용을 공개하라는 판결을 내렸다. 청와대가 법원 판단에 불복하면서 특활비 사용 내역은 ▪**대통령 지정기록물**로 지정돼 공개가 불가능해졌다.

이와 관련해 정미경 국민의힘 최고위원은 3월 28일 국회 최고위원회의에서 "김 여사의 옷값이 국가기밀인가. 그렇다면 임기 종료 후에 장신구, 옷, 핸드백, 신발 등을 모두 반환해야 하는 것 아닌가"라고 밝혔다.

탁현민 청와대 의전비서관은 3월 30일 언론 인터뷰에서 '5년간 김정숙 여사의 의상 구입에 특활비가 쓰인 적이 없냐'는 질문에 "한 푼도 없다"고 잘라 말했다. 그는 "정부의 어떤 비용으로도 사적 비용을 결제한 적이 없다"며 "관저에서 키운 개 사룟값도 대통령이 직접 부담하는데, 상당히 놀라운 발상"이라고 꼬집었다.

민주당은 이명박 정부 시절 고(故) 노무현 전 대통령에게 제기됐던 '논두렁 시계' 의혹을 거론하며 엄호에 나섰다. 윤호중 더불어민주당 공동 비상대책위원장은 라디오 인터뷰에서 "지금까지 대통령 특수활동비 내역을 밝히지 않아 온 관례를 알면서도 '논두렁 시계' 같은 가짜뉴스를 퍼뜨리고 있는 것으로 보인다"고 말했다.

한편, 김 여사가 프랑스 방문 시 착용한 샤넬 한글 재킷은 프랑스 명품 브랜드인 **샤넬의 전 수석 디자이너 칼 라거펠트**가 한글을 수놓은 원단을 이용해 직접 제작한 옷으로 알려졌다. 이 재킷을 포함해 김 여사 의상에 특활비가 쓰였다는 의혹이 커지자 청와대는 김 여사가 이 옷을 2018년 프랑스 국빈 방문 당시 사용 후 반납했다고 밝혔다.

▪ **특수활동비 (特殊活動費)**

특수활동비는 정보 및 사건수사, 그밖에 이에 준하는 국정 수행활동에 직접 소요되는 경비를 말한다. 특수활동비는 수령자가 서명만 하면 사용처를 보고하지 않아도 되고 영수증 없이 사용할 수 있어 용처를 알기 어렵다. '눈먼 돈'이라고 불리며 공공기관 비리의 온상으로 지적됐다.

▪ **대통령 지정기록물 (大統領指定記錄物)**

대통령 지정기록물은 대통령 기록물의 안전한 보존을 위해 중앙 기록물 관리 기관으로 이관할 때 대통령이 지정한 기록물이다. 현행법은 비공개로 분류된 대통령 기록물의 경우 원칙적으로 30년간 공개하지 않으며, 대통령 지정기록물의 경우 사생활 관련 기록물은 30년, 그 외에는 15년의 범위 이내에서 열람이나 자료제출을 허용하지 않는 보호기간을 정할 수 있도록 하고 있다.

한편, 대통령 기록물은 대통령 기록물 관리에 관한 법률에 따라 대통령 재임 시에 남긴 각종 기록으로서 보호기간 중 법률에 따라 다음 각 호의 어느 하나에 해당하는 경우에 한하여 최소한의 범위 내에서 열람·사본 제작 및 자료 제출을 허용한다.

① 국회재적의원 3분의 2 이상의 찬성의결이 이루어진 경우

② 관할 고등법원장이 해당 대통령 지정기록물이 중요한 증거에 해당한다고 판단하여 발부한 영장이 제시된 경우. 다만, 관할 고등법원장은 열람. 사본제작 및 자료제출이 국가안전보장에 중대한 위험을 초래하거나 외교관계 및 국민경제의 안정을 심대하게 저해할 우려가 있다고 판단하는 경우 등에는 영장을 발부하여서는 아니 된다.

③ 대통령기록관 직원이 기록관리 업무 수행상 필요에 따라 대통령기록관의 장의 사전 승인을 받은 경우

박근혜 전 대통령 퇴원 후 대구 달성군으로 낙향

▲ 3월 24일 대구 달성군 사저에서 박 전 대통령이 발언하던 중 소주병이 날아들자 경호원들이 박 전 대통령을 에워싸고 있다.

박근혜 전 대통령이 퇴원 후 정치적 고향인 대구 달성군으로 낙향했다. 박 전 대통령은 3월 24일 오전 삼성서울병원에서 퇴원했다. 측근인 유영하 변호사와 유기준 전 해양수산부 장관 등을 포함해 많은 인파가 삼성서울병원 앞에서 박 전 대통령을 맞이했다.

박 전 대통령은 국립서울현충원으로 이동해 부친인 고(故) 박정희 전 대통령 묘역을 참배했다. 이어 달성군 사저에 도착한 박 전 대통령은 "돌아보면 지난 5년의 시간은 저에게 무척 견디기 힘든 그런 시간이었다. 정치적 고향이자 마음의 고향인 달성으로 돌아갈 날을 생각하며 견뎌냈다"고 말했다.

박 전 대통령은 "제가 많이 부족했고 실망을 드렸음에도 이렇게 많은 분이 오셔서 따뜻하게 맞아주셔서 너무나 감사하다"고 웃어 보였다. 또 "24년 전인 1998년 낯선 이곳 달성에 왔을 때, 처음부터 저를 따뜻하게 안아주고 보듬어주신 분들이 바로 이곳의 여러분들"이라며 "지지와 격려에 힘입어 보궐선거에서 처음으로 국회의원에 당선됐고 연이어 지역구 4선 의원을 거쳐 대통령까지 했다"고 회상했다.

그는 "제가 대통령으로 있으면서 국가와 국민을 위해 열심히 일한다고 했지만 이루지 못한 많은 꿈이 있다"며 "제가 못 이룬 꿈들은 이제 또 다른 이들의 몫이라고 생각한다"고 덧붙였다. 또 "좋은 인재들이 저의 고향인 대구의 도약을 이루고 더 나아가 대한민국 발전에 기여할 수 있도록 저의 작은 힘이나마 보태려고 한다"라고도 했다.

한편, 이날 박 전 대통령을 향해 누군가 던진 소주병이 깨지며 어수선한 상황이 연출되기도 했다. 소주병을 던진 40대 남성은 과거 박정희 전

대통령의 ▪**인민혁명당 사건**을 문제 삼아 이 같은 일을 저지른 것으로 밝혀졌다.

박근혜 전 대통령은 새누리당(국민의힘 전신) 대선 후보이던 2012년 9월 10일 인혁당 사건을 두고 "대법원 판결이 두 가지로 나오지 않았느냐"면서 "(역사적) 판단에 맡겨야 한다"고 말한 바 있다. 이러한 발언은 **삼권분립 등 헌정절차가 정지된 유신 때 이뤄진 유죄 판결과 민주화 이후 사법부가 무죄로 교정한 판결의 효력을 동일시한 것이라는 지적**을 받은 바 있다.

▪ 인민혁명당(人民革命黨) 사건

인민혁명당(인혁당) 사건은 박정희 유신 정권 당시 중앙정보부의 조작에 의해 사회주의 성향이 있는 인물들이 기소돼 선고 18시간 만에 사형이 집행된 사건이다. 1964년 제1차 사건에서 반공법에 의해 47명이 구속됐고 1974년 제2차 사건(인혁당 재건위 사건)에서는 국가보안법과 대통령 긴급조치 4호 위반 등에 따라 23명이 기소돼 1975년 대법원이 이 가운데 8명에게 사형을 선고하며 18시간 만에 사형이 집행됐다. 인혁당 사건은 국가가 법으로 무고한 국민을 죽인 '사법 살인' 사건이자 박정희 정권의 대표적 인권 탄압 사례로 역사에 기록됐다.

박범계 법무부 장관
"수사지휘권 폐지 공약 반대" 고수

박범계 법무부 장관이 윤석열 대통령 당선자의 '법무부 장관 ▪**수사지휘권** 폐지' 공약에 거듭 반대의 뜻을 밝혔다. 법무부의 대통령직인수위원회(인수위) 업무보고가 마무리되자, 자신의 기존 입장을 재차 강조한 것이다.

▲ 박범계 법무부 장관

박 장관은 3월 30일 "수사지휘권 (폐지 반대) 입장은 변함이 없다. **수사지휘권을 없애고 예산편성권마저 독립시키면, 검찰 내부에 의한 견제와 균형, 형평성, 공정성 문제를 어떻게 담보할 것인가.** 그게 안 되기 때문에 수사권 조정이나 법무부 탈검찰화, 수사지휘권이 있어온 것이다"고 했다.

이어 "법치주의와 책임행정의 원리상 어떤 기관도 견제받지 않는 기관은 있을 수 없다. 제가 국회로 돌아가면 수사지휘권 한계나 내용, 방식을 얼마든지 논의해 볼 수 있지만, 일도양단으로 (수사지휘권을) 없애고 예산편성도 독립시키면 어떻게 되겠느냐"고 덧붙였다.

앞서 인수위는 3월 29일 법무부 업무보고 뒤 브리핑에서 "**장관의 수사지휘권이 검찰의 독립성·중립성을 훼손**한 부분 등을 지적했고, 법무부도 이에 공감했다. 법무부는 새 정부에서 법률 개정 작업이 있으면 적극 참여하겠다고 답했다"고 밝힌 바 있다. 다만, 당시 법무부는 수사지휘권 폐지에 대한 구체적인 찬·반 입장은 명확히 밝히지 않았다.

박 장관은 인수위가 '검찰 예산편성권 독립' 등 법 개정이 아닌 대통령령 개정으로 공약 추진을 검토하는 것을 두고 "법률에 위임 없이 어떠한 시행령을 통해 변화를 꾀하는 것은 쉬운 얘기는 아니다"라며 우회적으로 반대의 뜻을 밝혔다.

박 장관은 대검찰청이 인수위 업무보고에서 개정 필요성을 언급한 **'형사사건 공개금지 등에 관한 규정'**에 대해서도 "(인수위가) 공소장 공개에 일관성을 잃었다고 지적하지만, 저 나름대로 확고한 기준을 갖고 일관성 있게 해왔다"고 주장했다. 이 규정은 2019년 당시 **조국 법무부 장관 시절 만들어진 법무부 훈령으로 피의사실 공표 금지와 인권보호 차원의 수사 상황 공개금지 등의 내용**을 담고 있다.

■ 수사지휘권 (搜査指揮權)

수사지휘권은 검찰청법 제8조 '법무부 장관은 구체적 사건에 대해 검찰총장을 지휘·감독할 수 있다'에 근거하여 법무부 장관이 특정 사건에 대해 검찰 수사를 지휘·중단할 수 있는 권한을 가리킨다. 법무부 장관의 검찰총장에 대한 첫 수사지휘권 발동은 2005년 10월 천정배 법무부 장관 재임 당시 검찰의 국가보안법 수사와 관련해 있었고 두 번째로 2020년 7월 2일 추미애 법무부 장관이 '검언(검찰과 언론)유착' 의혹과 관련해 발동했다. 추미애 장관은 임기 동안 윤석열 당시 검찰총장과 갈등을 빚는 과정에서 수사지휘권을 6건이나 발동했다. 후임인 박범계 장관도 한명숙 전 국무총리 사건 수사팀의 모해위증교사 의혹과 관련해 수사지휘권을 한 차례 발동한 바 있다.

기출TIP 2020년 TV조선 필기시험에서 검찰총장을 대상으로 수사지휘권을 발동시킨 최초의 사람(천정배)을 묻는 문제가 출제됐다.

감사원, "정권 이양기에 감사위원 제청 부적절"

현재 공석인 감사위원 2명의 인사를 놓고 신구 권력이 신경전을 벌이는 가운데 **■감사원**이 "현 정부와 새 정부가 협의되는 경우에 **제청권**(提請權 : 제안해서 청하는 권리)을 행사하는 것이 과거 전례에 비추어 적절하다"는 입장을 밝히며 사실

상 '신 권력'의 손을 들어줬다.

대통령직인수위원회 정무사법행정분과는 3월 25일 감사원이 업무보고에서 "정치적 중립성과 관련된 논란이나 의심이 있을 수 있는 상황에서는 제청권을 행사하는 것이 적절한지 의문"이라며 이 같은 입장을 밝혔다고 전했다. 인수위는 "인수위원들은 정권 이양기의 감사위원 임명 제청이 감사위원회의 운영의 객관성과 공정성을 훼손하는 요인이 되어선 안 된다고 강조했다"고 부연했다.

현재 감사원장을 포함한 감사위원 7명 중 공석은 2자리였다. 청와대는 윤석열 대통령 당선인 측에서로 한 명씩 추천해 상의하자고 제안했다. 윤 당선인 측이 다른 한 명에 대해서도 거부권을 줘야 한다고 요구했지만 청와대가 받아들이지 않으면서 더 이상 진척이 안 됐다.

인수위 정무사법행정분과 간사인 이용호 국민의힘 의원은 이날 라디오 인터뷰에서 "떠나는 정권이 이제 한 달 남짓 남았기 때문에 임기를 함께해야 될 당선인 측에 당연히 넘겨야 한다"며 양보할 뜻이 없다는 입장을 밝혔다. 이 의원은 "감사위원 7명 중 두 자리가 공석이고 친여 인사가 3명이라 한 사람만 해도 과반을 떠나는 정권이 다 해놓고 가는 거다. 시쳇말로 알박기"라고 주장했다.

인수위는 이날 감사원 업무보고에서 청와대 **■민정수석**실 폐지에 따른 정부의 반부패 대응체계 변화에 맞춰 공직감찰활동을 강화하는 방안도 논의했다고 밝혔다. 감사원은 ▲비리정보를 원스

톱(ONE-STOP) 처리하는 전담팀 구성 ▲'범정부 부패감시망' 구축을 위한 유관기관 협력 방안 ▲ 자료분석시스템을 통한 고품질 감찰정보 생산 방안 등을 구체적 방안으로 보고했다.

한편, 4월 15일 감사원 감사위원 등의 인사가 발표됐다. 이날 발표된 감사위원 2명 중 이남구 전 비서관은 문재인 정부 청와대 출신이고, 이미현 교수는 윤 당선인과 대학 동창이어서, 신구 정권 인사가 한 자리씩 가진 모양새가 됐다.

■ **감사원 (監査院)**

감사원은 국가의 세입·세출의 결산, 국가 및 법률이 정한 단체의 회계검사와 행정기관 및 공무원의 직무에 관한 감찰을 하기 위하여 설립된 헌법기관이다. 헌법에는 명문의 규정이 없으나, 감사원법 제52조는 여느 헌법기관과 마찬가지로 감사원에도 규칙 제정권을 인정하고 있다. 대통령 직속의 합의제 감사기관이지만, 헌법 해석상 대통령은 감사원에 일절 관여하지 못하도록 되어 있다. 즉 직무와 기능면에서 독립적으로 활동하며, 국무총리뿐만 아니라 대통령도 지휘·감독할 수 없다. 중앙선거관리위원회나 군 기관 소속 공무원을 대상으로 감찰을 할 수 있으나 국회, 법원, 헌법재판소 등에 소속된 공무원을 대상으로는 감찰을 할 수 없다. 이외에도 국무총리가 기밀사항이라고 소명하는 사항이나 국방부 장관이 군 기밀이거나 작전에 현저한 지장을 준다고 소명하는 사항에 대해서는 감사할 수 없다(감사원법 제24조 제4항).

■ **민정수석 (民情首席)**

민정수석이란 대통령비서실 소속 민정수석비서관의 줄임말이다. 차관급에 해당하며 민정수석실 내에 민정·공직기강·법무·반부패 관련 세부 조직을 둔다. 민정수석은 여론이나 민심 등을 통해 국민의 뜻을 살피고, 공직사회의 기강을 바로잡으며 법률문제를 보좌하고, 반부패 업무를 행한다.
아울러 고위 공직자의 인사 검증, 직무 관찰, 대통령 친인척 관리 등의 업무를 담당하면서 5대 사정기관 검찰, 경찰, 국가정보원, 국세청, 감사원을 총괄하고 이 기관들이 생산하는 정보를 대통령에게 직접 보고하는 요직이다. 이 때문에 그 권한이 과도하게 막강하다는 비판을 받기도 한다. 한편, 문재인 대통령은 노무현 정부에서 민정수석을 지낸 바 있다. 윤석열 대통령 당선인은 민정수석실을 폐지하기로 했다.

'장애인 혐오' 논란에 선 이준석 국민의힘 대표

▲ 전장연 회원들이 3월 28일 서울 종로구 경복궁역 3호선에서 장애인 이동권 보장·장애인 권리예산 반영을 요구하는 시위를 위해 탑승하고 있다.

이준석 국민의힘 대표가 전국장애인차별철폐연대(전장연)의 '이동권 보장 시위'를 "수백만 서울시민의 아침을 볼모로 잡는 부조리"로 규정해 논란을 빚었다. 새 정부 출범 뒤 **사회적 의제 조율에 나서야 할 정당 대표가 갈등을 증폭시키는 '혐오 정치'를 조장한다는 비판**이 당 안팎에서 제기됐다.

이 대표는 3월 27일 자신의 페이스북에 글을 올려 "전장연은 독선을 버려야 하고 자신들이 제시하는 대안을 받아들이지 않으면 서울시민을 볼모 삼아 무리한 요구를 할 수 있다는 아집을 버려야 한다"고 밝혔다. 또 "'불특정한 최대 다수의 불편이 특별한 우리에 대한 관심'이라는 투쟁방식을 용인한다면 우리 사회의 질서는 무너진다"라고도 했다.

앞서 이 대표는 3월 25일부터 이날 오전까지 사흘 동안 7개의 글을 잇달아 올리며 장애인 이동권 보장 시위 중단을 요구했다. 이 대표가 연일 "볼모, 인질" 등의 표현을 쓰며 이동권 보장 시위를 비난하는 것을 두고 전형적인 혐오 발언이라는 지적이 나왔다.

김예원 장애인권법센터 변호사는 "시위하는 장애인들을 이기적이라고 몰아가 사회에서 고립시키겠다는 의도로 보인다"며 "특정 집단을 겨냥해, 이들이 심리적으로 위축되고 사회에서 배제되는 경험을 하게 만드는 명백한 혐오 발언"이라고 비판했다.

이 대표는 페이스북에 "문재인 정부하의 박원순 시정에서 장애인 이동권을 위해 했던 약속들을 지키지 못했다는 이유로, 오세훈 시장이 들어선 뒤에 지속적으로 시위를 하는 것은 의아한 부분"이라고 적었다. 장애인단체들이 '정치적 시위'를 하고 있다는 취지다. 하지만 장애인단체는 이명박 서울시장 시절부터 지금까지 20여 년 넘게 이동권 보장을 요구하며 지하철 시위를 해왔다.

윤석열 대통령 당선인 인수위도 이 대표의 발언에 선을 그었다. 국민 통합의 메시지가 나와야 할 시점에 약자를 혐오하는 정치 세력으로 국민을 분열시킨다는 비판에 직면할 수 있기 때문이다.

인수위 사회복지문화분과를 이끄는 임이자 간사와 김도식 인수위원은 3월 29일 오전 8시 서울 광화문역에서 진행되는 '출근길 지하철 탑니다' 운동 현장을 방문했다. 임 간사는 "(장애인의 이동권 요구는) 너무나 당연한 권리고, 요구할 수 있다고 생각한다"며 "현장연서 요구하는 사항들을 잘 정리해서 정책에 녹아들어갈 수 있도록 하겠다"고 약속했다.

➕ 장애등급제 폐지됐지만 지원 장벽 여전

2019년 장애등급제가 폐지됐다. 기존 장애등급제는 의학적 상태를 기준으로 1급부터 6급까지 나눴다. 등급제 폐지 후 장애인 활동지원 종합조사가 도입됐다. 개별 장애인의 장애 수준에 맞는 활동지원 서비스를 제공키 위해 정부가 실시하는 조사로, 장애 유형이나 가구 환경 등을 묻는 설문 조사 점수에 따라 총 15개 구간으로 나뉘며 1구간에 가까울수록 서비스 제공 시간이 늘어난다. 1구간은 월 480시간, 즉 하루 16시간의 활동지원을 받게 된다.

그러나 이 같은 종합조사를 통한 차등적 활동지원이 오히려 충분한 서비스가 필요한 중증 장애인에게 지원 장벽으로 작용하고 있다는 지적이 제기되고 있다. '2019년 7월~2021년 6월 장애인활동지원 신규 신청 현황' 자료에 따르면 지난 2년간 활동지원 서비스 수급자로 등록된 3만1731명 중 1~6구간에 선정된 인원은 290명(0.9%)에 불과한 것으로 파악됐다. 이 중 1구간 수급자는 한 명도 없었으며, 2구간은 1명 선정된 것으로 확인됐다.

실제 2021년 10월 기준 신규 수급자 중 42.4%에 달하는 1만3440명은 14구간에 포함됐다. 14구간의 월 활동지원 시간은 90시간으로 하루 평균 3시간만의 활동지원 서비스가 지원된다. 그간 돌봄 사각지대에 놓여 있다는 지적이 제기됐던 지적·자폐성 장애인의 경우 신규 신청자의 90% 이상인 1만4338명이 12~15등급에 포함됐다.

인수위 "법무부 제동 불구 권력형 성범죄 방지법 추진"

대통령직인수위는 4월 4일 이른바 '박원순·오거돈 방지법'이라 불리는 권력형 성범죄 방지법에 대해 법무부가 "추진이 곤란하다"는 의견을 제출했지만 해당 3법은 윤석열 당선인의 공약 사항인 만큼 조속히 입법을 추진하겠다는 입장을 밝혔다.

차승훈 인수위 부대변인은 이날 서울 종로구 통의동 인수위 사무실에서 진행한 브리핑에서 이같이 전했다. 차 부대변인에 따르면 법무부는 "형평성 측면에서 더 중한 범죄나 유사 범죄의 피해자 보호에 차등을 두는 적정성에 대한 검토가 필요하다"는 입장을 밝혔다.

윤 당선인은 고위 공직자의 성범죄를 담당하는 조사위원회를 만들고, 업무상 위력에 의한 성폭력 피해자가 피해 사실을 폭로하다가 ▪**사실적시 명예훼손죄**로 처벌받지 않도록 하는 등의 내용을 담은 '권력형 성범죄 은폐 방지 3법'을 만들겠다고 공약한 바 있다.

국민의힘은 작년 1월 윤 당선인 공약과 같은 내용의 ▲선출직 공무원 등의 성범죄조사위원회 설치에 관한 법률안 ▲성폭력 범죄의 처벌 등에 관한 특례법 일부 개정 법률안 ▲성폭력 방지 및 피해자 보호 등에 관한 법률 일부 개정 법률안을 발의했다.

이 3법은 권력형 성범죄 사건이 조직적으로 은폐·축소되거나, 피해자가 피해 사실을 폭로하다가 명예훼손으로 처벌받지 않도록 공정하고 신속한 성범죄 조사 체계를 구축하고 피해자에 대한 2차 가해를 막는 것이 목적이다.

차 부대변인은 이어 "국회 계류 중인 권력형 성범죄 은폐 방지 3법의 조속한 입법이 당선인의 공약 사항인 만큼 적극적으로 의견을 개진하고 국회를 설득하는 등 최선의 노력을 다하겠다는 것이 인수위 입장"이라고 강조했다.

■ **사실적시 명예훼손죄 (事實摘示名譽毀損罪)**
사실적시 명예훼손죄는 실제로 있었던 일을 공공연하게 지적함으로써 발생하는 명예훼손죄다. 현행법상 허위가 아닌 사실을 말해도 명예훼손죄의 처벌을 받을 수 있다. 재판부는 해당 범죄에 대해 최고 징역 2년 또는 500만원의 벌금형을 선고할 수 있다. 다만 '오로지 공공의 이익에 관한 표현'이라면 처벌을 피할 수 있으므로 이에 대한 법원의 판단에 따라 처벌 여부가 달라진다. 사실적시 명예훼손죄는 사회 고발 및 언론 활동을 위축시킴으로써 사회적 약자의 권리를 제약하고 있어 폐지해야 한다는 주장이 있다.

고위공직자 재산 1년 평균 1억6000만원 늘어

지난해 고위공직자 상당수가 재산을 크게 늘린 것으로 나타났다. 3월 31일 공직자윤리위원회는 재산 공개 대상자 1978명에 대한 재산 변동 신고 내역을 관보에 고시했다. 이에 따르면 작년 12월 31일 기준 재산 공개 대상자의 신고재산 평균은

16억2145만원으로 집계됐다. 이들의 신고재산은 부동산·주식 가격 상승에 힙 입어 전년 대비 평균 1억6000여 만원 늘었다.

재산을 신고한 대상자의 53.3%(1054명)는 10억원이 넘는 재산을 신고했고 83%(1641명)가 재산이 증가했다. 부동산·주식 가액 변동으로 인한 재산 증가가 9527만원(57.3%)을 차지했고 주택 공시가격과 토지 개별공시지가 상승, 주가 상승 등의 영향이 컸다.

코로나19 팬데믹으로 인해 소상공인과 자영업자가 경제적 어려움을 겪고 부동산 가격 폭등으로 상대적 박탈감이 커지며 이른바 '**벼락거지**'라는 신조어까지 등장한 와중에 고위공직자들의 재산은 해마다 수억원씩 불어났다.

문 대통령, 재산 21억9100만원 신고

문재인 대통령은 전년보다 1억1400만원이 증가한 21억9100만원의 재산을 신고했다. 청와대 참모진 중에는 남영숙 경제보좌관이 75억7400만원을 신고해 가장 재산이 많았다. 국무위원 중에는 정영애 여성가족부 장관이 전년 신고보다 4억8700만원 늘어난 45억6700만원으로 가장 많은 재산을 신고했다.

이번에 공개된 재산공개 대상자 중 재산 총액 1위는 350억6800만원을 신고한 이강섭 법제처장이었다. 이 처장은 재산 증가 폭도 1년 새 231억6600만원으로 가장 컸다. 이 처장은 장인이 대주주로 있던 법인의 주식을 증여받은 뒤 주식 평가액이 200억원 이상 상승했기 때문이라고 설명했다.

■ 벼락거지

벼락거지는 자신의 소득에는 별다른 변화가 없었지만 부동산 가격이 급격히 올라 상대적으로 빈곤해진 무주택자를 일컫는 신조어다. 한순간에 큰돈을 번 '벼락부자'에 빗대 정부를 믿고 주택 구매를 미루다가 집값이 너무 올라 주택을 살 수 없는 신세가 됐음을 자조적으로 표현한 말이다. 수입과 재산이 비슷했던 주변 사람들이 문재인 정부 초기에 집을 샀느냐 안 샀느냐에 따라 자산 규모가 수억원씩 벌어졌으니 상대적인 박탈감을 느끼는 것이다.

▌공직자 재산공개 대상자

공개 대상자	공개 주체
• 행정부 소속 1급 이상 공무원 • 행정부 관할 공직유관단체장 등 • 지방자치단체장 및 1급 이상 공무원 • 광역자치단체의원	정부공직자윤리위원회
기초의원, 광역자치단체 관할 공직유관단체장	광역자치단체공직자윤리위원회
기초자치단체 관할 공직유관단체장	기초자치단체공직자윤리위원회
국회의원, 국회 소속 공개대상자	국회공직자윤리위원회
법관, 법원 소속 공개대상자	대법원공직자윤리위원회
헌법재판소장·재판관 및 헌법재판소 소속 공개대상자	헌법재판소공직자윤리위원회
중앙선관위 및 각급 선관위 소속 공개대상자	중앙선거관리위원회공직자윤리위원회

국민의힘·국민의당 합당

지난 대선에서 후보 단일화를 통해 승리를 이끌어낸 **국민의힘과 국민의당이 4월 18일 합당을 선언했다.** 당명은 국민의힘을 쓰기로 했다. 윤석열 대통령 당선인과 안철수 국민의당 대표가 지난 3월 야권 후보 단일화 합의문에서 약속했던

▲ 이준석 국민의힘·안철수 국민의당 대표가 합당 합의문을 발표하고 있다. (자료 : 국민의힘)

합당이 현실화 됐다. 2020년 창당한 국민의당은 786일 만에 역사 속으로 사라졌다.

이준석 국민의힘 대표와 안 대표는 이날 국회에서 합당을 공식 발표했다. 안 대표는 "대선에서 선언했던 단일화 정신에 의거해 더 좋은 대한민국을 만들고 공동정부의 초석을 놓는 탄생을 위해 합당 합의를 선언한다"고 밝혔다.

통합 정당 대표는 이 대표가 그대로 맡기로 했고 국민의당 몫 최고위원 2명이 임명돼 지도부에 참여한다. 양당은 오는 6월 1일 지방선거 후보 추천 과정에서 양당 간 합의된 기준으로 공정하게 심사한다는 내용을 합의문에 담았다. 그러나 이 대표와 안 대표가 오랜 악연을 이어온 가운데 공천과 당권을 놓고 잡음이 터져 나올 수 있다는 전망이 우세하다. '한 지붕 두 가족'이라는 얘기가 나오는 이유다.

민주·새물결 합당 합의
더불어민주당과 원외정당인 새로운물결도 4월 7일 합당합의문 서약식을 열고 합당을 선언했다. 앞서 김동연 새로운물결 대표는 3월 29일 국회 기자회견을 통해 "민주당 윤호중 비대위원장이 어제 제안한 '정치교체를 위한 정치개혁 추진기구' 구성과 합당 제안을 수용한다"며 민주당과의 합당을 공식화한 바 있다.

이번 합당은 지난 대선 과정에서 민주당 후보였던 이재명 전 경기지사와 김 대표 간 '정치교체를 위한 공동선언'의 연장선에서 나온 것이다. 이 전 지사와 김 대표는 통합정부, **다당제** 개혁 등을 골자로 한 정치개혁에 합의하고 대선 막판 연대 행보에 나섰다.

한편, 김 대표는 6월 지방선거에서 경기지사 출마를 공식 선언했다. 국민의힘 대권주자였던 **유승민 전 의원**과 윤석열 대통령 당선인 대변인 역할을 했던 **김은혜 국민의힘 의원도 경기지사에 출사표**를 던져 뜨거운 경쟁이 예상된다.

■ 다당제 (多黨制)
다당제란 정권획득을 위해 경쟁하는 정당이 3개 이상 있는 경우를 말한다. 다당제에서는 의석 과반수를 차지한 정당이 하나도 없기 때문에 국민 각 계층의 다양한 소수의견이 잘 반영되고 정당끼리 대립할 때 중재하기가 쉽다. 또한 국민이 선택할 수 있는 여지가 많고 정권 교체가 기동성 있게 이루어진다. 반면에 정당의 난립으로 정치가 불안정하여 능률적이고 일관적인 정책을 수행하기 어려우며, 정치권 통합이 어렵다. 현재 다당제를 채용하는 있는 나라는 프랑스·이탈리아·독일·벨기에·스위스 등이 있다.

'86세대' 최재성, 정계은퇴 선언

이른바 '**86세대**' 인사 중 한 명인 최재성 전 청와대 정무수석이 4월 6일 정계은퇴를 선언했다. 86세대 정치인이 은퇴를 선언한 것은 김영춘 전 해양수산부 장관에 이어 두 번째다.

▲ 최재성 전 청와대 정무수석 (최재성 페이스북 캡처)

최 전 수석은 이날 페이스북에 올린 글에서 "저는 오늘부로 정치를 그만둔다"며 "문재인 대통령과 함께했던 시련과 영광의 시간들과 함께 퇴장한다"고 밝혔다.

최 전 수석은 동국대 총학생회장 출신으로 86세대의 대표 주자 중 하나다. 경기 남양주에서 풀뿌리 민주주의 운동을 하다가 2004년 17대 총선에서 열린우리당 후보로 출마해 당선하며 정계에 입문했고, 19대까지 내리 3선을 했다.

문 대통령이 새정치민주연합 대표였던 2015년 당 사무총장을 지냈고 2017년 대선에서 문 대통령 캠프의 인재 영입을 주도하며 친문 인사로 불리기도 했다. 2020년부터는 청와대에서 정무수석으로 일했다.

'86세대' 송영길은 서울시장 출마

또다른 86세대 대표주자인 송영길 더불어민주당 전 대표는 서울시장에 출마하면서 당내 반발이 커지고 있다. 그는 지난 1월 "우리는 이제 다시 광야로 나설 때다. 자기 지역구라는 기득권을 내려놓고 젊은 청년 정치인들이 도전하고 전진할 수 있도록 양보하고 공간을 열어주어야 한다"면서 22대 총선 불출마를 선언한 바 있다.

송 전 대표의 서울시장 출마는 자신이 내세웠던 '자기혁신과 기득권 내려놓기'라는 명분에 정면으로 어긋난다는 이유로 86세대 내에서도 비판의 목소리가 높다. 같은 86세대인 김민석 민주당 의원은 4월 4일 국회에서 기자회견을 열고 "대선 책임을 지고 대표직을 사퇴한 지 얼마 안 돼 큰 선거의 후보를 자임한 데 대한 대국민 사과가 필요하다"며 송 전 대표의 서울시장 출마를 비판했다.

한편, 국민의힘에서는 오세훈 서울시장이 후보로 확정되며 4선 도전을 공식화했다. 지방자치법 제95조에 따르면 **'지방자치단체의 장의 임기는 4년으로 하며, 지방자치단체의 장의 계속 재임은 3기에 한한다'**고 돼 있다. 즉 연달아 세 번 연속 당선되는 경우에만 4선에 도전할 수 없다는 것인데, 오 시장은 앞서 2006~2011년에 재임했고 **2011~2020년에는 박원순 서울시장이 재임했으므로 오 시장은 최초로 4선 서울시장 도전**이 가능하다.

■ 86세대

86세대는 주로 1980년대 전두환 군사정부 시절 학생 민주화 운동을 경험한 세대로서 '80년대 학번·60년대 출생한 세대'를 지칭한다. 386컴퓨터에 빗대어 표현하기 시작한 것이 시초다. 이들 세대는 자기정체성이 강하고 현실에 안주하기보다는 변화를 추구하는 세대라는 특징이 있는데, 실제로 정치·경제 등 여러 분야에서 신질서를 주도해 왔다. 이들이 아직 30대였던 1990년대에는 386세대라고 불렸고 이후 나이가 들면서 486세대, 586세대라고 불리기도 하지만 언론에서는 86세대라는 표현을 주로 사용한다.

'소액주주 반란'에
SM엔터테인먼트 감사 뒤바뀌어

➕ **주주행동주의 (株主
行動主義)**

주주행동주의란 주주들
이 배당금이나 시세차익
에만 주력하던 관행에서
벗어나 경영에 직접 개
입해 자신들의 이익을
추구하는 행위를 말한다.
주주행동주의는 후진적
인 기업지배구조를 개편
해 기업 가치를 제고한
다는 장점이 있지만, 과
도하게 개입할 경우 기
업 경영에 차질을 줄 수
있다는 단점이 있다.

"이수만 일감 몰아주기로 회사 가치 훼손"

대형 엔터테인먼트 회사인 SM엔터테인먼트(이하 에스엠)의 주주총회에서
의미 있는 반란이 일어났다. **감사 선임 문제를 두고 맞붙은 대주주와 소액주
주 간의 대결에서 소액주주가 승리**했다. 지난 3월 31일 서울 성동구 성수동
에스엠 사옥에서 열린 주총에서 얼라인파트너스 자산운용(이하 얼라인)을
중심으로 소액주주가 추천한 곽준호 감사 후보안이 가결됐다.

그간 소액주주들은 에스엠이 **최대주주인 이수만 총괄 프로듀서의 개인 회사
인 라이크기획에 일감을 몰아줘 주주와 회사의 가치를 훼손**해왔다고 주장했
다. 소액주주들은 이와 같은 상식적이지 않은 구조가 에스엠의 주가에 좋
지 않은 영향을 미치고 있으며, 회사 매각에도 방해된다고 지적하면서 곽
후보를 선임해야 한다고 강하게 주장해왔다.

에스엠은 이에 적극 반발하며 치열한 표 대결을 예고했다. 그러나 외국인
투자가들과 소액주주들이 얼라인을 지지하며 판세가 급격하게 기울자, 에
스엠은 결국 자신들이 내세운 감사 및 사내·사외 이사 후보를 거둬들이며
표 대결을 포기했다.

해서 나오고 있다. 최근 코스닥 상장 기업인 토비스·상상인 등에서 소액 주주들이 배당 확대와 자사주 소각과 지배구조 개선 등을 요구했는데 주총 표 대결에서는 모두 부결됐지만 토비스가 주총에 앞서 30만 주 자사주 소각을 결정했고 상상인도 첫 분기 배당을 하기로 하는 등 변화를 이끌어냈다.

핵심 사업체인 SK바이오사이언스의 물적분할로 주주가치가 훼손됐다며 기관 투자자들의 비난을 받은 SK케미칼 또한 안다자산운용과 싱가포르 행동주의 펀드 메트리카파트너스의 공개 주주서한에 **자사주 매입, 배당성향 강화, 중간배당 추진 등 주주 친화 정책**으로 반응했다.

주주행동주의 시대 개막

소액 주주의 반란이 가능했던 이유는 코로나19 팬데믹 이후 **동학개미 운동을 기점으로 주식에 투자하는 사람이 많아지면서 개인 투자자의 힘도 커졌기 때문**이다. 한국예탁결제원의 집계에 따르면 작년 말 기준 주식을 소유한 개인은 1374만 명으로 2020년보다 51%나 증가했다. 전자투표, 전자서명 등을 통한 위임 등 소액주주들이 결집하기 쉬운 환경이 조성된 것도 한몫했다.

제도 변화도 영향을 미쳤다. 대주주의 선임 의결권을 제한한 ■**3%룰**이 처음 도입된 것이 대표적이다. ESG 열풍 속 기관들이 앞다퉈 도입한 스튜어드십 코드도 게임체인저였다. **스튜어드십 코드란 기업이 잘 운영되는지 소통·감시하는 기관투자자들의 행동지침**을 말한다. 실제 에스엠과 얼라인의 표 대결에서도 100여 개의 기관 중 90%의 기관이 얼라인 측의 손을 들어줬다.

에스엠처럼 주주 제안이 온전히 받아들여진 경우는 드물지만, 의미 있는 성과를 내는 사례가 지속

■ **3%룰 (3% Rule)**

3%룰은 상장사의 감사나 감사위원을 선임할 때 대주주가 의결권이 있는 주식의 최대 3%만 행사할 수 있도록 제한한 규정을 말한다. 가령 SM엔터테인먼트의 경우 이수만 최대주주가 보유한 18.5%의 지분 가운데 3%까지만 의결권이 인정되는 것이다. 이는 대주주가 영향력을 지나치게 많이 행사하는 것을 막아 경영의 투명성을 확보하고, 소액주주를 보호하기 위한 목적으로 도입됐다. 3%룰은 소액주주의 권리를 보장하기 위한 장치지만, 악용 가능성이 있으며, 대주주가 지분 쪼개기를 통해 여전히 3%룰을 방어할 수 있다는 등의 문제점이 언급되며 보완 필요성이 주장되기도 한다.

기출TIP 2020년 서울경제에서 3%룰을 묻는 문제가 출제됐다.

POINT 세 줄 요약

❶ SM엔터테인먼트 주주총회에서 소액주주가 추천한 감사 후보안이 가결됐다.

❷ 소액주주들은 이수만 총괄 프로듀서가 주주 가치를 훼손해왔다고 주장했다.

❸ 주주행동주의가 성과를 나타내는 사례가 늘고 있다.

尹 당선인,
경제 6단체장과 도시락 오찬

▲ 윤석열 대통령 당선인이 3월 21일 경제 6단체장을 만나 경제현안을 논의하고 있다.

윤석열 대통령 당선인이 3월 21일 서울 통의동 대통령직인수위원회 사무실에서 ▲대한상공회의소 최태원 회장 ▲전국경제인연합회 허창수 회장 ▲중소기업중앙회 김기문 회장 ▲한국경영자총협회 손경식 회장 ▲한국무역협회 구자열 회장 ▲한국중견기업연합회 최진식 회장과 오찬을 했다.

윤 당선인은 "지금도 (변화가) 진행되고 있지만, 우리나라가 이제는 정부 주도에서 민간 주도로 (경제가) 탈바꿈해야 한다"며 "자유시장경제에 대한 믿음을 강하게 가지고 있다"고 밝혔다. 그는 "정부는 인프라를 만들고 뒤에서 도와드리고, 기업이 앞장서서 일자리를 만들며 투자해 기업이 커가는 것이 나라가 커가는 것 아니겠느냐"라고 말했다.

이에 경제단체장들은 윤 당선인에게 기업들이 맞닥뜨린 현안 중 **규제 개혁, 노동 관련 법제 개정 등이 필요하다고 건의**했다. 손경식 회장은 "투자 활성화와 신산업 진입 장벽을 없애기 위해 규제 개혁이 시급하다"며 "앞으로 대통령과 일자리 창출을 점검하고 논의하는 모임을 정기적으로 가졌으면 한다"고 말했다. 그는 또 "일자리 모습이 다양해져 노동자 법제가 대폭 개정돼야 한다"고 말했다.

최진식 회장은 "전통적인 제조업 기업은 성장에 한계를 느낀다"며 "새로운 기술, 인력, 시각이 필요하다. 작은 회사, 뜻 있는 젊은 기업인과 호흡하는 게 중요하다"고 제언했다.

구자열 회장은 "코로나19로 침체했던 물류가 급속히 반등하면서 (물류 기업들이) 어려운 상황에 있는데 지원해달라. 선박, 항공 등 국가 물류 인프라도 안정적으로 운영될 수 있도록 해달라"며 "기업이 개별 대응하기 어려운 글로벌 공급망 문제도 각별히 관심을 가져달라"고 건의했다.

김기문 회장은 "(노사 관계가) 노동에 기울어진 운동장이 돼 있다"며 최저임금 인상 및 주52시간제도 등으로 중소기업이 어려움에 처해있다고 호소했다. 허창수 회장도 "기업이 창의와 혁신의 DNA를 마음껏 발현할 수 있도록 규제 개혁이 필요하다. 글로벌 스탠다드에 맞지 않는 것은 개선해야 한다"며 "안전이 중요하지만 기업인을 잠재적 범죄자로 취급하는 중대재해처벌법은 보완이 필요하다"고 강조했다.

최태원 회장은 "민간 주도의 역동적, 혁신적 성장을 이루려면 투자와 노동에 현장 요소를 활용해 정책을 마련해야 한다"며 "진취적 소통 플랫폼을 마련하고, 경제 안보 등을 (지키는 데) 민관이 함께 해야 한다"고 말했다.

■ 주요 경제단체 구분

구분	단체
경제4단체	▲대한상공회의소(대한상의) ▲전국경제인연합회(전경련) ▲한국무역협회(무협) ▲중소기업중앙회(중기중앙회)
경제5단체	경제4단체+▲한국경영자총협회
경제6단체	경제5단체+▲한국중견기업연합회
경제7단체	경제6단체+▲한국상장사협의회

3월 수출 역대 최대 635억달러...
무역수지는 1.4억달러 적자

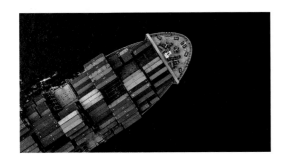

우리나라가 지난 3월 635억달러의 수출 실적을 기록했다. 역대 월 수출액 중 가장 높은 수치다. 그러나 수출을 뛰어넘는 수입액의 여파로 **무역수지**는 마이너스를 기록했다.

2월 말 러시아의 우크라이나 침공 이후 나타난 공급망 차질 심화와 에너지 가격 폭등이 한국 무역 여건에 고스란히 악영향을 끼쳤다는 분석이 나온다.

산업통상자원부가 4월 1일 발표한 '2022년 3월 수출입 동향'에 따르면 지난 3월 우리나라 수출액은 전년 동월 대비 18.2% 증가한 634억

8000만달러를 기록했다. 이는 **정부가 무역 통계를 집계하기 시작한 1956년 이래 66년 만에 월별 기준 역대 최고치**다. 종전 최고치는 2021년 12월의 607억달러다.

주요 수출 품목 15개 중 13개 품목이 증가세를 보였다. 산업부는 무선통신·디스플레이 등 정보기술(IT) 품목과 석유제품·철강 등 전통 주력 산업이 수출 호조를 주도했다고 했다. 특히 반도체(131억2000만달러)와 석유화학(54억2000만달러) 수출은 사상 최고치를 경신했다.

반면 자동차(-9.7%)와 선박(-35.9%) 수출은 감소했다. 산업부는 자동차 수출이 줄어든 것과 관련해 "차량용 반도체 수급난에 더해 중국 내 코로나19 확산, 일본 지진 등 공급망 차질 요인이 잇달아 발생하면서 5개월 만에 마이너스 전환했다"고 분석했다.

중국·미국·아세안 등 3대 시장 수출도 최고 실적을 거뒀다. 수출 증가율을 보면 중국 16.6%, 미국 19.9%, 아세안 44.4%, 중동 17.4%, 중남미 25.6% 등이다. 전쟁으로 교역에 차질을 빚고 있는 러시아·우크라이나를 포함한 독립국가연합(CIS)과 유럽연합(EU)을 향한 수출은 위축했다.

문제는 수출액이 사상 최고치이긴 하나, 수입액도 역대 최고치를 기록하며 수출 규모를 웃돌았다는 점이다. 3월 수입액은 전년 동월 대비 27.9% 늘어난 636억2000만달러로 집계됐다. 종전 월간 수입액 최고 실적은 2021년 12월의 611억6000만달러였다. 일평균 수입은 전년 동월(20억7000만달러) 대비 33.5% 증가한 27억7000만달러로 나타났다.

이에 대해 산업부는 **"에너지 가격 급등과 중간재 수입 증가가 원인"**이라고 설명했다. 3월 에너지 가격의 전년 동월 대비 증가율은 원유 72%, 액화천연가스(LNG) 200%, 석탄 441% 등이다.

원유·가스·석탄 에너지 수입액은 161억9000만달러로 월간 최대치를 기록했다. 1년 전 같은 기간(77억2000만달러)과 비교하면 84억7000만달러 증가했다. 전월 대비로 보면 2월 124억8000만달러에서 37억1000만달러 늘었다.

■ 무역수지 (貿易收支)

무역수지는 일정 기간 무역으로 발생하는 상품 수출·수입 거래에 의해 발생한 해당국과 타국 간의 대금 수불액(受拂額)을 나타낸다. 무역수지의 움직임은 장기적으로는 산업의 국제경쟁력을 반영하며, 단기적으로는 경기순환 등을 반영하기 때문에 국제수지항목 중에서 가장 중요한 것으로 간주된다. 무역수지 계산방법은 국제통화기금(IMF) 방식에 따라 수출입 모두 FOB(Free On Board) 가격으로 평가하여 집계하는 것이 통상적이다. FOB 가격은 출항지의 선적도 가격을 말한다.

현대백화점, '아마존 매트리스' 지누스 인수

현대백화점그룹이 온라인 가구·매트리스 기업 지누스 인수를 결정했다. **지누스는 '아마존에서**

가장 잘 팔리는 매트리스'로 불릴 만큼 세계적인 인지도와 경쟁력을 갖춘 기업**이다. 현대백화점그룹은 지누스의 창업자 이윤재 회장 등이 보유한 지분 30.0%(경영권 포함)를 7747억원에 인수하는 주식 인수 계약 체결 안건을 이사회에서 의결했다고 3월 22일 밝혔다.

이번 인수·합병(M&A)은 현대백화점그룹 역대 최대 규모다. 현대백화점은 이날 지분 인수와 별도로 지누스와 인도네시아 제3공장 설립과 재무구조 강화를 위해 1200억원 규모의 신주 인수 계약도 체결했다.

현대백화점그룹 관계자는 **"오프라인과 한국 유통 중심의 백화점 사업 영역을 온라인과 글로벌 분야로 확장하고 산업 성숙기 국면인 백화점 사업을 보완할 수 있는 성장 동력을 확보하기 위한 것"**이라고 인수 배경을 설명했다.

현대백화점이 지누스를 인수한 데 이어 현대리바트는 토탈 인테리어 브랜드 '집테리어'를 선보이며 영역 확장에 나섰다. 여기에는 코로나19 장기화 영향으로 **집에 머무는 시간이 길어지면서 집을 꾸미는 이들인 일명 '집꾸족'이 증가**한 트렌드도 영향을 미친 것으로 보인다.

➕ 홈루덴스 (home ludens)

홈루덴스는 집을 의미하는 홈(home)과 놀이하는 인간을 뜻하는 호모 루덴스(homo ludens)를 합성한 신조어로, 밖에서 활동하기보다 주로 집에서 여가를 보내는 사람들을 지칭한다. 홈루덴스는 집을 휴식 공간을 넘어 자신의 개성과 취향을 실현하는 공간으로 만들기 때문에 집을 꾸미는 인테리어 시장도 커지는 추세다.

코로나 불구 상장사
매출·이익 사상 최대

코로나 팬데믹에도 아랑곳하지 않고 지난해 상장사들이 사상 최대 실적을 거뒀다. 4월 4일 한국거래소와 한국상장회사협의회에 따르면 2021년 12월 결산 코스피(유가증권시장) 상장기업 595개사(금융업 등 제외)의 2021 회계연도 연결기준 순이익은 56조5693억원으로 전년보다 160.56% 증가한 것으로 나타났다.

영업이익은 183조9668억원으로 73.59% 늘어났고 매출은 2299조1181억원으로 19.82% 증가해 역대 최대 규모를 기록했다. 영업이익률과 순이익률도 각각 8.00%, 6.81%로 전년보다 2.48%p, 3.68%p 개선됐다.

595개사 중 순이익 흑자 기업은 478개사(80.34%)로 1년 전보다 63개사 늘어났고 적자 기업은 117개사 수준이었다. 영업이익은 전기가스와 건설을 제외한 15개 업종에서 증가했고 순이익은 전기가스와 의약품을 제외한 나머지 업종에서 증가했다. **반도체 기업이 호황을 누렸고 자동차, 화학, 정유, 철강 업체들도 회복세를 보여 제조업 실적이 고루 개선됐다.**

코스닥 상장사들의 영업이익과 순이익도 사상 최대를 달성했다. 거래소와 코스닥협회가 집계한 작년 12월 결산 코스닥 법인 1048개사의 연결기준 매출액은 218조5272억원으로 전년 대비 18.28% 증가했다. 영업이익(16조6464억원)과 순이익(13조3979억원)은 각각 39.66%, 170.96% 늘었다.

> **➕ 연결재무제표 (聯結財務諸表)**
>
> 연결재무제표는 요약 지배·종속 관계에 있는 2개 이상의 회사를 단일 실체로 보아 각 회사의 재무제표를 종합하여 작성하는 재무보고서다. 지배기업과 종속기업의 자산·부채·당기손익 등을 합쳐서 하나의 재무제표를 작성하며 연결재무상태표·연결포괄손익계산서·연결자본변동표·연결현금흐름표·연결주석으로 구성된다.
>
> 법률적으로는 별개의 독립된 기업이라도 경제적으로 지배·종속관계에 있는 기업집단이 존재할 때 그들을 하나의 조직체로 간주하여 재무제표를 작성하는 것이 경제적 실체로서의 기업 실태를 파악하는 데 유리하다. 또한 연결재무제표의 작성을 통해 지배회사가 종속회사를 이용하여 분식(粉飾 : 실제보다 좋게 보이려고 거짓으로 꾸밈)을 하는 등의 비리를 막는 효과가 있다.
>
> 이러한 이유로 주식회사의 외부감사에 관한 법률에서는 지배·종속관계가 있는 회사의 경우 지배회사로 하여금 별도재무제표와 함께 연결재무제표를 작성하도록 하고 있으며, 한국채택국제회계기준(K-IFRS)의 주 재무제표 역시 연결재무제표이다.

4월부터 가스·전기요금 줄인상…
가계부담 커져

4월부터 전기요금과 가스요금이 줄이어 올랐다. 가뜩이나 물가가 높아진 상황에서 공공요금까지

줄인상하며 서민들의 가계부담이 더욱 커질 전망이다. 지난 3월 31일 산업통상자원부는 **4월 1일부터 일반국민, 자영업자가 사용하는 주택용·일반용 도시가스 요금을 평균 1.8% 인상**한다고 밝혔다.

이에 따라 주택용 가스요금은 현행 메가줄(MJ)당 14.22원에서 14.65원으로 0.43원이 올라, 3% 상승했다. 가구당 평균 가스요금은 월 860원이 늘어나게 된다. 일반용 요금은 사용처에 따라 요금이 달라지는데, 영업용1은 14.09원에서 14.26원으로 1.2%, 영업용2는 13.09원에서 13.26원으로 1.3%로 각각 올랐다. 영업용1은 음식점업·구내식당·이-미용업·숙박업·수영장 등이, 영업용2는 목욕탕·폐기물처리장·쓰레기소각장 등에 해당한다.

전기요금도 오른다. 전기요금은 기본요금, 전력량요금(기준연료비)·연료비 조정요금·**■기후환경요금** 등의 항목으로 구성되는데, 정부와 한국전력은 이 가운데 기준연료비와 기후환경요금을 인상하기로 했다.

정부는 **전력량요금을 4월과 10월 2회에 걸쳐 kWh(킬로와트시)당 4.9원씩 총 9.8원 올리고, 기후환경요금은 4월부터 kWh당 2원씩 인상하기로 결정**했다. kWh당 6.9원이 오르면 4인 가구의 한 달 평균 전기 사용량(307kWh) 기준으로 전기요금 부담은 약 2120원 늘어난다.

줄지어 인상한 전기요금과 가스요금에 따라 물가 상승 압력이 더욱 커질 것으로 전망된다. 성태윤 연세대학교 경제학부 교수는 "전기요금과 가스요금은 물가 전반에 영향을 미치는 요인이기 때문에 물가 불안이 더욱 악화할 것으로 우려된다"며 "원가 상승으로 인한 공기업들의 재무상황 악화로 공공요금 인상은 불가피한 측면이 있지만, 정부는 물가를 제어하기 위한 유동성 회수, 지출 구조조정 등의 노력이 필요하다"고 강조했다.

■ 기후환경요금 (氣候環境料金)

기후환경요금은 온실가스 배출 등 환경오염을 줄이기 위해 발전 업체가 지출한 비용을 말한다. 기존에 기후환경요금은 전력량요금에 포함되어 있었지만, 2021년 1월 1일부터는 전기요금 청구서에 별도 항목으로 표기되어 고지되고 있다. 이는 국민의 친환경 에너지 확대에 대한 관심을 높이고, 친환경 에너지 사용에 대한 자발적 참여를 유도하기 위한 조치이다.

공정위, SK하이닉스의 키파운드리 인수 승인

공정거래위원회는 SK하이닉스가 국내 **■파운드리** 기업인 키파운드리를 인수하는 건을 심사한 결과 시장 경쟁 제한 우려가 없어 승인했다고 3월 30일 밝혔다. 앞서 SK하이닉스는 매그너스반도체로부터 키파운드리의 주식 100%를 약 5758억원에 취득하는 계약을 체결하고 작년 12월 공정위에 기업결합을 신고했다.

SK하이닉스의 자회사인 SK하이닉스시스템IC와 키파운드리는 8인치(200mm) 웨이퍼 팹(공장) 운영기업으로 전 세계 팹리스(fabless : 반도체 설계 전문 기업) 등에 90나노미터(nm=10억분의 1m) 이상의 성숙제품 파운드리 서비스를 제공하고 있다.

공정위는 두 회사의 중첩되는 사업 영역인 '전 세계 성숙제품 파운드리 시장'을 관련 시장으로 획정하고 수평결합 측면을 중점 검토한 결과 두 회사의 합계 점유율이 5%대에 불과해 경쟁 제한 우려가 적다고 판단했다. 전 세계 파운드리 시장 전체를 기준으로 하면 두 회사의 합계 점유율은 1%대 수준에 그쳤다.

SK하이닉스는 시스템 반도체, 파운드리 등 비메모리 사업 비중이 전체 매출의 5% 수준인 전형적인 메모리 반도체 기업이다. SK하이닉스는 파운드리 사업 강화를 위해 지난해 키파운드리 인수를 결정했고, 최종적으로 인수가 완료되면 파운드리 생산능력이 약 2배 커질 것으로 예상하고 있다.

문제는 중국 경쟁 당국의 심사를 거쳐야 한다는 점이다. 앞서 SK하이닉스가 인텔 낸드사업부를 인수할 때도 중국을 포함한 총 8개국 경쟁 당국의 심사를 받았는데 중국은 이들 국가 중 가장 마지막으로 SK하이닉스에 인수 승인 결정을 내린 바 있다. 미국·중국 간 패권경쟁 등 반도체 시장을 둘러싼 불확실성이 커진 가운데 자칫 중국이 몽니를 부릴 수 있다는 우려가 나온다.

■ **파운드리 (foundry)**

파운드리는 반도체산업에서 반도체 설계만 전담하고 생산은 외주를 주는 업체로부터 반도체 설계 디자인을 위탁받아 생산하는 기업이다. 주로 특수 용도의 고부가 가치의 반도체를 생산한다. 반도체 칩의 제조설비는 관리에 많은 비용이 들며 새로운 제조기술을 개발하는 데도 막대한 연구비용이 필요하다. 따라서 대규모로 반도체 칩을 제조하는 업체가 아니면 반도체 제조설비를 직접 보유하기 어렵다. 생산설비는 없으나 뛰어난 반도체 설계 기술을 가진 기업들이 등장하면서 반도체 생산을 전문으로 하는 기업에 대한 수요가 증가했고 파운드리의 개념이 등장했다.

기출TIP 2022년 헤럴드 경제, 이투데이 등 많은 언론사 필기시험에서 파운드리를 묻는 문제가 출제됐다.

"투자금 다 날렸다"… 니켈 곱버스 '상폐'

러시아-우크라이나 전쟁으로 니켈값이 폭등하면서 니켈 2×(곱버스) ETN(상장지수증권)이 3월 21일부로 결국 상장폐지됐다. 사상 초유의 글로벌 원자재 가격 폭등으로 국내 파생상품 시장에서 대형사고가 발생하며 국내 1호 상장폐지·원금 전액손실 ETN이 나왔다.

이 상품은 니켈 선물 가격에 거꾸로 2배 베팅하는 일명 '곱버스' ETN이다. 러시아-우크라이나 전쟁으로 지난 7일 런던금속거래소(LME)에서 니켈 선물 가격이 66.25% 폭등하자 이와 거꾸로 2배 움직이는 이 상품의 기초지수는 -100% 추락하며 0이 됐다. **기초지수가 0이 되면서 해당 ETN의 지표가치도 0이 됐고 투자자 원금 회복도 불가능**해졌다.

지표가치란 ETN 1증권당 실질가치로 투자자가 만기 보유 시까지 발행사로부터 상환받을 금액을 의미한다. 지표가치가 0이 됐다는 것은 더 이상 증권으로서 가치가 없다는 뜻이다.

하루 만에 ETF(상장지수펀드)나 ETN의 기초자산이 되는 지수나 원자재 가격이 50% 이상 오르는 일은 극히 드물다. 하지만 러시아-우크라이나 전쟁이라는 초유의 사건으로 글로벌 원자재 시장에서 이같은 일이 실제로 발생했다.

한국거래소 측은 "국내에서 ETN 상품의 기초지수값이 0으로 끝난 것은 처음"이라며 "2020년에 괴리율이 과도하게 발생해 거래 정지된 경우가 있었지만 기초지수값이 0이 된 사례는 이번이 국내에서 첫 번째"라고 설명했다.

➕ 인버스 (inverse)

인버스란 주식시장 하락에 대비해 만들어진 상품으로 해당 지수의 가격이 내려가야 이익이 발생하는 금융투자 상품을 말한다. 대표적으로 KODEX 인버스, TIGER 인버스가 있다. 인버스는 하락장에서 수익화가 가능한 방법으로, 보통 투자 포트폴리오 구성 중 하락장을 대비하여 리스크를 피하기 위해 활용된다.

LG엔솔, 북미지역 배터리 공장 건설

▲ LG에너지솔루션 배터리 공장 건설 계획 (자료 : LG에너지솔루션)

LG에너지솔루션은 스텔란티스와 함께 캐나다에 배터리 합작공장을 건설하기로 했다고 3월 24일 밝혔다. 합작 공장은 캐나다 온타리오주 윈저시에 설립된다. 총 투자 금액은 4조8000억원, 올해 하반기 착공을 시작한 뒤 2024년 상반기 양산을 시작할 계획이다.

LG에너지솔루션은 캐나다 합작 공장에 1조7800억원을 출자하고, 7600억원의 채무보증을 통해 지분 51%를 확보한다. 나머지 지분은 스텔란티스가 갖는다. 두 회사는 연내 착공해 2024년 상반기(1~6월)부터 연간 45GWh(기가와트시)만큼의 전기차용 배터리를 생산할 예정이다. 스텔란티스는 지프, 크라이슬러 등 산하 브랜드에 캐나다 생산 배터리를 탑재해 2030년까지 북미 지역 차량 판매 중 전기차 비중을 절반까지 끌어 올릴 예정이다.

한편 LG에너지솔루션은 같은 날 미국 애리조나주에 1조7000억원을 투입하는 별도의 배터리 공장 건설 계획도 내놓았다. 충북 오창, 미국 미시간주, 중국 난징, 폴란드 브로츠와프에 이은 4번째 독자 공장이자, LG에너지솔루션의 첫 북미지역 원통형 배터리 공장으로 지어진다. 원통형 배터리를 채택한 신생 전기차 업체들이 등장하고, 무선 전동공구 등 원통형 배터리 수요가 커지는 북미 상황이 투자를 결정하는 데 배경이 됐다.

배터리 업체, 북미 집중 공략

북미를 겨냥한 배터리 업체들의 투자는 계속될 전망이다. 배터리 세계 1위에 오른 중국 CATL은 멕시코, 캐나다 등에 50억 달러를 들여 배터리 공장 건설을 검토하고 있으며, 일본 파나소닉은 테슬라의 미국 텍사스주 신공장 건설에 맞춰 인근 지역에 배터리 공장을 마련할 계획이다. SK온이 미국에서 2023년까지 조지아주 공장, 2025년까지 포드와 합작한 켄터키주 공장 건설을 진행 중인 가운데 삼성SDI도 미국 내 독자 공장 건설을 검토하고 있다.

배터리 업체들이 북미 시장을 집중 공략하는 건 현지 전기차 수요가 빠르게 늘고 있기 때문이다. 친환경을 핵심 공약으로 앞세운 조 바이든 행정부의 공공부문 차량 전기차 전환, 충전 기반 확대 정책 등이 영향을 미쳤다. 또한 2025년 7월 발효를 앞둔 ■**미국·멕시코·캐나다 협정**(USMCA)에 따라 현지 생산 부품을 75% 이상 탑재한 완성차에만 무관세 혜택을 부여하는 조치도 앞두고 있어 배터리 업체들의 북미 주도권 확보를 위한 경쟁은 치열해질 전망이다.

> ■ 미국·멕시코·캐나다 협정 (USMCA, United States-Mexico-Canada Agreement)
>
> 미국·멕시코·캐나다 협정(USMCA)은 북미 3국이 북미자유무역협정(NAFTA)을 개정해 새롭게 추진하는 다자무역협정이다. 이 협정에는 캐나다와 멕시코산 자동차에 대해 각각 연간 260만 대·240만 대에 한해 고율 관세를 면제하고, 무관세 자동차의 역내 부품 사용 비율을 62.5%에서 75%로 상향하는 내용 등이 담겼다. 협정의 유효기간은 16년이며 6년마다 재검토해 갱신 여부를 결정한다.

쌍용차 매각 무산, 인수대금 못낸 에디슨과 계약 해지

▲ 쌍용자동차 출고사무소 (쌍용자동차 홈페이지 캡처)

에디슨모터스의 쌍용자동차 인수가 결국 무산됐다. 2700억원 규모의 인수대금을 제때 내지 못해서다. 쌍용차가 ■**기업회생절차**를 성공적으로 마무리하려면 오는 8월까지 새 인수 대상자를 찾아야 한다. 새 인수자를 찾지 못하면 청산 절차에 돌입하게 된다.

쌍용차는 3월 28일 "인수인이 투자계약에서 정한 인수대금 예치 시한인 3월 25일(관계인집회 5영업일 전)까지 **잔여 인수대금 예치의무를 이행하지 못함에 따라 1월 10일 체결한 인수합병(M&A)을 위한 투자계약이 해제됐다**"고 공시했다.

앞서 에디슨모터스는 3월 18일 쌍용차의 상장유지 불확실성 등을 이유로 관계인집회 기일 연장을 요청했지만, 쌍용차는 연장 요청을 받아들이지 않았다. 상장유지 불확실 여부는 매각 공고 이

전부터 알려졌던 사항으로 입찰, 투자계약의 전제조건이 아니라는 이유에서다.

에디슨모터스가 쌍용차 인수를 위한 우선협상대상자로 선정된 뒤 자동차 업계에서는 '새우가 고래를 삼키는 격'이라는 우려가 나왔다. 에디슨모터스는 전기버스를 생산하는 업체로 승용차 제작 경험이 없다. 매출 규모도 쌍용차(3조원)가 에디슨모터스(900억원)의 30배가 넘는다.

쌍용차는 새로운 인수자를 물색해 재매각을 추진한다. 쌍용차 쪽은 재매각 여건이 2021년 인수합병 절차를 시작할 당시와 비교하면 현저히 개선됐다고 강조한다. 회사 쪽은 "미출고 물량이 약 1만3000대에 이르고 있어 반도체 등 부품수급 문제만 해결된다면 생산라인을 2교대로 가동해야 할 정도로 회사 운영이 정상화될 전망"이라고 말했다.

한편, 에디슨모터스 쪽은 계약해제 통보에 반발해 가처분신청을 낼 계획이다. 에디슨모터스 관계자는 언론 인터뷰에서 "쌍용차가 일방적으로 계약 해제를 통보한 문제에 대해 계약자 지위 보전 가처분 신청을 제기할 예정이다. 법무법인을 통해 회생법원에 관계인집회 기일변경신청도 제출했다"는 입장을 밝혔다.

■ **기업회생절차 (企業回生節次)**
기업회생절차는 빚으로 인해 회생이 불가능한 기업에 대해 법원이 지정한 제3자가 기업 활동 전반을 관리하는 것을 말한다. 과거 '법정관리'를 개칭한 말이다. 부도 위기에 처한 기업을 파산시키는 것보다 회생시키는 것이 장기적으로 기업과 채권자, 그리고 국민경제에 이익이 크다고 판단될 때 법원은 기업으로부터 회생 계획안을 받아 회생절차의 인가 여부를 결정한다. 회생절차에 돌입하면 기업은 법원이 지정한 제3자

에 의해 자금 및 기업 활동 전반을 대신 관리 받게 된다. 채무가 변제되면 법원은 회생절차의 종결을 결정한다.

5대 은행 '마이너스 통장' 등 대출 한도 잇따라 확대

주요 시중은행이 전세자금대출에 이어 신용대출 한도도 늘리고 있다. 우리은행은 4월 4일부터 ■**마이너스통장** 한도를 현재 5000만원에서 8000만~3억원으로 늘린다고 3월 27일 밝혔다. 일반 신용대출 상품인 '우리 원(WON)하는 직장인대출' 한도도 현행 1억원에서 2억원으로 늘린다.

비대면으로 신용대출을 신청할 때 다른 은행의 신용대출과 합산해 최대 1억원까지 한도를 제한했던 방침도 해제한다. 다만 '연소득 범위'에서만 빌릴 수 있는 기준은 다른 은행과 마찬가지로 그대로 적용한다.

신한은행도 현재 5000만원으로 묶어놓은 마이너스통장 한도와 1억5000만원으로 제한한 일반 신용대출 한도를 푸는 방안을 검토하고 있다. 앞서 국민·하나은행도 올해 들어 마이너스통장 한도를 5000만원에서 1억5000만원으로 올렸다. 농

협은행은 5000만원이던 일반 신용대출 한도를 2억5000만원까지 늘렸다.

주요 은행들은 2021년 정부의 가계대출 규제 움직임에 맞춰 신용대출 한도를 축소해 운영해왔다. 특히 주식 등 투자금으로 흘러가는 걸 막기 위해 신용대출을 강하게 조였다. 하지만 최근 들어 금리인상과 투자심리 위축으로 분위기가 바뀌었다.

한국은행에 따르면 2021년 12월부터 지난 2월까지 석달간 주택담보대출이나 전세자금대출 등 주택 관련 대출 잔액은 6조원 늘었지만 신용대출 등 기타대출이 6조8000억원 줄면서 전체 가계대출이 8000억원 감소했다. 은행들이 오히려 올해 실적을 걱정해야 할 상황이 되면서 다시 적극적인 대출영업에 나서고 있다.

앞서 5대 은행은 4월 들어 전세계약 갱신 때 적용하던 한도 기준을 완화해 전세자금대출에 숨통을 틔웠다. 가계대출 가운데 규모가 가장 큰 주택담보대출은 정부가 한도를 올려줄 것으로 예상된다. 대통령직인수위원회는 실수요자 담보인정비율(LTV)을 최대 80%까지 올리는 윤석열 대통령 당선인 공약을 금융위원회와 논의하며 추진하고 있다.

▪ 마이너스 통장

마이너스 통장(일명 마통)이란 은행의 대출 상품 중 하나로 정식 명칭은 '한도대출'이다. 거래하고 있는 은행의 통장을 이용해 한도 내에 일정한 금액을 수시로 빌려 쓸 수 있는 대출제도를 말한다. 마이너스 통장의 장점은 편리성이다. 정해진 한도에서 자유롭게 입금 및 출금을 할 수 있어 대출과 상환이 편리하다. 또한 중도상환 수수료가 없어 차입자에게 유리하다. 반면 대출 한도 전체가 부채로 집계되 추가 대출에 영향을 줄 수 있다는 점은 단점으로 꼽힌다.

인수위 "임대차 3법, 폐지·축소 등 검토 중"

대통령직인수위원회는 3월 28일 '**▪임대차 3법**'이 시장에 혼선을 주고 있다며 폐지와 축소 등을 검토 중이라고 밝혔다. 원일희 인수위 수석부대변인은 언론 브리핑에서 "폐지부터 대상 축소까지 의견이 제시된 상태"라고 말하며, "임대차 3법이 시장에 혼란을 주고 있다는 문제의식과 제도 개선이 필요하다는 방향은 맞고 시장 상황과 입법 여건을 고려해 단계적으로 추진할 방침"이라고 했다.

윤석열 당선인은 2021년 8월 '국민 주거 향상 대책'에서 "임대차 보호법의 재개정과 적절한 보완장치 마련을 통해 전월세 시장의 왜곡을 바로잡고 임차인 권익을 보호하겠다"며 **임대차 3법 전면 재검토**를 시사한 바 있다.

임대차법 시행 직후 전셋값은 1년 7개월 동안 27.3% 올랐다. 시행 전 3년 2개월 동안 10.5% 상승했던 것에 비해 급등했다. 현 정부 5년 전셋값 누적 상승분의 4분의 3가량이 새 임대차법 시행 이후 단기간에 이뤄진 셈이다.

그러나 임대차 3법을 주도했고 국회 과반 의석을 차지하고 있는 더불어민주당이 협조하지 않을 경우 법 개정은 불가능해 실제 개정으로 이어질지는 불투명하다. 법안 시행이 채 2년도 되지 않은 시점에 폐지 및 축소 논란이 일 경우 부동산시장에 또다시 혼선이 생길 수 있다는 관측도 있다.

■ 임대차 3법

임대차 3법이란 2020년 7월부터 전면 시행된 전월세신고제·전월세상한제·계약갱신청구권제 등을 핵심으로 하는 부동산 임대차 관련 법안을 통칭한다. ▲전월세신고제로 전월세 계약 시 실거래 신고가 의무화됐고 ▲전월세상한제로 재계약 시 임대료 인상률을 연 5% 이내로 제한하며 ▲계약갱신청구권으로 전세 계약 갱신(2년)을 임대인에게 요구할 권리를 보장하게 됐다. 하지만 이 제도는 세입자에게 세 부담을 주고, 임대료 인상 제한으로 임대 매물 감소가 우려되며, 미리 인상분을 앞당겨 받는 부작용으로 전셋값이 인상될 수 있다는 우려가 현실로 나타났다.

러·우크라 전쟁으로 시멘트 수급 대란 우려

러시아의 우크라이나 침공으로 유연탄 가격이 폭등하면서 시멘트 수급 대란이 벌어지고 있다. 한국시멘트협회에 따르면 3월 28일 기준 시멘트 재고량은 65만 톤이다. 이 중 장기 보관으로 시멘트가 굳어 판매할 수 없는 재고 30만 톤을 제외하면 사실상 재고량이 35만 톤에 불과하다.

봄 건설 성수기 때 전국 하루 출고량이 20만 톤인 것을 고려하면 이틀 물량도 남아있지 않은 것이다. 건설업계에선 시멘트 부족으로 4월 전국 건설 현장이 멈춰 설 수도 있다는 우려가 나온다.

시멘트 생산량이 감소한 것은 최근 우크라이나 사태로 유연탄 주요 생산국인 러시아에서 거래가 중단됐기 때문이다. 국내 시멘트 업계는 유연탄 수입을 러시아에 의존하고 있다. 작년 수입한 유연탄 3643만 톤 중 75%(2721만 톤)가 러시아산이다.

시멘트뿐만 아니라 건설업계 전반에서 원자재 가격 인상으로 갈등이 확산하고 있다. 3월 11일 기준 유연탄 가격은 1톤당 343.73달러까지 올랐다. 2021년 3월 12일 가격(82.89달러)보다 4배 이상 올랐다. 통상적으로 시멘트 1톤을 만드는 데 0.1톤의 유연탄이 필요하고, 유연탄 가격은 시멘트 제조 원가의 30~40%를 차지한다.

시멘트 업계는 유연탄 가격을 반영해 시멘트 값을 올려야 한다고 요구하고 있고, 철근·레미콘 등의 단가 인상을 요구하는 철근·콘크리트연합회 역시 이르면 4월 초쯤 전국 건설 현장에 납품을 중단한다는 방침이다.

➕ 전 세계 강타한 러-우크라 전쟁발 원자재 쇼크

러시아가 보복성 수출통제 품목 500개를 발표하면서 전 세계에 원자재 쇼크가 장기화될 가능성이 높아지고 있다. 특히 '원자재 공룡'으로 불리던 러시아·우크라이나의 직접 공급이 끊기자, 원유·가스부터 곡물에 이르기까지 필수 원자재 가격이 연달아 요동치는 원자재 대란이 날로 심화되는 분위기다.

미국 서부텍사스산 원유(WTI) 가격은 3월 7일 장중 130달러를 넘기며 14년 만의 최고가를 찍었다. 각종 필수광물 가격도 마찬가지다. 산업부의 '글로벌 공급망 인사이트' 보고서에 따르면, 3월 4일 기준 알루미늄(38.2%), 니켈(42.4%), 주석(21.3%) 가격은 2021년 말보다 크게 뛰었다. 두 나라 생산 비중이 높은 곡물과 해산물 가격도 급등세다. 3월 4일 기준 옥수수와 밀 가격은 지난해 말 대비 각각 27.5%, 74.9% 급등했다. 4대 식물성 기름 중 하나인 해바라기씨유 수출 1, 2위국도 우크라이나와 러시아다. 곡물뿐이 아니다. 한국의 러시아산 대게와 명태(생태)가 90% 이상으로, 자칫 조만간 생태나 대게가 식탁에서 사라질 가능성도 배제할 수 없다. 주로 러시아 경유 항공편으로 수입되는 노르웨이산 연어 역시 러시아 영공 폐쇄에 따른 운임 증가로 벌써부터 가격이 뛰고 있다.

文 대통령,
한은 총재 후보 이창용 지명

▲ 이창용 국제통화기금 아시아태평양 담당 국장
(자료 : IMF)

문재인 대통령은 3월 23일 신임 한국은행 총재로 이창용 **국제통화기금**(IMF) 아시아태평양 담당 국장을 지명했다. 박수현 청와대 국민소통수석은 이날 춘추관에서 이같이 밝히며 "이 후보자는 경제 금융 전문가로 국내 경제 및 금융 통화 분야 이론과 정책 실무를 겸비하고 있으며 주변으로부터 신망이 두텁다는 평가를 받는다"고 브리핑했다.

이 후보자는 국내외에서 모두 인정받은 엘리트 경제·금융 전문가다. 2004년 대통령 국민경제자문회의 자문위원을 맡았고, 2007년 이명박 대통령 취임에 앞서 17대 대통령직인수위원회 경제분과 인수위원으로도 활동했다. 2014년 한국인으로는 처음 IMF 고위직에 올라 8년간 일한 바 있다.

이 후보자는 취임 이후 가장 중점을 둘 과제로 1900조원에 육박한 가계부채 문제를 꼽았다. 이 후보자는 "경제협력개발기구(OECD) 국가 중 가장 빠른 속도로 올라가는 가계부채를 잡을 수 있도록 한국은행이 분명히 신호를 주고 역할을 해야 한다"고 말했다. 그는 "가계부채는 중장기적으로 경제에 큰 부담이 될 수 있기 때문에 연착륙시켜야 한다"고 덧붙였다.

윤석열 대통령 당선인 측이 이 같은 후보 지명을 두고 "청와대와 협의하거나 추천한 바 없다"고 밝혔다. 반면 청와대는 "당선인 측과 협의를 거쳤다"라고 반응하는 등 인선을 놓고 신경전을 벌였다. 한편, 4월 14일 한은은 **기준금리를 연 1.25%에서 1.5%로 0.25%p 인상**했다. 치솟는 물가를 고려한 긴축에 나선 것이다.

▪ 국제통화기금 (IMF, International Monetary Fund)

국제통화기금(IMF)은 1944년 체결된 브레턴우즈 협정에 따라 1945년 12월에 설립된 국제금융기구다. 전 세계 190여 개 국가가 회원국으로 가입돼 있으며, 우리나라는 1955년에 가입했다. IMF의 주요 업무는 환율 및 국제결제시스템의 안정성 확보. 또 국제적인 통화 협력과 금융 안전성 확보, 국가 간 무역의 확대, 고용 및 지속 가능한 경제성장의 촉진, 전 세계 빈곤의 감소를 목표로 한다. IMF는 협정을 맺은 회원국의 요청이 있을 때 기술 및 금융 지원을 직접 제공한다.

우리나라는 1997년 사상 최악의 외환위기를 맞으며, 그해 11월 21일 IMF에 구제 금융을 신청한 바 있다. 같은 해 12월 5일

1차로 55억6000억달러를 차입한 후 1999년 5월 20일까지 총 10차에 걸쳐 195억달러를 차입했다. 이후 외환보유액 수준이 증가하여 2001년 8월 23일에 차입금을 전액 상환함으로써 IMF 체제를 조기에 벗어났다.

■ **어닝서프라이즈 (earning surprise)**

어닝서프라이즈는 기업이 예상과 다른 실적을 발표하는 것으로, 우리나라에서는 '깜짝 실적'이라고 부르기도 한다. 예상치보다 실적이 현저히 낮아도 어닝서프라이즈라고 할 수 있지만, 통상적으로 실적이 예상치보다 높을 때 사용하는 말이다. 영업 실적이 예상보다 낮아 주가를 하락시키는 것은 어닝쇼크(earning shock)라 한다.

삼성전자, '역대급 실적' 어닝서프라이즈

삼성전자가 올해 1분기에 매출 77조원이라는 역대 분기 최대 실적으로 ■**어닝서프라이즈**를 기록했다. 코로나19 장기화와 러시아의 우크라이나 침공 사태에 따른 원자잿값 인상 및 글로벌 공급망 위기, '**게임 옵티마이징 서비스**'(GOS, Game Optimizing Service) 논란 등 대내외 악재에도 역대급 실적을 거둔 것이다.

삼성전자는 연결기준 1분기 잠정실적 집계 결과 매출 77조원, 영업이익 14조1000억원을 기록했다고 4월 7일 발표했다. 전년 동기 대비 매출은 17.76%, 영업이익은 50.32% 증가했다. 삼성전자는 지난해 3분기에 73조9800억원의 매출로 분기 매출이 처음으로 70조원을 돌파했으며, 이어 4분기에 매출 76조5700억원을 기록한 데 이어 최고 기록을 또다시 경신했다.

삼성전자에 이어 LG전자도 1분기 역대급 실적을 거두었다. LG전자도 이날 공시를 통해 올해 1분기 매출은 21조1091억원, 영업이익은 1조8801억원으로 전년 동기 대비 각각 18.5%, 6.4% 증가했다고 밝혔다. LG전자는 지난해 4분기 매출이 21조86억원으로 역대 최대를 기록했는데, 그 기록을 1000억원 이상 뛰어넘었다.

무신사, '짝퉁' 판매 공식 인정

▲ 크림이 공개한 피어오브갓 브랜드 본사 답변서 (크림 화면 캡처)

온라인 패션 스토어 무신사와 네이버 리셀 플랫폼 ■**크림** 간 공방전이 크림의 승리로 끝났다. 무신사에서 판매된 제품이 본사로부터 '짝퉁(가품)' 판정을 받았기 때문이다. 무신사는 잘못을 인정하고 해당 제품을 구매한 소비자에게 제품 구매액의 200% 환불을 결정했다.

문제는 이번 가품 논란과 관련해 본사로 보내진 제품들이 모두 가품 판정을 받았단 점이다. 해당 제품에는 공식 판매처 제품도 포함돼 있었다. 이에 따라 무신사는 물론 온라인에서 판매되는 다른 패션 상품에 대한 신뢰 역시 크게 떨어졌다.

4월 4일 크림은 무신사가 판매한 피어오브갓 에센셜 제품의 진품 여부를 본사에 문의한 결과 가품으로 판정됐다고 공지했다. 3개월 전 크림이 무신사에서 판매된 피어오브갓 상품이 가짜라고 지목하면서 그동안 양사는 서로 **내용증명**(개인 및 기업 간의 채권, 채무에 관련된 이행 사항 등의 득실 변경에 관한 부분을 문서화 하는 것)을 보내는 등 공방전을 벌여왔다.

미국 스타일리스트 제리 로렌조가 창립한 피어오브갓은 2030세대 남성에게 큰 인기를 끌어온 럭셔리 스트릿 패션 브랜드다.

■ 크림 (KREAM)

크림은 스니커즈 전문 재판매 플랫폼으로 네이버의 자회사다. 2021년 10월 1000억원 투자를 유치한 크림은 올해 전자상거래 플랫폼 '콜렉티브'와 '시크먼트'를 각각 70억과 55억원에 인수했다. 콜렉티브는 취향에 따라 맞춤형 커뮤니티를 형성할 수 있는, 개인 간 거래(C2C) 마켓플레이스 플랫폼이다. 시크먼트는 명품 관련 정보를 공유하는 네이버카페로 현재 앱 서비스를 개발 중이다.

크림은 리셀 물량이 증가하면서 성수동에 있는 물류·검수센터 2개에 이어 4727㎡ 규모의 제3물류센터를 당산에 오픈했다. 명품 리셀로 카테고리 확장을 꾀하고 있는 크림은 무신사와 '피어오브갓 에센셜 제품' 가품 공방을 통해 인정받은 검수 능력을 더욱 강화하겠다는 방침이다.

5월부터 유류세 30% 인하...
화물차 3개월 보조금

정부가 5월부터 유류세 인하 폭을 30%로 확대한다. 생계형 경유 사용자에게는 유가 연동 보조금을 지급해 유류비 부담을 낮춘다. 정부는 4월 5일 홍남기 경제 부총리 겸 기획재정부 장관 주재로 물가관계장관회의를 열고 "국민의 체감 유류 비용을 낮추기 위해 고유가 부담 완화 3종 세트를 마련해 신속 시행할 것"이라고 말했다.

우선 **현행 20%인 유류세 인하 폭은 5월부터 30%로 확대한다.** 경유를 사용하는 영업용 화물차, 버스, 연안 화물선 등에 대해선 **유가연동 보조금을 지급**한다. 또 택시·소상공인 등이 이용하는 액화석유가스(LPG) 판매부과금을 30% 한시 인하한다.

정부가 마련한 지원책은 4월 21일 차관회의, 4월 26일 국무회의를 거쳐 시행령을 개정, 5월부터 7월까지 세 달간 한시적으로 시행된다. 유류세 인하에 따른 세수 감소 효과는 약 2조원으로 20% 인하 때보다 7000억원 늘어나게 됐다. 정부가 세수 감소에도 유류세 인하 폭을 확대한 것은 국민의 물가 상승 부담을 덜기 위해서다.

통계청이 발표한 3월 소비자물가 상승률은 4.2%로 2011년 12월(4.2%) **이후 10년 3개월 만에 처음으로 4%로 치솟았다.** 러시아와 우크라이나 간 전쟁이 언제까지 지속될지 알 수 없는 상황에서 국제 유가뿐 아니라 국제 곡물 가격까지 뛰면서 서민들의 체감 물가 부담이 급등한 영향이다.

한편, 2021년 우리나라의 국가부채는 2196조 4000억원을 기록, 사상 처음으로 2000조원을 돌파했다. 이런 가운데 차기 정부가 역대 최대 규모인 50조원의 추가경정예산(추경)을 계획하고 있어 국가부채뿐 아니라 물가에도 부담이 될 수 있다는 우려가 나온다.

■ 휘발유 가격 구조 (리터당 1800원 기준)

부가가치세(10%)		149.6원
유류세	교육세	79.4원
	지방주행세	137.5원
	교통에너지환경세	529.0원

분야별 최신상식

사회 환경

"내국인 진료 금지는 위법"... 국내 첫 영리병원 1심 승소

■ **영리병원 (營利病院)**

영리병원이란 영리를 목적으로 하는 병원으로, 투자자로부터 자본을 투자받아 병원을 운영하고 병원에서 나온 수익을 투자자에게 다시 돌려주는 병원을 말한다. 비영리로 운영되는 다른 병원들과 달리 주식회사처럼 투자를 받고, 투자자는 영리병원 운영으로 생긴 수익금을 회수할 수 있다. 국내에서는 2012년 10월부터 제주도와 경제자유구역에 한해 영리병원을 허용한 바 있다. 영리병원은 재벌·대형병원 등의 투자처가 돼 의료 공공성을 무너뜨릴 수 있고 고가 진료 유도로 의료비 상승 등 부작용이 우려되기도 한다.

녹지–제주도 팽팽한 소송전 끝에 녹지 승리
법원이 국내 첫 ■**영리병원**으로 추진된 제주 ■**녹지국제병원**을 허가할 때 제주도가 건 '내국인 진료 제한' 조건이 위법하다고 판결했다. 지난 4월 5일 오후 제주지방법원 제1행정부는 중국 녹지그룹 자회사인 녹지제주헬스케어타운 유한회사가 제주도지사를 상대로 제기한 '외국 의료기관 개설허가 조건 취소 청구 소송'에서 원고 승소 판결을 했다.

재판부는 "이 사건 허가 조건은 개설허가에 부수해 원고에게 일정한 의무를 부과하는 부담에 해당하므로 그 자체로서 행정소송의 대상이 될 수 있다"고 밝혔다. 또한 "제주특별법은 내국인 진료 허용을 전제로 외국 의료기관 개설 허가 제도를 규정하고 있기 때문에 내국인 진료 제한 조건은 입법 취지에 부합하지 않는다"고 판단했다.

녹지병원 측은 지난 1월 대법원에서 병원 개설허가 취소를 취소해 달라는 소송에서 최종 승소한 데 이어 개설 조건 취소소송 1심에서도 승소해 향후 재판에서 제주도보다 유리한 고지에 서게 됐다.

녹지병원, 의료민영화 신호탄 될까

해당 판결이 대법원에서 확정될 경우 제주도가 내국인 진료 제한이라는 조건을 다는 방식으로 영리병원 허가 결정을 내리는 건 불가능해진다. 영리병원이 국내 공공의료에 미치는 영향이 없다는 주장의 근거가 없어져 영리병원이 빠르게 확장될 것으로 예상된다. 영리병원은 건강보험 환자를 반드시 받도록 하는 '건강보험 당연지정제'가 적용되지 않아 수익성이 높은 진료에만 집중할 가능성이 크다. 이는 주변 비영리병원에도 영향을 미쳐 국민 의료비 부담 증가로 이어질 수 있다. 또 급여가 높은 영리병원으로 의료 인력이 쏠리면서 **의료서비스 양극화가 발생**할 수 있다.

제주도, 개설 허가 또 취소 결정

제주도는 4월 12일 오후 보건의료정책심의위원회 회의에서 **녹지국제병원 개설 허가 취소 안건이 심의 위원 만장일치로 가결**됐다고 밝혔다. 도는 "개설자인 녹지제주헬스케어타운 유한회사(이하 녹지제주)가 병원 부지와 건물 일체를 제3자에게 매도했고, 방사선 장치 등 의료시설 전부를 멸실

하는 등 개설 허가 요건이 갖춰지지 않은 것으로 판단됐다"고 배경을 설명했다.

외국 의료기관은 개설 허가 당시는 물론 개설 후에도 '제주도 보건의료 특례 등에 관한 조례' 제17조 규정에 근거한 개설 허가 요건을 갖추고 있어야 한다는 것이 도의 설명이다. 도는 이에 행정절차법에 따라 녹지제주를 상대로 청문을 시행하고 나서 관련 법규에 따라 최종적으로 허가 취소 처분을 할 예정이다.

■ 녹지국제병원 (綠地國際病院)

녹지국제병원은 중국 녹지그룹이 제주도에 건설한 영리병원이다. 2018년 12월 제주도로부터 내국인 진료를 제한하는 조건부 개설허가를 받으면서 영리병원을 둘러싼 열띤 논란을 촉발시켰다. 제주도는 2018년 12월 녹지제주에 대해 내국인을 제외하고 외국인 의료 관광객만을 대상으로 녹지병원을 운영하도록 하는 조건부 허가를 했다. 그러나 녹지제주가 조건부 개설 허가 이후 3개월이 지나도록 병원 문을 열지 않자 2019년 4월 청문 절차를 거쳐 녹지병원 개설 허가를 취소했다. 그러나 녹지 측은 2020년 11월 16일 제주도지사를 상대로 '외국 의료기관 개설허가 취소처분 취소소송'을 제기했고, 2022년 1월 13일 최종 승소했다. 의료법상 개원 시한인 허가일로부터 3개월 안에 개원하지는 않았지만, 허가 조건 변경과 인력 상황 변동으로 사업계획 수정이 불가피한 상황에 처해 있던 점 등을 고려하면 업무를 시작하지 않은 정당한 사유가 있었다는 취지다. 해당 판결로 기존에 취소됐던 외국 의료기관 개설 허가가 되살아나자 녹지 측은 지난 2월 14일 제주도에 녹지국제병원을 재개원할 의사를 밝혔다.

POINT   세 줄 요약

❶ 법원이 국내 첫 영리병원으로 추진된 제주 녹지국제병원을 허가할 때 제주도가 건 '내국인 진료 제한' 조건이 위법하다고 판결했다.

❷ 영리병원이 개설되면 의료서비스 양극화가 발생할 수 있다는 우려가 나온다.

❸ 제주도는 4월 12일 녹지국제병원 개설 허가 취소 안건을 심의 위원 만장일치로 가결했다.

사회적 거리두기
2년여 만에 완전 해제

4월 4일부터 4월 17일까지 2주간 사실상 마지막으로 기대되는 사회적 거리두기가 시행되며, 일상회복에 대한 기대감이 커졌다. 2주간 적용되는 새로운 사회적 거리두기 조정안에 따르면 사적모임은 최대 10명까지, 식당·카페 등 다중이용시설의 영업시간은 밤 12시까지 확대된다.

사적모임의 경우 백신 접종 여부와 관계없이 10명까지 가능하다. 또한, 동거가족이나 아동·노인·장애인을 위한 돌봄 인력은 인원 제한에서 예외로 둔다. **밤 12시까지 영업시간이 연장되는 다중이용시설은 유흥주점, 단란주점, 클럽**(나이트), **감성주점, 헌팅포차, 콜라텍·무도장, 식당·카페, 노래연습장, 목욕장, 실내체육시설, 평생직업교육학원, PC방, 오락실·멀티방, 카지노, 파티룸, 마사지·안마소, 영화관·공연장 등**이다. 이중 영화관·공연장의 경우 마지막 상영·공연 시작 시간을 밤 12시까지 허용하지만, 끝나는 시간이 다음 날 오전 2시를 넘어설 수는 없다.

정부는 새 거리두기 기간 동안 유행 감소세와 위중증 환자가 안정적으로 관리되고 있다고 판단하면서 사회적 거리두기를 4월 18일부터 전면 폐지했다. 2020년 국내 첫 코로나19 확진자가 발견되고 같은 해 3월 22일 거리두기가 도입된 지 2년 1개월 만이다.

이에 따라 그간 밤 12시까지만 손님을 받을 수 있었던 식당·카페와 유흥시설은 자체 결정에 따라 24시간이 가능해졌고 최대 10명으로 제한됐던 사적모임도 무제한으로 할 수 있게 됐다. 최대 299명까지 가능했던 집회·행사도 제한이 완전히 풀렸다. 마스크 외 대부분의 방역 조치가 풀리면서 개인 위생수칙의 중요성은 더 높아졌다.

XE 변이 등장에 거리두기 재가동도 염두

다만, 정부는 최근 **오미크론 변이**(BA.1)와 **스텔스 오미크론**(BA.2)의 혼합 변이인 **"XE 변이 감염 사례가 해외 곳곳에서 등장**해 정부가 변이 특성에 따라 사회적 거리두기 등 방역 조치를 다시 시행하는 방안도 고려할 수 있다고 밝혔다.

손영래 중앙사고수습본부(중수본) 사회전략반장은 4월 4일 브리핑에서 "(XE 변이의) 전파력, 치명률, 백신 예방접종 저항력 등 3가지를 평가한 결과에 따라 거리두기와 방역패스(접종증명·음성확인) 방역전략의 재가동까지 염두에 두고 있다"고 말했다.

손 반장은 이어 "전파력이 얼마나 빨라지고, 치명률은 얼마나 높아지는지, 기존 예방접종에 대한 감염 예방 효과와 중증화·사망 방지 효과는 여전히 유효한지 등에 집중해 평가하고 있다"고 설명했다.

손 반장은 "XE는 오미크론 계열 변이에서 BA.2에 이어 나온 것"이라며 "앞서 BA.2가

BA.1보다 전파력은 좀 더 빠르지만, 방역 전략이 달라질 정도의 차별점이 없었던 것처럼 XE도 그럴 가능성이 크다고 보고 있다"고 설명했다.

▪ XE 변이

XE변이는 오미크론 변이(BA.1)와 스텔스 오미크론(BA.2)의 혼합 변이로, 2022년 1월 중순에 발견됐다. XE 변이는 영국에서 최초로 감염이 보고됐으며, 두 달여 만에 대만에서 유럽 경유 감염 사례가 확인됐다. 초기 연구에 따르면 BA.2보다 10% 정도 감염 증가율 우위인 것으로 밝혀졌으며, 전파력·중증도 등에서 차별화되는 특성이 확인될 때까지는 오미크론의 하위 변이로 분류된다.

한편, 세계보건기구(WHO)는 델타크론(델타와 오미크론의 유전자가 합쳐진 재조합 변이)과 오미크론 하위 변이들인 BA.1과 BA.2 등 재조합변이에 XD, XE, XF 등의 명칭을 붙이고 있다.

'가평 계곡 살인 사건'
이은해·조현수 공개수배 후 검거

▲ 경기도 가평에서 남편을 살해한 혐의를 받고 있는 이은해·조현수

경기도 가평 계곡에서 남편을 살해한 혐의로 수사를 받던 용의자들의 행방이 묘연하자 검찰이 공개수배에 나섰다. 인천지검은 살인 및 살인 미수, 보험사기 방지 특별법 위반 미수 혐의로 불구속 입건돼 조사를 받던 중 도주한 이은해·조현수 씨를 지명수배했다고 3월 30일 밝혔다.

두 사람은 2019년 이 씨의 남편 윤 모 씨를 물에 빠뜨려 살해한 유력 용의자로 지명돼 검찰 수사를 받다가 지난해 12월 2차 소환조사를 앞두고 도주했다. 검찰은 이들이 수영을 전혀 할 줄 모르는 윤 씨에게 계곡에서 다이빙할 것을 강요한 뒤 구조하지 않아 물에 빠져 숨지게 한 것으로 보고 있다. 이들이 윤 씨 명의의 생명보험금 8억원을 노렸으며 보험금 납부를 제대로 하지 않아 계약 기간이 만료되기 4시간 전에 범행을 한 것으로 검찰은 판단하고 있다.

검찰에 따르면 이들은 2019년 2월 강원 양양군 펜션에서 윤 씨에게 복어 피 등을 섞은 음식을 먹여 살해하려다가 독성이 치사량에 미달해 미수에 그쳤다. 그해 5월에는 경기 용인 낚시터에서 윤 씨를 물에 빠뜨려 살해하려다가 윤 씨 지인이 발견해 물 밖으로 나오며 미수에 그치기도 했다.

이 씨는 남편이 사망한 해 11월 보험회사에 남편에 대한 생명보험금을 청구했다가 보험사기 범행을 의심한 회사로부터 거절 당해 보험금을 수령하지 못했다. 이 사건은 SBS 시사 프로그램 '그것이 알고 싶다(그알)'에 소개되며 '가평 용소계곡 살인사건'으로 알려졌다. 해당 방송은 놀랍게도 이 씨가 직접 제보해 전파를 탔다. 이 씨는 당시 "보험사 측이 내가 노렸다며 사망 보험금을 주지 않고 있다"고 주장했다.

이 씨와 조 씨는 검찰이 공개수배한 지 17일 만인 4월 16일 고양시 덕양구 모 오피스텔에서 경찰에 검거됐다. 이들은 최근까지 신용카드와 휴대전화를 사용하지 않고 숨어 지내다가 부모들의 설득으로 자수의사를 밝혀 경찰이 검거한 것으로 전해졌다.

'택배견 경태' 주인 택배기사
불법 후원금 의혹에 경찰 수사

▲ 택배견 경태 (경태 인스타그램 캡처)

반려견 '경태'와 함께 다니며 택배 일을 해 많은 관심을 받은 '경태 아버지'가 강아지의 수술비 명목으로 후원금을 받거나 돈을 빌려 가로챘다는 의혹과 관련해 경찰이 수사에 착수했다.

지난 4월 6일 경찰에 따르면 서울 강동 경찰서는 4월 4일 국민 신문고 진정을 통해 사건을 신청받아 택배기사 A 씨를 사기·기부금품의 모집 및 사용에 관한 법률 위반 혐의로 조사 중이다.

경태 아버지라 불리는 택배기사 A 씨는 경태와 그의 또 다른 반려견 태희의 심장병 치료가 필요하다며 신고 없이 거액의 후원금을 모은 혐의를 받고 있다. 여기에 자신의 SNS 계정을 팔로우하는 사람들에게 경태와 태희의 수술비를 핑계로 돈을 빌려 갚지 않았다는 의혹도 받고 있다.

A 씨는 후원을 다 받은 뒤에 "허가받지 않은 1000만원 이상의 개인 후원금은 돌려줘야 한다는 것을 알게 됐다"며 후원금 환불을 진행하겠다고 말했지만, 실제로 후원금을 돌려받은 사람은 없는 것으로 알려졌다.

A 씨가 후원금의 총모금액과 사용처를 투명하게 공개하지 않아 논란이 확산한 가운데, A 씨는 구체적인 해명 없이 지난 3월 31일 경태와 태희 사진을 주로 올리던 SNS 계정을 돌연 닫았다. A 씨가 SNS를 폐쇄하자 그를 둘러싼 의혹이 더욱 커졌고, 경찰 조사까지 착수하게 됐다. 경찰 관계자는 "피해자 조사를 마친 뒤 A 씨를 불러 조사할 계획"이라고 밝혔다.

한편, '경태 아버지' A 씨는 자신이 운행하는 택배 차량에 말티즈 종인 강아지 '경태'를 태우고 다니며 일하는 모습이 화제가 돼 세간의 관심을 끈 인물이다. 그의 반려견 경태는 많은 누리꾼에게 폭발적인 사랑을 받았으며, 경태가 화제가 되자 CJ대한통운은 지난해 1월 경태를 '명예 택배기사'로 임명하기도 했다.

'학동 철거건물 붕괴사고' 현대산업개발 영업정지 8개월

HDC 현대산업개발

서울시는 작년 6월 발생한 광주 학동 철거건물 붕괴사고와 관련해 원청사인 HDC현대산업개발㈜에 건설산업기본법 위반으로 8개월 영업정지 ■**행정처분**을 했다고 3월 30일 밝혔다.

처분 사유는 ▲해체계획서와 다르게 시공해 구조물 붕괴 원인을 제공한 점 ▲현장 관리·감독 위반이다. 현대산업개발은 행정처분을 받은 8개월 동안 입찰 참가 등 건설사업자로서 행하는 영업활동이 금지된다. 다만, 행정처분을 받기 전 도급

계약을 체결했거나 관계 법령에 따라 인허가 등을 받아 착공한 건설공사의 경우에는 계속 시공할 수 있다.

광주 학동 건물 붕괴사고는 작년 6월 9일 도로변 상가건물 철거 중 붕괴물 잔해가 인근을 지나던 시내버스를 덮쳐 승객 등 17명의 사상자(사망 9명, 부상 8명)를 낸 사건이다. 현재 학동 사고 관계자들에 대한 재판이 진행 중인 가운데 서울시는 애초 형사판결이 나온 후 행정처분을 할 방침이었으나, 입장을 바꿔 이번에 전격 처분을 내렸다.

국토부, 부실시공 '원스트라이크아웃제' 도입

국토교통부는 지난 1월 발생한 광주 화정동 HDC현대산업개발 아파트 붕괴사고를 계기로, 단 **한 번의 부실시공 사고로 3명 이상의 사망자가 발생한 경우 시공사의 건설업 등록을 말소하는 '원스트라이크아웃제'를 도입**하기로 했다.

국토부는 작년 6월 광주 학동 재개발 현장 철거현장 붕괴사고 이후 원인으로 지목된 불법 하도급을 근절하기 위해 불법 하도급으로 5년 이내 3회 적발된 경우 건설업 등록을 말소하는 기존의 '삼진아웃제'를 10년 내 2회 적발되면 말소하는 '투스트라이크아웃제'로 강화한 바 있다.

국토부는 여기서 더 나아가 **불법하도급 여부에 상관없이 부실시공으로 사망사고가 발생하면 조건에 따라 시공사에 등록 말소 처분을** 내리기로 한 것이다.

이는 지자체에 처분 권한이 위임돼 사고 업체에 대한 처분이 적기에 이뤄지지 않고 솜방망이 처

분이 내려지고 있다는 지적에 따른 것이다. 실제로 지자체들은 형사판결 결과 등을 고려해 위법성을 판단하고 있어 처분에 걸리는 기간이 1년 이상인 경우가 대부분이고, 민원 우려 등으로 처분에도 소극적인 경향이 있다.

■ 행정처분 (行政處分)
행정처분이란 행정청이 행하는 구체적 사실에 관한 법 집행으로서의 공권력의 행사 또는 그 거부와 그밖에 이에 준하는 행정작용이다. 일례로 영업면허, 공기업의 특허·조세부과가 있다. 행정처분은 법규와 행정목적에 적합해야 한다. 법규에 위반하는 행정처분은 위법처분으로서 행정심판·행정소송의 대상이 되고, 행정목적에 위반하면 부당처분으로서 행정심판의 대상이 된다.

'아동학대살해'에 무기징역 선고 가능...양형기준 확정

오는 6월부터 아동학대치사죄의 법정형 상한선이 **징역** 22년 6개월로, 아동학대살해죄는 징역 20년 이상 또는 무기징역 이상으로 높아진다. 3월 29일 법조계에 따르면 대법원 양형위원회(위원장 김영란 전 대법관)는 전날 115차 회의에서 이 같은 내용의 아동학대범죄 수정 양형기준을 최종 의결했다.

아동학대처벌법상 아동학대치사의 현행 양형 기준은 기본 4~7년(감경 2년 6개월~5년, 가중 6~10년)이다. 양형위는 기본 양형 범위의 상한선을 4~8년으로 올리고, 죄질이 나쁠 경우 적용되는 가중 영역은 7~15년으로 상향했다. 또 재판부가 형량을 검토할 때 따지는 특별 가중 인자가 특별 감경 인자보다 2개 이상 많을 경우 최대 징역 22년 6개월까지 선고할 수 있도록 양형 범위 상한을 조정했다.

재판부가 처벌 형량을 정할 때 고려하는 요소인 양형인자도 더 엄격해졌다. 아동복지법상 아동학대죄 특별감경인자의 '참작할 만한 범행 동기'에는 "단순 훈육, 교육 등의 목적으로 범행에 이른 경우는 제외한다"는 명시적 제외 규정이 추가됐다. 그간 아동학대 범죄자들이 '훈육'을 명분으로 감경 받아왔다는 세간의 인식을 불식하기 위해서다.

또 '진지한 반성' 양형인자가 남용된다는 우려를 고려해 피고인이 범행을 인정한 구체적 경위와 피해 회복 노력 등을 재판부가 직접 조사하게 했다. 양형위는 아울러 '6세 미만의 아동이나 신체적·정신적 장애가 있는 아동을 상대로 한 범행'을 일반 가중 인자에 새로 포함하고, 피해자 시신을 훼손하거나 유기한 경우도 가중 요소에 반영했다.

양형위는 징역형 양형기준처럼 벌금형 역시 양형 실무의 통계 분석을 기초로 권고 형량 범위를 정하되, 더 엄중한 처벌을 바라는 국민적 공감대가 형성된 범죄는 적절히 조정할 방침이다. 또 벌금형 양형기준은 교통 범죄에 먼저 적용하고 점차 다른 범죄에 확대하기로 했다.

■ **징역 (懲役)**

징역이란 형법에 규정된 형벌 중 하나로, 일정기간 동안 교도소에서 복역하며 강제노역을 하는 제도다. 징역은 자유형(自由型 : 신체적 자유를 박탈하는 형벌) 중에서도 가장 무거운 형벌로 무기와 유기의 2종이 있다. 징역형은 종전에는 육체적 고통을 주기 위한 목적으로 집행됐지만, 오늘날에는 범죄인의 개과천선과 직능교육을 목적으로 시행되고 있다.

부산대, 조민 씨 의학전문대학원 입학 취소

▲ 부산대학교

조국 전 법무부 장관 딸 조민 씨의 부산대 의학전문대학원(의전원) 입학이 취소됐다. 부산대는 4월 5일 조 씨의 2015학년도 의전원 입학을 취소하기로 했다고 밝혔다. 이날 차정인 총장 주재로 단과대학 학장과 대학본부 보직자 등 30여 명이 참석한 가운데 열린 교무회의 결과에 따른 것이다.

부산대는 **대학 학칙, 2015년 당시 의전원 신입생 모집요강, 행정기본법 등을 근거로 제시**했다. 이와 관련해 부산대 신입생 모집요강에 '허위서류를 제출하면 입학을 취소한다'고 명시한 점과 동양대 총장 표창장 등이 위조 또는 허위라는 법원

판결을 들면서 "신입생 모집요강에 따라 입학취소를 최종 결정했다"고 설명했다.

앞서 부산대 '입학전형공정관리위원회'가 조 씨 봉사활동 경력과 동양대 총장 표창장이 주요 합격요인은 아니라는 조사 결과를 낸 것에 대해서는 "대학이 발표한 입시요강은 공적 약속이므로 대학 스스로 이를 준수하는 것이 무엇보다 중요하다고 판단했다"고 강조했다.

고려대도 입학 취소

조 씨 입학취소 처분은 허위 서류 제출 논란이 불거진 이후 교육부 요청에 따라 부산대가 조사 계획을 보고한 지 1년여 만에 나온 최종 결론이다. 고려대 또한 4월 6일 보도자료를 내고 "대법원 판결문과 학교생활기록부를 검토한 결과 허위 내용이 기재돼있음을 확인했다"며 조 씨의 입학을 취소했다. 두 대학에서 잇따라 입학이 취소되면서 조 씨의 학력은 고졸이 됐다.

보건복지부도 조 씨의 의사면허 취소 절차에 들어갈 예정이다. 의전원 입학이 무효가 되면 후행적으로 일어난 의사면허 취득 요건에 하자가 생기는 것이기 때문에 복지부에서 직권으로 면허를 취소할 수 있다.

조 전 장관은 4월 5일 페이스북을 통해 부산대 결정에 대한 ■**집행정지** 신청을 법원에 냈다고 밝혔다. 그는 "부산대 입학전형공정관리위원회의 자체조사결과에 의하면 경력 및 표창장이 입시에 영향을 미치지 않은 것으로 조사됐다"며 "당락에 전혀 영향이 없는 경력 기재를 근거로 입학허가를 취소하고, 결과적으로 의사면허를 무효로 하는 것은 너무나 가혹한 처분"이라고 주장했다.

■ 집행정지 (執行停止)

집행정지란 본안판결의 실효성을 확보하고 권리구제를 도모하기 위한 가구제 중 하나이다. 당해 행정처분 등에 불복하여 항고쟁송이나 항고소송을 제기한 원고를 위하여 당해 처분 등의 효력이나 그 집행 또는 절차의 속행을 정지케 함으로써 본안판결이 있을 때까지 마치 당해 처분 등이 없었던 것과 같은 상태를 형성하는 재판을 말한다.

즉 행정처분은 공정력이 인정되어 집행력이 있으나, 이를 관철하면 상대방에게 회복할 수 없는 손해를 입힐 우려가 있어 예외적으로 집행정지를 인정한 것이다. 한편, 집행정지의 결정을 신청함에 있어서는 그 이유에 대한 소명이 있어야 하며, 집행정지의 결정에 대한 즉시항고에는 결정의 집행을 정지하는 효력이 없다.

靑 인근 북악산 전면 개방... '김신조 사건' 이후 54년 만

▲ 54년 만에 이루어진 북악산 전면 개방을 기념해 산행하는 문재인 대통령 (자료 : 청와대)

청와대는 4월 6일부터 그동안 출입을 제한해 오던 청와대 건물 뒤편의 '북악산 남측면'을 일반 시민들에게 개방한다고 4월 5일 밝혔다. 앞서 청와대는 2020년 11월 '북악산 북측면'에 대한 출입 통제를 해제한 바 있다. 이후 1년 6개월 만에 남아있던 남측면도 시민들에게 전면 개방하기로 한 것이다.

이에 따라 지난 **1968년 북한 무장간첩들이 청와대 기습을 시도한 이른바 '김신조 사건('■1·21 사태')'** 이후 54년 만에 북악산 거의 전 지역을 시민들이 자유롭게 출입할 수 있게 됐다. 청와대는 또 북악산 일대의 군 유휴시설, 김신조 사건 이후 북악산 성곽 북측에 자리 잡았던 일부 철책 등을 철거했으며, 순찰로로 사용됐던 구간도 자연 친화적 탐방로로 재정비했다고 전했다.

경호상 통제가 필요한 극히 일부 지역의 경우 일반인들의 출입이 여전히 제한될 것으로 보인다. 청와대는 "문 대통령은 2017년 대선 후보 당시 북악산을 전면 개방해 시민들에게 돌려주겠다고 공약했다. 이번 개방은 국민과의 약속을 지키는 의미를 담고 있다"고 설명했다.

이와 함께 청와대는 2017년 청와대 앞길 24시간 개방, 2018년 인왕산 개방, 2019년 저도 개방 등 '열린 청와대'를 위한 노력을 기울여왔다고 소개했다. 일각에서는 공교롭게도 윤석열 대통령 당선인이 5월 10일 청와대 개방을 추진하는 타이밍과 맞물렸다는 점에서, 이번 북악산 개방이 부랴부랴 이뤄진 것 아니냐고 추측했다.

■ 1·21 사태

1·21 사태는 1968년 1월 21일에 북한 특수부대 소속 31명이 청와대를 습격해 정부 요인을 암살할 목적으로 서울 세검정 고개까지 침투했던 사건을 일컫는 말이다. 이들 31명이 경찰의 불심검문에 걸리면서 청와대 습격은 미수에 그쳤다.

그러나 이들은 검문 과정에서 정체가 탄로 나자 수류탄과 기관총을 난사해 검문 경찰은 물론 인근 민간인들까지 사망케 했다. 이들에 대한 소탕전이 1월 31일까지 이어진 끝에 북한군 29명이 사살되고, 1명은 도주하였으며, 나머지 1명인 김신조가 생포되었다. 이때 유일하게 생포된 김신조의 이름을 따 1·21 사태를 '김신조 사건'이라고 부르기도 한다.

1·21 사태 이후 대통령 경호를 강화하는 차원에서 인왕산과

북악산, 청와대 앞길까지 일반인의 통행이 금지됐다. 또한 이 사건은 향토예비군 창설과 고등학교와 대학교에서 교련 교육이 실시되는 계기가 되기도 했다.

인수위 "신한울 3·4호기 재개· 원전 생태계 복원"

▲ 한울원자력발전소 (자료 : 한국수력원자력)

대통령직인수위원회가 3월 24일 경제부처 업무 보고에서 '탈원전' 정책과 관련, 공사가 중단된 신한울 3·4호기 원전의 건설 재개를 위한 절차적 방안과 원전 생태계의 복원을 위한 과제를 조속히 검토해 달라고 요구했다.

경북 울진에 들어설 예정이었던 **신한울 원전 3·4호기**(1400MW급)**는 2017년 2월 정부로부터 발전 사업 허가를 받았지만, 현 정부가 에너지 전환 로드맵을 세우면서 건설을 중단**시켰고, 구체적인 공사계획을 세우지 못하던 상황이었다. 인수위는 원전 생태계의 조속한 복원 검토는 물론 탄소중립을 추진하는 과정에서 국민적 부담을 최소화하기 위한 에너지믹스를 도출해 줄 것도 당부했다. 에너지 기본계획부터 다시 수립하라는 의미로 풀이된다.

산업통상자원부는 이날 '안보·경제·수용성 기반 합리적 에너지 정책'으로서 원전 정책을 재정립하고 원전의 수출 산업화, 안정적 에너지 수급방안, 에너지를 산업화하는 일자리 창출방안을 보고했다. 윤석열 대통령 당선인의 공약 이행 실천 의지를 고스란히 담았다.

신한울 3·4호기는 2008년 4차 전력수급기본계획에 반영돼 설계를 마친 뒤 순차적으로 가동될 예정이었다. 하지만 문재인 정부의 탈원전 정책에 따라 2017년 다른 신규 원전 4기와 함께 공사가 중단됐다.

신한울 3·4호기는 약 7800억원의 비용이 투입됐지만 건설이 중단되면서 원전 산업과 울진 지역 경제에 타격을 줬다는 비판이 나왔고 그간 탈원전 정책의 상징으로 꼽혔다. 원전업계는 "일감 절벽을 막고 원전 건설 기술 수준을 유지해야 한다"며 신한울 원전 3, 4호기 건설 재개 서명운동을 벌이는 등 반발했다.

대통령직인수위원회가 건설 재개를 공식적으로 지시하며 5년간 중단된 신한울 3·4호기 공사가 속도를 낼 것으로 보인다. 공사가 재개되려면 탈원전 정책으로 기한이 만료된 정부의 환경영향평가를 다시 받아야 하며 신한울 3·4호기가 정부의 전력수급기본계획에도 다시 포함돼야 한다. 정부는 올해 말 확정되는 10차 전력수급계획에 이 원전 사업을 포함시킬 것으로 보인다.

➕ **한국 원전 보유 현황**
▲한빛(1~6호기) ▲한울(1~6호기) ▲월성(2~4호기, 신1~2호기) ▲새울(신3~4호기) ▲고리(2~4기, 신1~2호기)

'스텔스 오미크론' 국내 우세종 됐다

코로나19 '스텔스 오미크론' 변이가 국내에서도 우세종이 됐다. 확산력이 강한 스텔스 오미크론이 우세종이 되면서 코로나19 유행 감소 속도가 애초 예상보다 느려질 것이란 우려가 나온다.

방역 당국은 3월 20~26일 동안 발생한 확진자 중 '오미크론 변이'의 하위 변이인 **스텔스 오미크론 감염자가 전체의 56.3%로 절반을 넘었다**고 3월 28일 밝혔다. 스텔스 오미크론의 전파력은 기존 오미크론 변이에 비해 30~50% 더 강한 것으로 알려져 있다. 우리보다 먼저 오미크론 변이 정점이 지난 영국과 프랑스에서는 스텔스 오미크론 우세종화가 확인된 이후 신규 확진자가 다시 늘었다.

특히 해당 변이가 어린이에게 더 위험할 수 있다는 연구 결과도 나왔다. 홍콩대 등 연구진이 최근 국제학술지 '랜싯'에 사전 공개한 논문에 따르면 스텔스 오미크론에 걸려 입원한 11세 이하 어린이의 치명률은 0.35%였다. 독감 입원환자 치명률(0.05%)의 7배다.

새로운 변이 바이러스가 지속 등장하면서 코로나19에 감염됐다가 완치된 이후에도 다시 감염되는 재감염 사례도 나오고 있다. 특히 3월 17일부터 27일까지 10일간 확인된 재감염 사례가 전체의 16.2%에 달하는 56명으로, 가파른 증가세를 보이고 있다. 성질이 불안정한 RNA의 영향으로 코로나19 바이러스는 변이가 잦은데, 앞으로도 또 다른 변이가 발생할 가능성이 높다는 게 전문가들의 분석이다.

게다가 코로나19 감염증으로 인한 **■롱코비드** 현상이 일상생활과 경제에 타격을 줄 수 있다는 경고가 제기됐다. 영국통계청(ONS)이 조사한 코로나 후유증 환자의 거의 절반이 최소 1년간 후유증이 지속됐다고 보고했다. 특히 고령자, 여성, 비만의 경우 장기 후유증 위험이 컸다.

■ 롱코비드 (long Covid)

롱코비드란 코로나19 감염증으로 인한 장기 후유증이다. 영국 통계청(ONS)은 코로나 감염 이후 4주 이상 피로감과 후각·미각 상실, '브레인 포그'(brain fog : 머리가 멍하고 생각과 표현이 분명하지 못한 증상) 등을 롱코비드의 대표적인 증상으로 설명했다. 국내 연구진은 코로나19 확진자 2만1615명 중 19.1%(4139명)가 1개 이상의 코로나 후유증 때문에 의료기관을 찾았다고 밝힌 바 있다.

검찰, '산업부 블랙리스트' 8개 공공기관 압수수색

산업통상자원부가 탈원전 정책을 추진하면서 산하 기관장들의 사표 제출을 압박했다는 이른바 '산업부 **■블랙리스트**' 의혹 수사를 3년 만에 재개한 검찰이 3월 28일 해당 의혹과 관련된 공기업 8곳을 모두 압수수색했다. 3월 25일 산업부를 압수수색한 데 이어 강제수사 범위를 전방위로 확대한 것이다.

서울동부지검 기업·노동범죄전담부는 이날 한국남동발전, 한국남부발전, 한국서부발전, 한국중부발전 등 한전 발전자회사 4곳을 압수수색해 인사 관련 자료 등을 확보했다. 한국무역보험공사, 한국지역난방공사, 한국에너지공단, 한국광물자원공사 등 산업부 산하 공공기관 4곳도 이날 압수수색했다. 검찰이 윤석열 정부가 출범하기도 전부터 문재인 정부를 겨냥한 수사를 본격화했다는 관측이 나온다.

산업부 블랙리스트 의혹은 자유한국당(현 국민의힘)이 2019년 1월 산업부 산하 공공기관 4곳과 한전 자회사 4곳의 사장들이 당시 산업부 장·차관의 압박으로 사표를 낸 정황이 있다며 고발장을 제출하면서 불거졌다.

당시 한국당은 산업부가 이명박 정부 시절 진행된 자원외교의 문제점을 들어 기관장들의 사퇴를 종용했다고 주장했다. **문재인 정부가 탈원전 정책을 추진하기 위해 코드가 맞지 않는 기관장들을 부당하게 몰아냈다**는 것이다. 그러면서 백운규 전 장관과 이인호 전 차관, 운영지원과장과 혁신행정담당관 등 산업부 고위 인사들을 직권남용 혐의로 검찰에 고발했다.

검찰은 2019년 사표 종용을 받은 것으로 거론된 한전 자회사 4곳의 전 사장들을 불러 사퇴 과정에 부당한 압박이 있었는지 조사했다. 이후 3년간 수사에 진전이 없다가 20대 대통령선거에서 윤석열 국민의힘 후보가 당선되자 수사에 다시 속도가 붙었다.

■ **블랙리스트 (blacklist)**

블랙리스트란 '국가 권력이 정책이나 생각이 다르다는 등의 부당한 이유로 특정인들에게 불이익을 주기 위해 만든 명단'을 말한다. 흔히 수사 기관 따위에서 위험인물의 동태를 파악하기 위하여 작성한다. 17C 잉글랜드의 국왕 찰스 2세가 즉위하자마자 아버지 찰스 1세를 죄인으로 몰아 사형을 선고한 정적들의 이름을 모은 리스트에서 유래됐다.

무역에서 블랙리스트는 무역거래 제한을 뜻하며 다른 기업은 정부의 특별 허가 없이 블랙리스트에 오른 기업들과 거래를 할 수 없다.

문 대통령
"제주 4·3사건 잊지 않겠다"

▲ 제주 4·3 사건을 상징하는 동백꽃

문재인 대통령은 4월 3일 '제 74주년 제주 4·3 희생자 추념일'을 맞아 "5년 내내 제주 4·3과 함께해 왔던 것은 제게 큰 보람이었다"며 "언제나 제주의 봄을 잊지 않겠다"고 했다. 문 대통령은 이날 SNS 메시지에서 "김대중 정부의 4·3 특별법 제정, 노무현 정부의 진상조사보고서 발간과 대통령의 직접 사과가 있었기에 드디어 우리 정부에서 4·3 특별법의 전면 개정과 보상까지 추진할 수 있었다"라며 이같이 말했다.

4·3 특별법 전면 개정으로 이뤄진 재심에 대해서

도 언급했다. 문 대통령은 "얼마 전, 4·3 수형인에 대한 첫 직권재심과 특별재심 재판이 열렸다"라며 "검사는 피고인 전원 무죄를 요청했고, 판사는 ▪**제주 4·3사건**의 아픔에 공감하는 특별한 판결문을 낭독했다"고 전했다. 이어 "73분의 억울한 옥살이는 드디어 무죄가 되었고, 유족들은 법정에 박수로 화답했다"며 "상처가 아물고 제주의 봄이 피어나는 순간이었다"고 떠올렸다.

문 대통령은 "2020년 제주 하귀리 영모원에서 봤던 '죽은 이는 부디 눈을 감고 산 자들은 서로 손을 잡으라'는 글귀가 선명하다"며 "아직 다하지 못한 과제들이 산 자들의 포용과 연대로 해결될 것이라 믿는다. 다음 정부에서도 노력이 이어지기를 기대한다"고 했다.

문 대통령은 ▪**다랑쉬 오름**(제주 4·3 사건 희생자 학살 현장) 유해 발굴 30년을 기리는 전시회가 진행 중이라는 점을 언급하며 "30년 전 장례도 없이 바다에 뿌려졌던 다랑쉬굴의 영혼들이 위로를 받기를 숙연한 마음으로 기원한다"고 말했다. 문 대통령은 임기 중 2018년, 2020년, 2021년 세 차례 추념식에 참석했다. 올해는 SNS로 추모를 대신했다.

▪ **제주 4·3 사건**
제주 4·3 사건은 1948년 4월 3일부터 1954년 9월 21일까지 제주도에서 일어난 대학살극이다. 제국주의 일본 패망 이후 남북한의 이념 갈등을 발단으로 남로당 무장대가 봉기하며 미군정·국군·경찰과 충돌했고 극우파 민간 무장단체들의 폭력사태를 이승만 정권과 미국 정부가 묵인하면서 민간 학살이 발생했다. 1만4028명이 희생됐고 2만8561명의 유족을 남겼으며 피해 규모와 진상 규명이 아직도 진행되고 있다.

▪ **다랑쉬 오름**
다랑쉬 오름(작은 산)은 한라산 동쪽에 있는 오름 중 도드라지게 솟아 있어 제주도 동부를 대표하는 오름이다. 1992년 4월 1일에 다랑쉬굴에서 제주 4·3 사건으로 희생된 구좌읍 하도리와 종달리 출신 주민의 인골 11구가 발견됐다. 1948년 11월 18일에 제9연대 2대대에 의해 학살된 것으로 유골의 연령은 9세 아이에서 50대 여성까지 이르렀다.
다랑쉬굴은 입구가 양쪽으로 뚫려 있는 구조인데, 당시 토벌대는 처음에는 사람들이 숨은 입구에 수류탄을 던졌다가 사람들이 나오지 않자 잡초를 모아 불을 지피고 그것을 구멍에 밀어 넣어 연기로 질식사시켰다고 한다. 노태우 정부 당시 유골 발굴 직후 다랑쉬굴을 돌로 틀어막고 흙으로 덮어 봉쇄하였으며, 유골은 화장되었다.

BBQ "치킨값 3만원 적정" 발언에... "본사 마진이나 줄여라" 뭇매

국내 최대 치킨 프랜차이즈인 제너시스BBQ의 윤홍근 회장이 "치킨값이 2만원이 아닌 3만원 정도 돼야 한다"고 말해 논란을 일으켰다. 윤 회장은 인터뷰에서 생닭이 조리를 거쳐 가정에 배달되는 과정과 원가 구조를 낱낱이 소개하며 그 이유를 설명했다.

윤 회장은 3월 24일 언론 인터뷰에서 "우리가 삼겹살을 먹을 때 1kg 정도를 먹으려면, 150g(1인분)이 1만5000원이라고 했을 때 10만원에서 10만5000원 정도가 들어간다"며 "무게로만 비교했을 때 닭고기 1kg는 삼겹살보다 훨씬 저렴하다"고 말했다.

윤 회장의 이 같은 발언에 소비자들의 비판이 잇따랐다. 누리꾼들은 "치킨값이 제일 비싼 BBQ에서 할 말은 아닌 것 같다. 정말 **소상공인들을 생각한다면 본사 마진을 줄이면 될 일**"이라고 꼬집었다. "치킨값을 또 올리려고 '밑밥'을 깔아두는 것 같다"는 반응도 나왔다. BBQ는 지난 2020년 매출액 3256억원과 영업이익 550억원을 기록했다.

> **➕ 솔푸드 (soul food)**
>
> 솔푸드는 자신만의 추억을 간직한 음식이나 한 나라를 대표하는 음식 또는 영혼의 안식을 얻을 수 있는 음식을 일컫는다. 옥스퍼드 영어사전에서는 솔푸드를 '미국 남부 흑인들과 관련된 음식'으로 정의 내린다. 서아프리카의 식문화가 노예로 끌려온 흑인들의 애환이 담긴 음식으로 아메리카 전역으로 전파됐고 20C 중반에 재조명을 받았다. 1960년대 솔(soul) 음악과 같이 미국 흑인 문화에 솔이란 말을 붙이는 게 유행했고 솔푸드도 같은 맥락이다. 닭을 밀가루에 튀긴 프라이드 치킨이 대표적인 미국 남부 솔푸드로 꼽힌다.

가습기살균제 피해 구제 조정 무산 위기

가습기살균제 참사 사건 공론화 11년 만에 이뤄지는 기업과 피해자 간 조정 작업이 무산될 위기에 놓였다. 분담금 비중이 가장 높은 옥시레킷벤키저에 더해 애경산업까지 조정안을 수용할 수 없다는 입장을 밝히면서다. 조정이 무산될 우려에 피해자들은 조정 주체들이 합심해 조정을 계속 이어가야 한다고 강조했다.

4월 6일 가습기살균제 피해구제를 위한 조정위원회와 기업, 피해자들에 따르면 앞서 4일 조정과정에 참여한 9개 기업은 조정위 쪽에 조정안 수용 여부를 전달했다. SK케미칼과 SK이노베이션, GS리테일, 이마트, 홈플러스, 롯데쇼핑, LG생활건강 등 7개 기업은 조정안을 받아들인다고 밝혔다. 그러나 **옥시와 애경은 수용하지 않겠다**고 결론 내렸다.

옥시와 애경이 불수용 의사를 밝히면서 조정안은 물거품이 될 위기에 놓였다. 기업들이 내야 하는 비용은 '가습기살균제 피해구제를 위한 특별법'상 분담금 비중에 따라 책정됐는데, 옥시는 9개 기업 가운데 중 많은 재원을 부담해야 한다. 재원을 대거 마련해야 하는 기업에서 조정안을 거부하면 피해자들에 대한 보상 또한 요원해질 수밖에 없다.

> **➕ 케미포비아 (chemifobia)**
>
> 케미포비아는 화학을 뜻하는 케미컬(chemical)과 혐오를 뜻하는 포비아(phobia)의 합성어로, 샴푸, 세제 등 화학제품에 들어 있는 화학물질에 대한 공포증을 의미한다. 생활 속에서 수없이 접하는 화학물질이 인체에 악영향을 미친다고 보고된 사례가 잇따르면서 케미포비아가 확산됐다. 역대 최악의 화학 참사인 가습기살균제 사태, 살충제 계란 사태 등으로 우리나라에서도 케미포비아를 호소하는 사람들이 많아졌고 비누, 샴푸 등 화학제품을 극단적으로 기피하는 '노케미(no-chemi)'족도 생겨났다.

분야별
최신상식

국제
외교

러시아발 신냉전에 후퇴하는 세계화

■ 최혜국 대우 (MFN, Most
Favored Nation treat-
ment)

최혜국 대우(MFN)는 통상 조건
에서 한 나라가 어떤 외국에 부
여하고 있는 가장 유리한 특혜
를 다른 상대국에도 부여하는
것을 말한다. 예를 들어 A국가
와 B국가가 관세율을 5%로 정
한다는 조약을 체결했을 때 C
국가도 5% 관세율을 부과해달
라고 주장할 수 있는 것이 최혜
국 대우다. 세계무역기구(WTO)
체제는 가입국 간 무역 장벽과
차별 철폐가 원칙인 만큼 정상
적 외교가 이뤄지는 국가들 간
에는 대부분 최혜국 대우가 적
용된다.

러시아 "천연가스 루블화만 받겠다"

냉전 해체 후 지난 30년간 전 세계는 세계무역기구(WTO)로 대변되는 세계
화와 자유무역의 기조 속에서 상호 의존했다. 각국의 경제·금융망은 거미
줄처럼 얽혀 있었고 선진국과 신흥국 시장의 동조 현상이 강화됐다. 그러
나 러시아의 우크라이나 침공을 계기로 촉발된 신(新)냉전에 이러한 세계화
가 종말을 고하고 있다는 분석이 제기된다.

미국은 유럽연합(EU) 등 서방 진영과 손잡고 러시아에 경제 제재를 가했다.
국제은행간통신협회(SWIFT·스위프트) 결제망에서 러시아를 퇴출해 자금
거래에 타격을 입혔으며 러시아산 원유와 천연가스 수입을 금지했다. 미국
은 러시아에 대한 ■최혜국 대우도 박탈할 계획이다. 제재 여파로 지난 3월
7일 러시아 루블화 가치는 달러당 약 144루블까지 가치가 폭락했다.

유례없는 고강도 경제 제재에 러시아가 조만간 백기를 들 것이란 예측은 러
시아가 극단적인 재정 조치를 취하면서 빗나갔다. 러시아는 루블화 금리를
20%까지 올렸고 루블화를 달러나 유로로 바꾸는 사람들을 엄격하게 통제
했다. 또한 러시아산 천연가스를 팔 때 러시아 루블화만 받겠다고 선언했

자체 공급망 구축에 나서며 탈세계화 경향에 힘을 실었다.

중국은 반도체 등 첨단 산업 자립과 원자재 공급 영향력 확대에 적극적으로 투자하고, 미국은 동맹국들과 함께 반도체와 이차전지 등 주요 산업 공급망을 복원하고 있다. 신냉전 체제는 이러한 '경제 블록화' 현상을 부추기고 있다.

애플, 이케아, 맥도날드 등 서방 기업의 러시아 철수는 세계화 시대의 퇴보를 상징하는 장면이다. 맥도날드가 있는 나라들 사이에서는 전쟁이 일어나지 않는다는 ▪**황금 아치 이론**은 러시아가 우크라이나를 침공하며 깨진 지 오래다.

다. 루블화 가치는 3월 30일(현지시간) 기준 달러당 85루블로 거래되며 우크라이나 침공 이전 수준까지 반등했다.

미·서방–중·러 경제 블록화 심화
러시아가 천연가스 대금의 루블화 결제를 요구한 것처럼 중국도 사우디아라비아에서 수입하는 원유 대금 일부를 중국 위안화로 결제하는 방안을 협의했다.

이는 기축통화인 미국 달러화의 지배력을 약화하려는 시도다. 반면, 유럽 국가는 미국·중동산 석유와 천연가스, 신재생 에너지 비중을 늘리며 에너지의 탈러시아화를 가속하고 있다.

일련의 과정은 세계 경제의 **탈동조화**(decoupling·디커플링) 현상을 재촉하고 있다. 코로나19 팬데믹과 각국의 봉쇄로 촉발된 글로벌 공급망 위기로 일부 선진국은 방역 마스크조차 만들지 못할 정도로 제조업 기반이 취약하다는 점을 깨달았다. 각국은 해외 생산기지를 자국으로 불러들여

▪ **황금 아치 이론 (golden arches theory)**

황금 아치 이론은 맥도널드의 상징인 m자 모양 황금 아치를 세계화의 상징으로 보면서 황금 아치(맥도날드)가 있는 나라, 즉 세계화가 이뤄진 나라들끼리는 전쟁이 일어나지 않는다는 이론을 말한다.

미국 언론인 토머스 프리드먼이 세계화가 번영을 가져온다는 내용으로 쓴 『렉서스와 올리브나무』에서 주장한 이론이다. 맥도날드 매장이 많이 들어설 정도로 세계화가 이뤄지고 중산층이 두터워진 단계에서 사람들은 전쟁보다 맥도날드를 통해 상호관계를 유지하는 것이 서로에게 더 이익이 된다는 것을 알기에 전쟁을 하지 않는다는 것이다.

> **POINT** 　세 줄 요약
>
> ❶ 러시아의 우크라이나 침공을 계기로 세계화가 종말을 고하고 있다는 분석이 제기된다.
> ❷ 러시아는 천연가스 대금으로 루블화 결제를 요구하고 중국은 원유 대금을 위안화로 결제하려 하는 등 미국 달러화의 지배력을 약화하려는 시도가 나타났다.
> ❸ 신냉전은 세계 경제의 탈동조화 현상을 재촉하고 미국과 서방, 중국과 러시아 간 경제 블록화 현상을 부추기고 있다.

러, 우크라이나 부차에서 집단 학살...유럽 "ICC 제소해야" 규탄

▲ 우크라이나 수도 키이우 북서쪽 인근 도시 부차의 한 교회 앞에서 민간인 집단 매장지가 확인됐다.

러시아가 우크라이나 수도 키이우 북서부 도시 부차에서 민간인을 집단학살한 정황이 드러나면서 국제사회가 분노했다. 우크라이나군이 키이우 인근을 탈환한 가운데 러시아군에 의해 처형·집단매장된 민간인 시신이 잇따라 발견됐다.

AFP 통신, CNN 등 주요 외신은 위성사진 등을 인용해 부차 거리 곳곳에 민간인 옷차림을 한 시신들이 방치돼 있었다고 전했다. 보도에 따르면 부차의 한 교회 앞마당에 집단매장터로 보이는 길이 14m의 구덩이가 포착됐다. 아나톨리 페도루크 부차 시장은 이 구덩이에 최대 300구의 시신이 묻혔을 수 있다고 전했다. 현지 주민들은 전쟁 초기부터 러시아군에 살해된 민간인이 여기에 묻혔다고 증언했다.

제네바 협약은 전투에 참여하지 않는 민간인을 보호하도록 규정한다. 민간인 집단학살은 전쟁범죄에 해당한다. 유럽연합(EU)은 부차에서 일어난 민간인 학살을 강력히 규탄하며 책임자 처벌을 촉구했다. 샤를 미셸 EU 정상회의 상임의장은 4월 3일(현지시간) 트위터에 '부차 대학살'(BuchaMassacre)이라는 해시태그(#)를 달아 올린 글에서 러시아의 전쟁범죄 증거를 확보해 **국제형사재판소(ICC)**에 제출할 수 있도록 돕고 있다"고 밝혔다.

블로디미르 젤렌스키 우크라이나 대통령은 미 CBS 방송과의 인터뷰에서 "이것은 집단학살이다. 나라 전체와 국민을 말살하려는 **제노사이드**(genocide : 특정 종족이나 집단을 절멸할 목적으로 그 구성원을 살해하거나 박해하는 행위)"라며 블라디미르 푸틴 러시아 대통령 등 지시와 명령을 내린 모든 이가 적절하게 처벌돼야 한다고 촉구했다.

한편, 러시아는 우크라이나 측이 평화협상을 방해하기 위해 연출된 사진을 퍼트리고 있다고 주장하며 부차 집단학살 의혹을 전면 부인했다. **러시아가 서방의 강력한 제재에도 여전히 가스와 원유 수출을 통해 버티고 있는 가운데 토니 블링컨 미 국무장관은 대러 제재를 강화하는 방안을 논의 중**이라고 밝혔다.

■ **제네바 협약 (Geneva conventions)**
제네바 협약은 "전투의 범위 밖에 있는 자와 전투 행위에 직접 참가하지 않은 자는 보호와 존중을 받아야 하며 인도적인 대우를 받지 않으면 안 된다"고 하는 도의상의 요청에 의거하여 부상병·조난자·포로·민간인 등의 보호를 목적으로 하는 국제 법규이다. 1864년부터 1948년까지 80년 이상 시차를 두고 만들어진 4개의 개별 협약과 최종 협약 이후 추가된 3개 의정서로 구성돼 있다. 제네바 협약은 일부 조항을 유보한 채 비준한 국가까지 포함하면 총 194개국에 의해 비준되었다.

■ **국제형사재판소 (ICC, International Criminal Court)**
국제형사재판소(ICC)는 2002년 7월 1일 출범한 세계 최초의 상설 전쟁범죄재판소다. 집단살해죄, 전쟁범죄, 반인도적 범죄를 저지른 개인을 형사 처벌하기 위해 설립됐다. ICC는 해당 국가가 집단살해나 반인도주의 범죄, 전쟁범죄에 대한 재판을 거부하거나 재판할 능력이 없을 때 개입하게 된다. 우리나라는 2003년 정식 가입국이 됐으나, 미국·중국·인도·러시아 등은 가입을 거부했다. 특히 미국은 자국 평화유지군의 면책특권을 주장하면서 해외 주둔 미군 등의 사기 저하 등을 이유로 ICC 가입을 미루고 있다. 이처럼 강대국들의 외면은 ICC가 강대국보다 아프리카 전쟁 범죄만 다룬다는 비판을 받는 원인이 되고 있다.

중국 '제로 코로나' 고집...
상하이 초강력 봉쇄

▲ 코로나 확산 우려로 봉쇄된 상하이 시내

전염성이 강한 오미크론 변이 확산으로 코로나19 확진자가 폭증하는 가운데 중국 정부가 한 사람의 확진자도 풀어주지 않는 **"제로 코로나** 정책의 고삐를 풀지 않으면서 주민들의 불편과 경제 충격이 가중되고 있다.

중국 당국은 인구 **2500만** 명의 초거대 도시이자

중국의 경제 수도로 불리는 상하이를 3월 28일부터 락다운(lockdown·봉쇄)했다. 이는 2020년 코로나 대유행 시작 후 중국이 단행한 최대 규모의 도시 봉쇄였다. 4월 초 기준 중국의 일일 신규 감염자는 1만3000명까지 치솟으며 2020년 코로나 팬데믹 초기 우한 사태의 수준에 다가갔다. 이 중 상하이 감염자가 약 70%에 달한다.

초강력 봉쇄 속에서 2500만 주민은 집에만 갇혀 옴짝달싹 못하는 처지다. 주거 단지마다 자원봉사자들이 외출을 시도하는 주민들을 철저하게 통제하고 일부 단지에서는 네 발 달린 로봇 개나 드론이 돌아다니면서 밖으로 나온 주민에게 경고를 하기도 한다.

봉쇄 기간이 길어지면서 야채, 달걀, 생수, 화장지 등 생필품 사재기가 벌어졌고 슈퍼마켓의 매대는 텅 비었다. 견디다 못한 시민들이 항의 시위를 벌이고 바리케이트를 철거하는 장면이 SNS에 올라왔다가 삭제됐다. 대부분의 의료 지원이 코로나19 대응에 투입되면서 일반 환자들은 제때 치료를 받지 못해 고통을 호소했다. 말기 암 환자가 치료를 거부당하는 사례도 있었다.

정치화된 코로나 방역 돌이키기 어려워

전문가들은 제로 코로나 정책이 중국 경제에 적지 않은 타격을 줄 것으로 예상했다. 량센핑 홍콩 중문대 교수는 제로 코로나 정책으로 인해 올해 중국 국내총생산(GDP)이 3.1% 감소할 수 있다고 분석했다. 스위스에 본사를 둔 글로벌 금융 그룹 UBS는 올해 중국의 성장률 전망치를 5.4%에서 5.0%로 하향하면서 통제가 계속되면 5% 아래로 내려갈 수 있다고 경고했다. **세계 최대항인 상하이항의 물류 지체가 심화될 경우 세계적인 물류**

대란으로 이어질 가능성도 있다.

결국 확진자 증가를 감수하더라도 치명률 감소에 초점을 맞추며 경제와 일상을 복원하는 위드 코로나 정책으로의 전환이 절실하지만 중국이 제로 코로나 정책을 포기할 전망은 별로 없다.

중국 공산당은 확진자가 대폭 증가한 미국 상황을 정책 실패로 규정하며 자국의 사회주의 체제의 우월성을 강조하는 근거로 내세우고 있다. 이러한 기조 속에서 확진자가 급증할 수 있는 위드 코로나를 받아들이지 않을 것으로 분석된다. 특히 **올가을 시진핑 국가주석의 3연임을 결정하는 공산당 20차 당 대회**를 앞두고 시 주석의 치적을 과시하기 위해서라도 강력한 제로 코로나 정책을 이어갈 수밖에 없을 전망이다.

■ **제로 코로나 (zero corona)**
제로 코로나란 '단 한 명의 감염자도 용납하지 않겠다'는 중국 당국의 코로나19 대응 방역 정책을 의미한다. 단 한 건의 코로나19 감염이라도 나오면 그 지역을 봉쇄·격리한 후 코로나 감염 여부를 확인한 후에야 풀어주는 정책이다. 중국 공산당 정부는 지금까지 '1000명을 잘못 짚는 한이 있더라도 단 한 명도 놓치지 않겠다'라는 자세로 제로 코로나 정책을 고수해왔다.
제로 코로나의 대표적인 수단은 입국자 장기 격리와 도시 봉쇄. 일례로 지난 2월 광시성 좡족자치구에서 코로나19 감염자 98명이 발생하자 중국 방역 당국은 주민 380만 명을 모두 격리하고 차량과 사람의 출입도 금지한 바 있다.

美, 러시아 '전쟁범죄' 공식 규정

바이든 행정부가 러시아의 우크라이나 침공을 두고 '전쟁범죄'로 공식 규정했다. 민간인을 향한

무차별적인 공격이 횡행하면서 국제사회의 비판 여론이 높아진 데 따른 것으로 보인다. **미국은 블라디미르 푸틴 러시아 대통령을 겨냥한 형사 기소 추진까지 시사했다.**

미국이 이런 결론을 내린 건 우크라이나 내의 민간인 희생자가 속출하고 있는 탓이다. 유엔 인권사무소에 따르면 러시아가 공격을 시작한 2월 24일 이후 한 달간 우크라이나에서 목숨을 잃은 민간인은 977명(어린이 81명 포함)이다. 다친 민간인은 1594명이다. 실제 사상자 수는 이보다 훨씬 많을 것이라는 게 인권사무소의 추정이다.

이 때문에 푸틴 대통령을 실제 법정에 세울 수 있을지 관심이 모아진다. 국제형사재판소(ICC)는 관련 조사에 착수한 상태다. ICC의 카림 칸 검사장은 CNN에 나와 "민간인을 표적으로 삼는 건 명백한 전쟁 범죄"라고 말했다.

그러나 현실적으로 그를 재판대에 세울 수 있을지 미지수라는 평가가 나온다. 러시아는 ICC가 2016년 러시아의 크림반도 병합을 두고 "점령 상태에 해당한다"고 평결한데 반발해 ICC를 탈퇴했다. **푸틴 대통령이 불참한다면 재판은 불가능**하다.

또 다른 경로인 **■국제사법재판소(ICJ)** 역시 상황

은 비슷하다. ICJ는 ICC와 달리 개인이 아닌 국가 간 분쟁에 대한 판결을 하는 곳이다. 문제는 ICJ가 러시아를 유죄로 판결하더라도 그 집행은 유엔 안보리가 맡는다는 점이다. 러시아는 안보리 상임이사국 5개국 중 하나다. 러시아가 거부하면 통과가 불가능한 구조다.

푸틴 대통령이 전범이라는 걸 국제사회가 인정한다는 상징성은 클 것으로 점쳐진다. 하지만 러시아는 이에 강하게 반발하고 있어 강 대 강 대치는 불가피해 보인다. 러시아 행정부는 최근 바이든 대통령의 전범 발언 당시 "국교 단절의 위기로 몰고 갔다"고 맹비난하면서 존 설리번 주러시아 미국 대사를 외무부로 초치했다.

한편, 조 바이든 미국 대통령은 3월 21일(현지시간) 푸틴 대통령이 우크라이나에서 생화학무기의 사용을 고려하고 있다는 명확한 징후를 포착했다고 말했다. **생화학무기는 국제법으로 금지**돼 있다.

러시아는 공식적으로는 소련 시절에 보유한 생화학무기를 폐기했다고 주장하지만 푸틴 대통령은 집권 후에도 화학무기를 수차례 사용한 것으로 알려져 있다. 푸틴 대통령을 공개적으로 비난해온 야권 지도자 알렉세이 나발니는 지난 2020년 비행기 안에서 중독 증상을 보이며 쓰러졌는데 그의 몸에서도 생화학무기인 노비촉이 검출됐다.

■ **국제사법재판소 (ICJ, International Court of Justice)**
국제사법재판소(ICJ)는 국제적인 법원으로서 유엔헌장에 근거하여 1945년에 설립된 유엔 자체의 사법 기관이다. 네덜란드 헤이그의 평화궁에 소재한다. 분쟁 당사국들이 합의하여 법원에 부탁하여야 관할권을 행사할 수 있으며, 분쟁을 국제법에 따라 재판하는 것을 임무로 한다. 유엔 총회 또는 안전보장이사회는 법적 문제에 대해 ICJ에 유권 해석을 내려줄 것을 요청할 수 있다.

➕ **화학무기금지기구 (OPCW, Organization for the Prohibition of Chemical Weapon)**
화학무기금지기구(OPCW)는 1997년 4월 29일 화학무기의 사용을 금지한 화학무기금지조약(CWC, Chemical Weapons Convention)의 발효와 함께 1997년 설립된 국제기구다. 본부는 네덜란드 헤이그에 있다. 기존 화학무기의 완전한 폐기는 물론 생산·보유 및 이전활동을 금지하는 CWC의 이행 여부를 확인하는 것이 주요 목적이다. 북한과 이집트, 남수단 등 6개국은 CWC에 서명하지 않았다. OPCW는 시리아의 화학무기 제거 공로를 인정받아 2013년 노벨평화상을 수상했다.

싱가포르서 2019년 이후 첫 사형 집행

▲ 싱가포르 국기

싱가포르에서 2019년 이후 처음으로 사형이 집행된 것으로 알려졌다. 3월 30일 AP·AFP 통신에 따르면 싱가포르에서 사형 반대 운동을 벌여온 한 활동가는 SNS를 통해 지난 2015년 사형 선고를 받은 압둘 카하르 오트만에 대해 이날 오전 사형이 집행됐다고 밝혔다.

올해 68세인 압둘 카하르는 2013년 ▪헤로인을 몰래 들여오다 적발돼 2년 후 사형 선고를 받았다. 싱가포르에서 사형 집행이 마지막으로 이뤄진 것은 지난 2019년이었다.

이날 사형 집행은 최근 논란이 된 말레이시아인 사형수에 대한 상고심이 기각된 지 하루 만에 전격적으로 이뤄졌다. 대법원 격인 항소법원은 전날 나겐트란 다르말린감에 대해 '지적 장애'를 이유로 감형을 촉구하는 상고를 기각했다. 상고 기각으로 나겐트란은 애초 선고대로 사형이 집행될 가능성이 커졌다. 사형 집행일이 언제가 될지는 알려지지 않았다.

나겐트란은 21세이던 지난 2009년 4월 헤로인 42g을 몰래 들여오려다 국경 검문소에서 체포됐고 이듬해 사형 선고를 받았다. 나겐트란은 지능지수(IQ)가 69로 낮아 마약 밀수 범죄에 연루됐다는 청원이 빗발쳤고, 말레이시아 총리가 사면을 요청하고 인권단체들이 들고 일어나자 싱가포르 당국은 사형 하루 전 코로나19 감염을 이유로 집행을 유예한 바 있다.

싱가포르는 국제 사회의 비판에도 불구하고 마약 관련 범죄자에 대해서는 사형을 집행하는 30여 개 나라 중 하나다. 싱가포르는 15g 이상의 헤로인을 밀수하다 적발되면 사형에 처하는 '무관용' 정책을 펴고 있다. 마약 밀매와 살인 등 강력 범죄에 대해 엄정하게 대처하고 있기 때문에 아시아에서 가장 훌륭한 치안 상태를 유지하고 있다는 게 싱가포르 정부의 주장이다.

▪ **헤로인 (heroin)**
헤로인이란 아편에서 추출한 모르핀을 정제해 만든 마약이다. 헤로인은 1898년 독일 바이엘사에서 모르핀 중독 치료와 기침, 천식, 기관지염을 치료하는 약으로 개발하여 판매하였다. 그러나 습관성·중독성 때문에 현재는 의료용으로 사용되지 않을 뿐만 아니라 그 제조와 소지, 사용을 금하고 있다.

파키스탄 칸 총리 축출... 의회서 초유의 불신임안 가결

▲ 불신임안 가결로 물러난 임란 칸(왼쪽에서 두 번째) 전 총리

파키스탄 의회가 4월 10일(현지시간) 새벽 임란 칸 총리에 대한 불신임안을 가결했다. 14시간에 가까운 여야 대치 끝에 성사된 총리 불신임안 투표에서 342명의 하원의원 중 174명이 찬성함에 따라 칸 총리는 더는 총리직을 수행할 수 없게 됐다.

파키스탄에서 지금까지 5년 임기를 다 채운 총리는 한 명도 없었지만, 불신임안 가결로 물러난 총리는 칸 총리가 처음이다. 야권은 **칸 총리가 코로나19 사태로 망가진 경제 회복에 실패하고 부패 척결 공약을 지키지 못했다는 이유**로 3월 초부터 불신임 투표를 추진해왔다.

여기에 칸 총리가 이끄는 여당 테흐리크-에-인사프(PTI) 소속 의원 수십 명이 불신임 찬성표를 던지겠다며 등을 돌리고, 연정 핵심 파트너인 MQM-P 등도 야권에 가세했다. 친중 성향으로 평가되는 칸 총리는 "미국에 의한 노골적인 내정 간섭"이라고 '미국 음모론'을 제기했지만, 불신임안 투표를 막을 수 없었다.

새 총리로 셰바즈 샤리프 선출

파키스탄 정치 명문가 출신 **셰바즈 샤리프 전 펀자브 주총리가 4월 11일**(현지시간) **파키스탄의 새 총리로 뽑혔다.** 의원내각제인 파키스탄은 원내 과반 의석을 차지한 정치 세력의 대표가 총리가 된다. 칸 전 총리가 이끄는 파키스탄정의운동(PTI) 소속 의원들은 항의 표시로 이날 투표 직전 집단으로 의원직을 사퇴했고, 구야권 의원들만 투표에 참여했다.

현재 파키스탄 경제는 물가 상승, 외화 부족 등으로 심각한 어려움을 겪고 있다. 전문가들은 중국의 **■일대일로** 프로젝트 참여 등으로 부채에 허덕인 상황에서 코로나19 팬데믹, 정부 실정까지 겹친 게 원인이라고 지적한다.

와중에 '친중' 성향으로 알려진 칸 전 총리는 자신에 대한 의회의 불신임 시도가 '미국의 음모'에 의한 것이라며 강하게 반발하고 있다. 전국에서는 칸 전 총리에 대한 지지 시위도 대규모로 열리고 있다. 셰바즈 총리로서는 집권 세력 내 다양한 이해 관계를 절충하며 동시에 경제난과 정국 혼란까지 타개해야 하는 어려운 과제에 직면하게 됐다.

■ 일대일로 (一帶一路)

일대일로란 중국이 추진 중인 신(新) 실크로드 전략이다. 일대란 중앙아시아와 유럽을 잇는 육상 실크로드, 일로는 동남아시아와 유럽, 아프리카를 연결하는 해상 실크로드를 뜻한다. 시진핑 중국 국가주석이 2013년 9~10월 중앙아시아 및 동

남아시아 순방에서 처음 제시한 전략이다. 일대일로가 구축되면 중국을 중심으로 육·해상 실크로드 주변의 60여 개국을 포함한 거대 경제권이 구성된다. 일각에서는 일대일로 전략이 중화주의의 부활이 아니냐는 평가가 나온다.

중국, 8개월여 만에 게임 신규 허가 재개...45개 명단 발표

중국 당국이 8개월여 만에 온라인 게임 신규 **■판호** 발급을 재개했다. 국가신문출판서는 4월 11일 홈페이지를 통해 새로 판호를 발급한 45개 게임 타이틀 명단을 발표했다.

중국은 지난해 7월 22일 이후 8개월 넘게 아무런 설명 없이 신규 판호 발급을 중단했다. 동시에 청소년의 게임 이용 시간을 제한하면서 중국 게임업체는 물론 중국 시장을 겨냥한 외국 게임업계도 직격탄을 맞았다.

관영 통신 신화사가 발행하는 신문인 경제참고보는 지난해 8월 3일 **온라인 게임을 '정신적 아편'**이라는 극단적 표현을 동원하면서 텐센트의 모바일 게임인 '왕자영요'를 여러 차례 언급하기도 했다. 이후 중국 당국은 지난해 8월 말 청소년의 온라인 게임 시간을 1주일에 3시간으로 제한하는 새로운 규정을 발표했다. 이에 따라 18세 미만 청소년은 금~일요일과 공휴일 오후 8~9시 1시간만 게임을 할 수 있게 됐다.

허가를 기다리다 지친 외국 게임사들은 중국에 게임 출시를 포기하기도 했다. 지난해 11월 1일 인기 1인칭 슈터(FPS) 게임 '포트나이트' 개발사인 미국 에픽게임스는 중국에서 '포트나이트' 시험서비스를 중단한다고 발표했다. 에픽게임스는 텐센트와 손잡고 2018년 중국에서 '포트나이트'의 베타 테스트를 시작하며 정식 허가가 나기를 기다려왔다.

게임 판호 발급 중단 속 텐센트의 작년 4분기 매출 증가세는 2004년 상장 이래 최저를 기록했다. 텐센트의 주요 수입원인 중국 내 게임의 작년 4분기 매출은 전년 동기 대비 겨우 1% 증가했다. 중국은 앞서 2018년에도 9개월간 게임 판호 발급을 중단한 바 있다.

▪ 판호 (版號)

판호는 중국 내에서 게임 서비스를 할 수 있는 허가 권한을 말한다. 중국은 게임도 출판물로 간주하여 각 게임에도 출판물처럼 고유식별번호인 ISBN(International Standard Book Number)을 부여하는데 이것이 판호다. 판호를 신청하기 위해서는 여러 가지 까다로운 조건을 갖춰야 하며 발급받는 데 심사 기간도 수개월이 걸린다. 이처럼 높은 무역 장벽 때문에 외국 업체는 중국에서 게임 서비스를 출시하기가 까다롭다.

2030년 자라·H&M 사라질까...
EU, 패스트패션 손본다

유럽연합(EU)이 환경을 위해 사실상 2030년까지 **▪패스트패션**을 종식하겠다는 뜻을 밝혔다. EU 집행위원회은 3월 30일(현지시간) 유럽 내에서 판매되는 의류가 더 오래 사용되고 수리하기 쉽도록 유도하는 규제 도입을 예고했다.

버지니유스 싱크에비셔스 EU 환경위원은 "위원회는 패스트패션이 유행에서 뒤떨어지길 원한다"며 "2030년까지 EU에 출시되는 섬유 제품은 높은 비중의 재활용 섬유로 만들어 수명이 길고 재활용이 가능해져야 한다"고 밝혔다.

패스트패션이 환경·기후변화에 미치는 악영향은 그간 꾸준히 지적됐다. **패스트패션은 필수 소비재인 옷의 소비주기를 짧게 만드는 방법**으로 거대한 산업을 일으켰다. 하지만 이런 전략은 결국 더 많은 옷의 생산과 폐기를 야기했다. 2019년 유엔(UN) 보고서에 따르면 전 세계 의류 생산량은 2000년에서 2014년 사이 2배나 늘었다.

EU 집행부가 제안한 새로운 규정에는, 오는 2030년까지 일정 한도 이상의 리사이클링 소재 사용을 의무화하고 안 팔린 상품 폐기 처분 금지, 미세 플라스틱 사용 규제, **그린 워싱**(green washing : 허위 친환경 이미지로 경제적 이득을 취하는 것) 단속, 글로벌 노동 환경 개선 등의 내용이 포함돼 있다.

프란스 팀머만스 EU 위원회 부대표는 이 같은 골자를 발표하면서 "앞으로는 지속 가능 제품이 새로운 표준이 되어야 한다"며 "우리가 입는 옷은 최소한 세 번 이상 세탁해 입을 수 있어야 한다"고 말했다.

■ **패스트패션 (fast fashion)**

패스트패션이란 최신 유행을 바로바로 반영해 제작·유통하는 의류를 말한다. 스페인의 자라, 일본의 유니클로, 스웨덴의 H&M 등의 스파(SPA, Speciality retailer of Private label Apparel : 제조직매형 의류전문회사) 브랜드가 대표적이다. 생산부터 소매·유통까지 직접 개입하여 시시각각 변하는 유행을 쫓기 위해 많은 브랜드에서 패스트패션을 도입하고 있다. 한편, CNN에 따르면 2018년에만 의류 업계에서 배출한 이산화탄소가 23억1000만 톤에 달해, 의류 업계가 환경에 미치는 악영향이 엄청난 것으로 알려졌다.

코스타리카 대선에 경제학자 출신 차베스 승리

▲ 코스타리카 국기

남미 코스타리카 대선에서 경제학자 출신인 **사회민주진보당(PPSD)의 로드리고 차베스** 후보가 국가해방당(PLN)의 호세 마리아 피게레스 후보를 꺾고 승리했다.

현지 매체 라나시온에 따르면 4월 3일(현지시간) 코스타리카 최고선거재판소(TSE)는 이날 치러진 대선 결선 개표를 96% 진행한 시점에서 차베스 후보가 52.9%, 피게레스 후보가 47.1%를 득표했다고 발표했다. 투표율은 57.3%로 지난 2월 6일 1차 투표(60%)보다 낮았다. 피게레스 후보는 "선거 결과를 존중한다"며 패배를 인정했다.

차베스 후보는 미국 오하이오대학에서 박사 학위를 받은 경제학자 출신으로 세계은행에서 30년가량 근무했다. 이념적으로는 중도우파로 분류된다. 차베스 후보는 2019~2020년 카를로스 알바라도 현 정권에서 재무장관을 지냈으나 대통령과 이견을 보이며 7개월 만에 물러났다. 지난해 신생정당인 사회민주진보당을 창당해 대선에 출마한 그는 정치 개혁과 부패 척결을 내세우며 1차 투표에서 2위에 오르는 이변을 일으켰다.

선거 전 여론조사에서 두 후보 모두 지지하지 않는다는 응답이 73%에 이르는 등 이번 대선에 대한 유권자들의 관심은 낮았다. 피게레스 후보는 대통령 퇴임 후 프랑스 기업으로부터 자문료 명목으로 90만달러(약 10억원)를 받았다는 의혹을 받은 바 있다. 차베스 후보는 세계은행에서 일하던 2009~2013년 여성 직원들을 성희롱해 강등된 바 있다.

코스타리카는 중남미 국가 중에서 정치·경제적으로 안정된 나라로 꼽힌다. 그러나 코로나19로 관광업이 타격을 받으면서 실업률이 14%까지 치솟았고 2021년 1월에는 국제통화기금(IMF)으로부터 구제 금융을 받는 등 경제적 어려움을 겪고 있다. 차기 대통령은 코로나19 충격에서 경제를 회복시키고 빈곤율을 낮춰야 하는 과제를 안고 있다. 차기 대통령 임기는 5월 8일부터 시작한다.

➕ **'중남미의 스위스', 코스타리카**

코스타리카는 '미주 대륙의 스위스'라고 불릴 만큼 자연환경이 아름답고 오랜 민주주의와 평화의 역사를 간직하고 있다. 또한 생태계 환경을 보호하기 위해 국토의 약 25%에 해당하는 지역을 보호지역, 국립공원 등 이름으로 지정하고 있다. 코스타리카는 자본주의 시장 경제체제를 기초로 한 개발도상국으로 중미 5개국 중 국민소득이 가장 높다. 군대가 없는 영세중립국으로도 유명하다.

'친러시아' 오르반 헝가리 총리 4연임 성공

▲ 빅토르 오르반 헝가리 총리

친러시아 성향을 보여온 헝가리의 ▪**빅토르 오르반** 총리가 4월 3일(현지시간) 치러진 총선에서 4연임에 성공했다. 이번 승리로 12년이 넘는 장기 집권을 이어가게 됐다. 친러 성향의 오르반 총리가 승리하자 유럽연합(EU)은 향후 우크라이나 사태에 미칠 영향을 주시하고 있다.

헝가리 국가선거위원회는 이날 오전 7시까지 99%의 개표가 이뤄진 가운데 오르반 총리가 이끄는 집권 여당 피데스가 약 53%의 득표율을 기록해 199석 중 과반이 넘는 135석을 가져갔다고 밝혔다. 반면 야권 연합은 35%의 득표율로 56석을 확보하는데 그쳤다.

오르반 총리는 과거 블라디미르 푸틴 러시아 대통령을 롤모델이라 밝힐 만큼 대표적인 친러 인사다. 그는 선거 기간에도 경제 제재 등 러시아에 대한 실질적인 행동에서 소극적인 모습을 보였다. 우크라이나에 대한 무기 지원은 물론 다른 나라의 무기가 헝가리를 통과해 우크라이나로 이송되는 것도 거부했다.

이 때문에 이번 선거에서 우크라이나 전쟁의 후폭풍을 피하기 힘들 것이란 예상도 있었다. 그는 이 문제를 의식한 듯 최근에는 EU와 협조하며 중립적인 성향을 보였다. 러시아의 우크라이나 침공을 규탄하고 우크라이나 난민들을 수용한 것이 대표적이다.

EU는 오르반 정부의 승리가 향후 우크라이나 전쟁 정국에서 어떤 변수로 작용할지 주시하고 있다. 정치적 고비를 넘긴 그가 본래의 친러 본색을 강화한다면 EU의 단결에 악영향을 미칠 수 있기 때문이다. 오르반 총리는 선거 승리 연설에서 EU 관료들과 언론, 볼로디미르 젤렌스키 우크라이나 대통령 등을 자신의 '반대자'로 지칭해 이 같은 우려를 키웠다.

▪ **빅토르 오르반 (Viktor Orbán, 1963~)**
빅토르 오르반은 헝가리의 총리다. 우파 성향 정당인 청년민주동맹(피데스) 소속으로 1990년 만 35세의 나이로 총리직에 올라 2002년 임기까지 경제적으로 성과를 거뒀고 헝가리의 북대서양조약기구(NATO), 유럽연합(EU) 가입을 이끌었다. 2010년 다시 총리가 돼 현재까지 집권하고 있다. 오르반 총리는 언론 자유 탄압과 민주주의와 법치 훼손, 난민 분산수용 정책 거부 등으로 각국으로부터 비난을 받으며 '유럽의 트럼프'라고 불리고 있다.

'신나치주의' 성향... 우크라 '아조우 연대' 이목 집중

2014년 **우크라이나** 동부 돈바스 지역에서 친러 분리 세력에 맞서 창설된 극우 성향의 ▪**아조우 연대**가 우크라이나 전쟁에서 주목받고 있다. 아조우 연대는 우크라이나 마리우폴을 거점으로 활동해

▲ 아조우 연대

왔는데, 러시아가 마리우폴을 거세게 공격하는 데는 남동부 요충지 장악뿐만 아니라 아조우 연대에 대한 러시아의 적개심도 작용하고 있다는 분석이 나온다.

아조우 연대는 객관적 전력의 열세에도 러시아군과 격전을 펼치며 도시를 방어해 우크라이나인에게 '구국의 영웅'으로 불린다. 하지만 우크라이나의 반(反)나치화를 침공 명분으로 내세운 러시아는 이들을 '신나치주의 핵심 집단'으로 규정하고 있다.

푸틴 대통령은 우크라이나 침공 이유 중 하나로 우크라이나의 나치화(denazification)를 내걸고 침략 전쟁을 "신나치주의자들에 의한 대량 학살에서 친러시아 주민을 보호하기 위한 특수작전"으로 규정하며 아조우 연대를 제거하겠다는 뜻을 분명히 했다.

지난 2월 개전 이후 아조우 연대는 마리우폴, 키이우, 하르키우 등 주요 격전지에 투입됐다. 특히 러시아군이 완전히 포위한 마리우폴의 함락을 저지하는 데 핵심 역할을 했다. 3월 16일에는 올레크 미할레프 러시아군 소장을 교전 중 사살했다. 아조우 연대 초대 사령관인 안드리 빌레츠키는 "현재 마리우폴에서 항전 중인 아조우 연대 대원이 1500명에 이른다"고 외신에 밝혔다.

전문가들은 아조우 연대와 신나치주의의 연관성이 시간이 흐르면서 옅어졌다고 분석하고 있다. 동유럽 전문 정치학자 안드레아스 움란드는 "현재 아조우 연대는 (극우) 이념이 희석된 정규 전투 부대"라며 "최근 사람들이 아조우 연대에 합류하는 것은 극우 이념 때문이 아니라, 강한 전투 부대로 명성이 높기 때문"이라고 외신에 밝혔다.

■ 아조우 연대 (Azov regiment)

아조우 연대란 우크라이나 동부 돈바스 지역에서 활동하는 파견대다. '신(新)나치주의'에 기반해 만들어진 아조우 연대는 창설 초기에 반이슬람 및 반유대주의 성향이 짙은 극우 성향의 지원병으로 구성됐다. 아조우란 이름은 흑해 북부, 우크라이나와 러시아 사이에 있는 아조우해(海)에서 따왔다. 2014년 돈바스 전쟁 당시 아조우 부대원들은 나치 독일 친위대의 상징인 '하켄크로이츠'를 연상시키는 '늑대 갈고리(Wolfsangel)' 휘장을 달고 활약했다. 민병대원 300여 명으로 출범한 초기에는 아조우 대대로 불렸지만 이후 부대원이 늘어나면서 아조우 연대가 됐다. 2014년 11월 우크라이나 내무부 산하 국가경비대에 편입돼 정규군이 됐지만 나치주의 논란은 여전히 존재한다. 공식 명칭은 '아조우 특수작전 파견대'다.

➕ '하켄크로이츠'와 '욱일승천기'

하켄크로이츠(hakenkreuz)는 독일 나치당과 아돌프 히틀러의 상징으로 유명한 갈고리 십자 문양이다. 스와스티카(swastika)라고도 한다. 하켄크로이츠는 본래 고대 게르만족이 행운의 상징으로 사용했던 룬 문자의 하나였지만 나치를 상징하는 것으로 굳어지면서 독일 현지에서는 이 문양을 사용할 수 없도록 법으로 금지하고 있다.

이에 비해 제2차 세계대전 당시 일본 제국주의와 군국주의의 상징이었던 욱일승천기(旭日昇天旗)는 하켄크로이츠와 마찬가지로 전범기이지만 아직도 일본 극우파들의 시위나 스포츠 경기의 응원, 패션 디자인 등에서 사용되고 있다. 해외에서는 하켄크로이츠에 비해 욱일기에 대한 이해도가 턱없이 부족한 형편이다.

분야별
최신상식

북한
안보

독자개발 첫 훈련기 KT-1,
'공중 충돌'로 4명 순직

■ **블랙박스 (black box)**

블랙박스는 비행기에 장착돼 사고 발생 시 원인을 밝혀내는 장비다. ▲비행자료 기록장치 (FDR, Flight Data Recorder)와 ▲조종실 음성 녹음장치 (CVR, Cockpit Voice Recorder)로 구성돼 있다. FDR은 사고 발생 전 각종 시스템에서 제공되는 마지막 25시간 분량의 연속적 데이터를 제공하며 CVR은 조종실 내 음성과 조종사와 관제사 간 교신 내용 중 비행 종료 마지막 2시간 분량의 음성을 기록한다. 사고 충격에 견딜 수 있도록 특수하게 제작돼 있으며 명칭과 달리 눈에 잘 띄도록 외형은 붉은색이다.

훈련기끼리 공중 충돌 사례는 최초

4월 1일 경남 사천에서 비행훈련에 나선 공군 'KT-1' 훈련기 2대가 공중 충돌 후 추락하면서 학생조종사 1명(중위)과 비행교수(군무원) 1명 등 2명씩 총 4명이 순직했다. 공군에 따르면 KT-1 2대는 이날 오후 **비행훈련을 위해 연달아 이륙한 지 5분 만에 공중에서 서로 충돌해 추락**했다.

추락한 KT-1 2대는 복좌(2인승) 형태로, 각각 학생조종사 1명(중위)과 비행교수(군무원) 1명 등 2명씩 총 4명이 탑승하고 있었다. 사고 직후 2대에서 모두 비상탈출이 이뤄졌지만 전원 순직한 것으로 확인됐다고 공군은 전했다.

KT-1 훈련기는 국내 기술로 설계·개발된 최초의 국산 훈련기다. 학생조종사들이 전투기 조종사가 되기 위한 '기본교육 과정'을 이수할 때 활용된다. KT-1 훈련기끼리 공중 충돌한 건 이번이 처음이라고 공군 관계자는 전했다.

과거 KT-1 조종 경험이 있는 한 예비역 조종사 A 씨는 "공중 충돌이 아예 일어나지 않는 건 아니지만, 흔한 일은 아니다"라며 "2대 모두 비상탈출을 시도했다는 공군 설명을 볼 때 2대가 서로 가까이 붙는 편대비행 훈련을 하

다 충돌했을 가능성이 있다"고 말했다. A 씨는 이어 "나중에 이륙한 훈련기가 앞서가는 훈련기를 일방적으로 충돌하는 경우엔 아예 2대 모두 비상 탈출 시도가 어려웠을 것"이라고 밝혔다.

학생조종사라는 점에서 상대적으로 경험이 풍부한 조종사에 비해 위기 대처에 미숙했을 수 있다는 분석도 일각에서 조심스럽게 제기된다. 다만 충돌 사고 자체가 드문 만큼, 기체 결함 등 여러 가능성을 열어두고 ▪블랙박스 등 정밀한 조사가 필요하다는 지적이 나온다.

공군은 추락한 훈련기 2대의 블랙박스를 발견해, 기록된 자료들을 정밀 분석 중이다. 추락한 훈련기들의 블랙박스가 모두 수거됨에 따라 훈련기 2대가 왜 공중에서 충돌해 추락하게 됐는지 등 사고 규명 작업에 속도가 붙을 전망이다.

KT-1, 7년 전 말레이에서도 공중 충돌

한편, 7년 전 인도네시아에서도 KT-1 훈련기가 공중 충돌한 사고가 있었던 것으로 밝혀졌다.

2015년 3월 15일 오후 2시께 말레이시아 북부 랑카위 국제공항 인근 상공에서 인도네시아 공군 소속 KT-1 훈련기 2대가 충돌해 추락했다. 훈련기 2대에 타고 있던 조종사 4명은 추락 직전 탈출해 목숨을 건졌다. 당시 훈련기들은 'LIMA 2015 에어쇼' 참가를 앞두고 연습 비행 중이었다.

또한, 지난 2016년에 KT-1은 공중에서 엔진이 꺼지는 사고를 일으켰다. 2016년 3월 9일 학생조종사인 이 모 중위가 제3훈련비행단 215대대 소속 KT-1 훈련기 1대에 타고 훈련을 하던 중 전남 순천만 상공에서 불이 나 엔진이 꺼졌다. 이 중위는 30마일(48km)을 활공 비행해 사천기지 활주로에 내렸으며, 이 공로로 ▪웰던상을 받기도 했다.

▪ 웰던상 (Well-done prize)

웰던상은 비정상적이거나 위급한 상황 발생 시 인명·재산 피해를 방지해 안전 운항에 공헌을 한 조종사가 받는 상이다. 지난 2016년 3월 9일 대한민국 공군의 학생조종사인 이 모 중위가 KT-1의 엔진이 꺼진 채 활공하여 사천공항에 안전하게 비상착륙한 공로로 웰던상을 수여받은 것은 학생조종사로서 웰던상을 받은 최초의 사례이다. 이 모 중위는 기체 손상 없이 안전한 착륙으로 사고 경위를 정확히 진단할 수 있도록 한 공로가 인정되어 상을 받았다.

POINT 세 줄 요약

❶ 4월 1일 경남 사천에서 비행훈련에 나선 공군 'KT-1' 훈련기 2대가 공중 충돌 후 추락하면서 학생조종사 1명(중위)과 비행교수(군무원) 1명 등 2명씩 총 4명이 순직했다.

❷ 공군은 추락한 훈련기 2대의 블랙박스를 모두 수거해 기록 자료들을 분석하며 사고 규명 작업에 착수했다.

❸ 한편, 7년 전 인도네시아에서도 KT-1 훈련기가 공중 충돌한 사고가 있었던 것으로 밝혀졌다.

김여정, '선제 타격' 서욱에 "쓰레기 ...핵보유국 상대로 객기" 막말

북한 김정은 국무위원장의 여동생인 **김여정 노동당 중앙위원회 부부장**이 4월 3일 서욱 국방부 장관의 '선제 타격' 관련 발언과 관련해 육두문자를 써가며 경고했다.

서 장관은 앞서 4월 1일 육군 미사일전략사령부 개편식 훈시에서 "현재 군은 북한의 미사일 발사 징후가 명확할 경우 발사 원점과 지휘·지원시설을 정밀 타격할 능력과 태세를 갖추고 있다"고 말했다.

김 부부장은 이날 조선중앙통신을 통해 "남조선 국방부 장관이 우리 국가에 대한 선제 타격 망발을 내뱉으며 반공화국 대결 광기를 드러냈다"면서 "남조선은 국방부 장관이라는 자가 함부로 내뱉은 망언 때문에 심각한 위협에 직면하게 될 수도 있다"고 말했다. 이어 서 장관을 가리켜 "쓰레기"라며 "**핵보유국**을 상대로 객기를 부렸다"고 맹비난했다.

북한 군 및 군수 담당 박정천 당 비서도 별도 담화를 내고 "핵보유국에 대한 선제타격을 운운하는 것은 미친놈인가 천치 바보인가"라며 "남조선 정부는 대결적 망동으로 정세를 더욱 긴장시키지 말아야 한다"고 거들었다.

김 부부장의 거친 발언은 윤석열 정부 출범을 한 달여 앞두고 기선을 제압하기 위한 목적으로 풀이된다.

윤 대통령 당선인은 대선 후보 당시부터 대북 선제타격 능력을 확보하겠다고 밝힌 바 있으며 서 장관의 이례적으로 강경한 '사전 원점 정밀 타격' 발언도 이에 호응한 것으로 볼 수 있다. 따라서 김 부부장의 경고는 사실상 윤 당선인을 겨냥한 것으로 볼 수 있다.

■ 핵보유국 (核保有國)

핵보유국은 핵무기를 보유한 국가를 말한다. 1970년 발효된 '핵확산금지조약(NPT, Nuclear non-Proliferation Treaty)'상에서 명시된 개념이다. NPT가 1967년 1월 기준으로 이 시점 이전까지 핵무기를 제조·실험한 국가는 핵보유국으로 분류하고 그 밖의 국가는 핵무기를 가지지 못하도록 함으로써 핵 확산을 막기 위해 체결된 조약이다.

이러한 NPT 기준에 따라 핵보유국은 ▲미국 ▲러시아 ▲영국 ▲프랑스 ▲중국 등 유엔 안전보장이사회 상임이사국이기도 한 5개국으로 한정됐으며 핵비보유국에 핵무기를 양도하는 것이 금지됐다. 다만 핵비보유국은 원자력 에너지를 평화적으로 이용할 권리를 가지며 국제원자력기구(IAEA, International Atomic Energy Agency)의 사찰을 받아야 한다.

NPT가 분류한 핵보유국 이외 핵무기를 보유하고 있는 ▲인도 ▲파키스탄 ▲이스라엘 3국은 '사실상 핵보유국' 지위를 가진다. 사실상 핵보유국에 핵 불능화 요구를 할 수 없고 핵무기를 완전히 폐기하라는 국제적 압력을 가할 수 없다는 뜻이다. 핵무기를 보유하고 있다고 주장하는 북한은 사실상 핵보유국 지위를 국제적으로 인정받기 위해 안간힘을 쓰고 있다.

기출복원문제 2020년 전남신용보증재단
NPT가 인정하는 핵보유국이 아닌 나라는?

① 러시아
② 영국
③ 프랑스
④ 이스라엘

정답 ④

우크라, 한국에 대공무기 요청...
국방부 "살상용 지원 불가

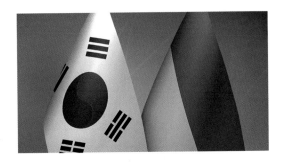

러시아의 침공으로 전쟁 중인 우크라이나가 우리나라에 대공 무기 체계 지원을 요청했으나, 우리 정부가 거절한 것으로 드러났다.

지난 4월 11일 부승찬 국방부 대변인은 정례 브리핑에서 올렉시레즈니코프 우크라이나 국방부 장관이 지난 4월 8일 서욱 국방부 장관과의 통화에서 대공 유도 무기 지원을 요청했지만, 서 장관이 살상용 무기 지원은 불가하다는 입장을 밝혔다고 설명했다.

앞서 우크라이나는 지난 3월 초에도 한국을 포함한 전 세계 국가를 대상으로 군사, 인도적 지원을 요청하는 공문을 발송하면서 소총과 대전차 미사일 등 살상 무기 지원을 요청한 것으로 전해졌다.

우리나라 국방부는 이러한 우크라이나의 요청에 "살상무기 지원과 관련해서는 제한되는 측면이 있다"는 입장을 보이며 방탄헬멧과 의약품 등 20여 개 품목, 10억원 상당의 비살상용 군수 물품만 지원했다.

한편, **볼로디미르 젤렌스키 우크라이나 대통령도**

지난 4월 11일 오후 국회도서관 대강당에서 진행한 화상 연설에서 군사장비 지원을 요청했다. 젤렌스키 대통령은 연설에서 "러시아의 미사일을 막을 수 있는 여러 가지 군사장비가 한국에 있다"며 "이런 무기를 받게 되면 민간인들의 목숨을 살릴 수 있을 뿐 아니라 우크라이나를 살릴 기회"라며 무기 지원을 요청했다.

국방부는 비살상용 군수 물품 추가지원을 검토 중이지만, 무기 지원은 불가하다는 입장을 고수할 것으로 예상된다. 정치권에서도 무기 지원에 대해서는 부정적인 반응을 보이고 있다. 군사 전문가인 김종대 전 의원은 "장비만 주는 것이 아니라 운용 및 요육 요원도 동반되기 때문에 국가안보에 공백이 생길 수 있다"라고 지적했다.

김 전 의원은 또한 "한국이 적대적이라고 생각한 러시아가 북한의 핵개발을 지원하고 에너지도 제공한다면 한반도 안보 지형이 크게 흔들린다"라고 강조했다.

➕ 합참의장, 방한 나토 군사위원장 접견

합동참모본부는 원인철 합참의장이 4월 11일 롭 바우어 북대서양조약기구(NATO·나토) 군사위원장을 접견하고 우크라이나 관련 상황 등을 논의했다고 밝혔다. 바우어 위원장은 이 자리에서 "한국은 나토의 중요한 글로벌 파트너"라며 "앞으로도 지속적인 군사 교류를 통해 한–나토 간 협력을 더욱 강화해 나가자"고 말했다. 특히 최근 러시아의 우크라이나 침공 사태와 관련한 대한민국의 적극적인 우크라이나 지원에 감사를 표했다고 합참은 전했다.
한편, 미국 주도의 나토는 젤렌스키 우크라이나 대통령이 한국 의회 화상 연설을 통해 무기 지원을 공개 요청한 것을 두고 "한국의 우크라이나 무기 지원은 자국의 결정에 달렸다"고 밝혔다.

북한, 금강산 내 남측 시설 아난티 골프 리조트 철거 정황 포착

▲ 아난티 금강산 리조트 골프장 (자료 : 아난티)

북한이 **▪금강산**에 있는 남측 시설인 아난티 골프장 철거를 시작한 것으로 보인다. 지난 4월 11일 (현지시간) 미국의 북한 전문매체 NK뉴스는 금강산 관광지구 안에 있는 '금강산 아난티 골프&온천 리조트'의 투숙용 건물 10개가 부분 철거된 것으로 추정되는 장면이 있다며 북한이 폭파했을 가능성을 언급했다.

해당 리조트는 아난티가 현대아산이 북한으로부터 임대한 대지 168만 5000m²를 50년간 재임대해 건설했으며 2008년 5월에 개장한 것이다. 그러나 2개월 뒤 **박왕자 씨 피격사건**(금강산으로 관광을 간 민간인 박왕자 씨가 북한군이 쏜 총에 맞아 목숨을 잃은 사건)이 발생해 금강산 관광이 중단되면서 운영이 중단됐다.

이 가운데 **아난티 역시 미래 사업에 집중하기 위해 금강산 사업을 정리할 예정**이라고 4월 12일 밝혔다. 아난티는 금강산 관광특구에 보유한 골프장(18홀)과 리조트(96실)의 자산 507억원(지난해 말 기준)을 손상 처리할 계획이다.

아난티 관계자는 "현재 보유 자산이 1조3000억원이 넘고 운영 중이거나 새롭게 추진하는 플랫폼이 7개인 상황에서 500억원 정도 되는 자산에 의해 브랜드 가치와 신뢰도가 지속해서 손상되는 것보다는 깨끗하게 정리하고 미래에 집중하는 것이 올바른 길이라고 판단했다"고 설명했다.

▪ 금강산 (金剛山)

금강산은 동해에 임박한 태백산맥 북부의 산으로서, 우리나라뿐만 아니라 세계적으로 그 이름이 알려져 있다. 최고봉인 비로봉(1638m)을 중심으로 주위가 약 80km에 이르는데, 강원도의 회양·통천·고성의 3개 군에 걸쳐 있으며, 면적이 약 160km²에 이른다. 금강산은 계절마다 부르는 이름이 다르다. 봄에는 금강산, 여름에는 봉래산, 가을에는 풍악산, 겨울에는 개골산으로 불린다.

▌ 금강산 관광 관련 주요 일지

연월일	내용
1989년	정주영 현대 명예회장, 북측과 금강산 공동개발 협정서 체결
1998년 6월, 10월	정 명예회장 소 떼 방북
1998년 10월	'금강산 관광 사업에 관한 합의서' 체결
1998년 11월	'금강호' 첫 출항으로 금강산 관광 시작
2003년 9월	육로 관광 개시
2004년 10월	철도 연계된 육로 관광 개시
2005년 6월	금강산 누적 관광객 100만 명
2008년 7월	• 금강산 관광객 박왕자 씨 북한군 총격에 사망 • 정부, 금강산 관광 중단 결정

국과연, '스텔스 탐지' 양자레이더 핵심기술 개발

국방과학연구소(ADD)는 4월 5일 일반 레이더에 쉽게 포착되지 않는 **▪스텔스** 전투기를 탐지할 수

▲ 양자레이더 (자료 : 국방과학연구소)

있는 양자레이더에 쓰일 핵심 기술을 개발했다고 밝혔다. 이번에 개발된 기술은 양자역학적 원리를 이용, 광파(빛의 파동)와 마이크로파 간의 주파수를 양방향으로 변환하는 자성체 기반의 양자 주파수 변환기술이다.

양자레이더는 고전적인 전자기파를 사용하는 기존 레이더와 달리 얽힌 양자 상태를 이용함으로써 스텔스 물체와 같이 반사율이 매우 낮은 물체도 탐지할 수 있을 것으로 기대되는 미래 무기다. 양자 얽힘 상태는 주로 광파를 이용할 때 생성되는데, 광파는 공기 중에 흡수되거나 산란이 잘 일어나는 특성이 있어 장거리 탐지에 불리하기 때문에 이를 마이크로파로 변환할 필요가 있다.

ADD가 이번에 진행한 연구는 높은 주파수의 전자기파인 광파와 낮은 주파수를 지닌 마이크로파 간의 주파수를 상호 변환할 수 있는 기술로, 극저온(영하 273℃) 실험에서도 주파수 변환이 가능하다는 점이 확인됐다.

광파와 마이크로파 간 주파수의 양방향 변환이 가능한 핵심 기술을 확보함으로써 양자레이더 원천기술 개발을 위한 첫걸음을 뗐다는 평가다.

ADD 관계자는 "이번에 개발된 기술은 아직 기술 성숙도와 주파수 변환 효율이 낮다. 하지만 양자레이더 개발에 필요한 요소기술을 실험적으로 구현했다는 데 의의가 있다"고 설명했다.

■ 스텔스 (stealth)

스텔스는 레이다상에서 적을 속여 생존성을 높일 수 있도록 하는 기술이다. 스텔스는 적의 레이다로부터 아군의 무기 체계를 완전히 숨겨주는 것은 아니다. 그러나 레이다상에서 실제보다 훨씬 축소시켜 나타난다. 니미츠급 항공모함을 KD-2급 구축함 정도 크기로 보여주는 것이다. 즉, 레이다상에서 투명인간처럼 완전히 사라지게 하는 것이 아니라, 최대한 작게 보이게 한다는 것이다.

軍, 국산 고체 우주로켓 첫 발사 성공

순수 국산 기술로 만든 고체 추진 우주로켓(우주발사체)이 시험 발사에 성공했다. 해당 고체 추진 로켓 개발은 발사체용 고체연료 개발의 규제로 작용했던 기존 ▪**한미 미사일 지침**이 단계적으로 완화되다가 2021년 전면 폐지된 데 따른 것이다.

국방부는 3월 30일 국방과학연구소(ADD) 종합시험장에서 **순수 우리 기술로 개발한 고체 추진**

우주로켓의 첫 번째 시험 발사에 성공했다고 밝혔다. 이번 시험 발사에선 대형 고체 추진기관(엔진), 페어링 분리, 단 분리, 상단부(Upper stage) 자세제어 기술 검증이 이뤄졌다. 이는 우주로켓을 쏘아 올려 적정 궤도로 위성 등 탑재체를 안착시키기 위한 핵심 기술들이다.

일반적으로 로켓은 액체연료를 쓰는 액체 추진 로켓과 고체연료를 쓰는 고체 추진 로켓으로 나뉜다. 액체 추진 로켓용 연료(액체수소나 히드라진 등)와 산화제(질산·플루오린 등)는 서로 섞이면 폭발한다. 액체 추진 로켓은 고압장치나 모터펌프 등 로켓 내 액체를 다룰 장치가 필요하는 등 구조가 매우 복잡해 제작 단가가 높고 자칫 부품 결함 등으로 발사 실패할 가능성이 있다.

반면 고체 추진 로켓은 인위적으로 점화하지 않으면 폭발하지 않고 안정적인 상태를 유지하는 고체연료(마그네슘·알루미늄 가루 등 사용)를 사용한다. 이 때문에 평소에 로켓에 넣은 상태로 장시간 보관하다가 신속하게 쏘아 올릴 수 있다. 또한 액체 추진 로켓과 달리 연료를 뿜어내기 위한 고압장치와 모터펌프, 냉각장치 등이 필요하지 않은 단순한 내부 구조를 갖고 있어서 저렴하게 대량 생산할 수도 있다.

이에 따라 우리 군은 **앞으로 국산 고체 추진 로켓을 활용해 다량의 위성들을 보다 저렴한 예산으로 신속하게 쏘아 올릴 가능성**이 높아졌다.

▪ 한미 미사일 지침

한미 미사일 지침은 한미 양국이 1979년 처음 체결한 한국 미사일 사거리·탄두 제한 지침이다. 당시 미국은 우리 탄도미사일 사거리와 탄두 중량을 각각 180km와 500kg으로 제한했다. 이후 4차례 지침이 완화되며 탄두 중량은 사라졌지만 사거리는 여전히 800km로 묶여 있었다.

하지만 2021년 한미 정상회담에서 지침 해제로 사거리 제한이 완전히 사라지면서 우리나라는 사거리 1000km 이상의 중거리탄도미사일(IRBM, Intermediate-Range Ballistic Missile)을 독자적으로 개발·배치할 길이 열렸다. 탄도미사일에 쓰이는 고체연료까지 도입할 수 있게 되며 명실상부한 '미사일 주권'을 확보했다. 군사 목적은 물론 민간 우주 발사체와 추진체 기술 개발도 날개를 달게 됐다.

北, 2021년에 가상화폐 4800억원 훔쳐

북한이 2021년에 가상화폐 거래소에 대한 사이버 공격을 통해 거액의 암호화폐를 챙긴 것으로 드러났다. 4월 1일(현지시간) 공개된 유엔 안전보장이사회 산하 대북제재위원회 전문가패널 보고서는 매년 되풀이되는 북한의 다양한 제재 회피 실태와 수법을 소개했다.

보고서에 따르면 한 회원국은 북한이 지난 2020년부터 2021년 중반까지 북아메리카, 유럽, 아시아 등 최소 3곳 가상화폐거래소에서 모두 5000만달러(약 607억원) 이상을 훔친 것으로 파악된다고 보고했다. 한 민간 사이버보안 회사 역시 북한의 가상화폐 절취액이 4억달러(약 4854억원)에 달한다고 평가했다.

이러한 **사이버공격 배후에는 북한 정찰총국과 연계된 것으로 알려진 해킹조직 '▪라자루스'가 있다**고 판단했다. 전문가들은 "특히 가상자산에 대한 사이버공격은 여전히 북한의 중요한 수익원"이라며 금융기관, 가상화폐 기업과 거래소를 계속 타깃으로 삼았다고 말했다.

보고서에는 북한 해커 조직이 국가기관을 공격한 사례도 담겼다. 전문가들은 북한 정찰총국 산하 해킹 조직 '김수키'로 추정되는 해커들이 한국원자력연구원과 한국항공우주산업에 사이버 공격을 가한 사건도 조사했다. '라자루스'가 2021년 3월 일본 정부기관들을 상대로 대규모 사이버 공격을 감행한 사건과 북한 해커 조직 '코니'가 올해 1월 러시아 외교당국을 노렸다는 사이버보안회사의 평가 역시 보고서에 담겼다.

▪ **라자루스 (Lazarus)**
라자루스는 북한 정찰총국의 해커 부대이다. 예전에는 히든코브라(HIDDEN COBRA)라고 불렸다. 하부그룹으로 외국 금융기관해킹을 맡고 있는 블루노로프와 2016년 한국군 내부 국방망, 국방장관실 등을 해킹해 한미연합작전계획5015 등을 탈취한 안다리엘 등을 두고 있다. 지난 2014년 소니픽처스 엔터테인먼트를 비롯해 2016년 방글라데시 중앙은행에서 8100만달러를 해킹한 것으로 의심받고 있다. 미국 연방수사국(FBI)은 2014년 수사를 통해 라자루스의 배후가 북한이라고 밝힌 바 있다.

미 핵항모 링컨호 동해 공해상 진입...한미연합 사전훈련 시작

미국 해군의 핵 추진 항공모함 에이브러햄 링컨호(CVN-72·10만 톤급)가 4월 12일 동해 공해상에 진입한 것으로 알려졌다. 북한의 핵실험과 대륙간탄도미사일(ICBM)급의 시험발사 등이 잇따르던 2017년 11월 로널드 레이건호(CVN-76), 시어도어 루스벨트호(CVN-71), 니미츠호(CVN-68) 등 3척이 동해상에서 한국 해군과 연합훈련을 한 이후 항모의 동해 진입은 4년 5개월 만이다.

링컨호의 동해 공해상 진입은 상반기 ▪한미연합훈련의 사전훈련 격인 위기관리참모훈련(CMST, Crisis Management Staff Training) **시작과 맞물려 주목**된다. 한미는 이날부터 4월 15일까지 CMST를 진행한다. CMST는 전쟁 발발 전의 돌발 사태를 적절히 관리해 위기 발생 이전의 상태로 돌려놓는 방안을 점검하는 훈련으로, 한국 합동참모본부가 주도한다.

한미는 이 사전훈련이 끝나면 4월 18~28일에 본 훈련인 연합지휘소훈련을 진행한다. 이 기간 한국 해군과 미 항모강습단 간 연합훈련이 이뤄질 가능성도 거론됐지만 하지 않는 쪽으로 결론이 났다고 전해졌다.

▪ **한미연합훈련 (韓美聯合訓練)**
한미연합훈련이란 한국과 미국이 한반도에 발발 가능한 상황을 전제하고 전쟁 억제를 목적으로 하는 양국 연합훈련의 통칭이다. 전쟁 억제의 핵심은 오직 훈련된 군대를 통한 반격태세라는 대원칙하에, 일본 자위대의 방어훈련과 같은 수준으로는 유사시 제대로 싸우지 못하게 되는 경우를 미연에 방지하게 된다.
한미연합훈련은 을지프리덤가디언(UFG) 연습, 키리졸브, 독수리연습 등 3가지로 시행됐으나 문재인 정부는 판문점 선언, 9·19 군사합의 등을 통해 한반도 평화 정착을 위해 한미연합훈련 축소를 추진했다. 이에 따라 한반도 우발 상황을 가정한 한미연합 군사훈련인 UFG 연습이 43년 만인 2019년 폐지됐다. 이후 UFG 연습은 한국 정부와 군 중심의 을지태극연습과 한미연합 지휘소연습으로 나뉘어서 실시됐다.

분야별
최신상식

문화
미디어

제94회 아카데미 시상식...
초유의 '폭행 사태' 일파만파

■ **아카데미 시상식 (Academy awards)**

아카데미 시상식은 미국 영화예술과학아카데미(AMPAS, Academy of Motion Picture Arts and Sciences)가 1929년부터 미국 영화 및 미국에서 상영된 외국 영화를 대상으로 우수 작품과 영화인에 대하여 매해 봄철에 시상하는 미국 영화계의 가장 큰 연례행사 중 하나로 '오스카상'이라고도 한다. 처음에는 12개 부문을 시상하였으나, 지금은 작품·감독·배우·촬영뿐만 아니라 녹음·미술·음악·외국 영화·기록 영화·단편 영화 등의 부문에 걸쳐 시상한다. 수상자에게는 '오스카'라는 별칭의 인간 모양 트로피가 수여된다.

아카데미 장벽 깬 OTT...'코다' 작품상 수상

미국 영화예술과학아카데미(AMPAS)는 3월 27일(현지시간) 로스앤젤레스(LA) 돌비극장에서 열린 제94회 ■**아카데미 시상식**에서 작품상 수상작으로 션 헤이더 감독의 '코다'를 선정했다. **스트리밍 서비스 애플TV+를 통해 출시된 '코다'**는 전통의 할리우드 제작사들이 출품한 작품을 제치고 최고상을 품에 안았다. 스트리밍 출시작이 작품상을 받은 것은 이번이 처음이다.

'코다'는 각색상과 남우조연상도 거머쥐며 3관왕에 올랐다. 아빠 '프랭크' 역을 연기한 트로이 코처는 청각 장애인 남자 배우 중 최초로 오스카 연기상을 받았다. 지난해 **'미나리'로 오스카 여우조연상을 받은 윤여정**은 시상자로 무대에 올라 수어로 시상자를 호명해 코처에게 트로피를 전달했다.

감독상은 영화 '파워 오브 도그'의 제인 캠피온 감독에게 돌아갔다. 여성이 감독상을 받은 것은 캐스린 비글로(2008·'허트 로커'), 클로이 자오(2021·'노매드랜드')에 이어 오스카 역사상 세 번째다. 넷플릭스가 제작한 '파워 오브 도그'는 1920년대 미국 서부 몬태나주 목장을 배경으로 하는 심리 스릴러물이다. 이 영화는 12개 부문 후보에 올랐지만, 수상은 감독상 하나에 그쳤다.

한편, 이번 아카데미 최다 수상작은 드니 빌뇌브 감독의 SF 영화 '듄'이었다. 촬영, 편집, 음향, 시각효과 등 기술 부문을 휩쓸어 6관왕에 올랐다.

월 스미스, 아내 놀린 코미디언 뺨 '철썩'

배우 월 스미스는 아카데미 시상식 사상 초유의 폭행 사태로 축제에 찬물을 끼얹었다. 수상자와 수상작 등 다른 모든 이슈가 이 사건에 묻히고 말았다.

월 스미스는 다큐멘터리상 시상자인 코미디언 크리스 록이 탈모 증상을 앓는 자신의 아내(제이다 핀켓 스미스)를 놀리는 농담을 하자 욕설을 하다가 무대에 올라와 록의 뺨을 후려쳤다. 경찰은 현행범으로 월 스미스를 체포하려 했지만 크리스 록이 만류한 것으로 알려졌다.

월 스미스는 퇴장당하지 않고 '킹 리차드'로 남우주연상까지 받았다. 월 스미스는 수상 소감에서 크리스 록의 이름을 밝히지 않은 채 사과했지만 끝없는 비난에 휩싸였다. 아카데미 시상식 측은

직접적인 폭행은 어떤 경우에서도 용납될 수 없다며 월 스미스를 징계하기로 했다.

월 스미스는 4월 1일 아카데미 회원 자격을 자진 반납하겠다고 밝혔다. 미국 영화예술과학아카데미는 4월 8일 배우 월 스미스에 대한 공식 징계로 10년간 시상식 참석 및 출연을 금지하기로 했다. 다만 수상 자격은 유지된다.

➕ 아카데미 빛낸 K-스타

지난 2년간 아카데미 시상식에서 한국인의 활약이 두드러졌다. 제92회 아카데미 시상식에서는 봉준호 감독의 '기생충'이 작품·감독·각본·국제장편영화상 등 4관왕에 올랐고, 제93회 아카데미 시상식에서는 윤여정이 정이삭 감독의 '미나리'로 한국 배우 최초 여우조연상 수상의 영광을 안았다.

올해 아카데미 시상식에서 윤여정은 전년도 수상자가 시상자로 나서는 관례에 따라 남우조연상 시상자로 무대에 올랐다. 그룹 방탄소년단은 축하 영상에 깜짝 등장해 반가움을 더했다. 일본 하마구치 류스케 감독의 '드라이브 마이 카'에 출연한 한국 배우 박유림·진대연·안휘태도 아카데미 시상식에 초대 받아 자리를 함께 빛냈다. '드라이브 마이 카'는 국제장편영화상을 수상했다.

POINT 세 줄 요약

❶ 제94회 아카데미 시상식에서 션 헤이더 감독의 '코다'가 작품상을 받았다.

❷ SF 영화 '듄'은 6관왕을 차지하며 이번 아카데미 최다 수상작이 됐다.

❸ 월 스미스가 시상식에서 코미디언 크리스 록을 폭행한 사건이 파장을 일으켰다.

'제64회 그래미 어워드' 개최... BTS 수상 실패

지난 4월 4일 오전 9시(국내시간) 미국 라스베이거스 MGM 그랜드가든 아레나에서 제64회 **그래미 어워드**가 열렸다. 이날 방탄소년단(BTS)은 지난해에 이어 '베스트 팝 듀오/그룹 퍼포먼스' 부문 후보에 2년 연속으로 올라 그래미에 참석해 화려한 무대까지 선보였다. 해당 부문의 트로피는 '키스 미 모어'의 도자캣과 시저에게 돌아가 BTS는 아쉽게 수상에는 실패했다.

BTS의 리더 RM은 2년 연속 고배를 마셨음에도 의연한 소감을 밝혔다. 그는 "솔직히 기분이 안 좋은 건 사실"이라면서도 "오늘 슬프고 내일 괜찮으면 된다. 내일부터 기분 좋게 지낼 거다"라고 전했다.

제너럴 필드에 '실크 소닉' 등 수상
그래미 어워드에서 '제너럴 필드'라고 일컬어지는 4개 부문 본상(▲올해의 레코드 ▲올해의 노래 ▲올해의 앨범 ▲올해의 신인) 중 올해의 레코드와 올해의 노래 부문은 브루노 마스와 앤더슨 팩이 결성한 프로젝트 그룹 '실크 소닉'이 수상했다.

올해의 앨범은 재즈 뮤지션 존 바티스트에게 영

광이 돌아갔다. 존 바티스트는 올해의 앨범을 포함해 이날 총 5개의 트로피를 거머쥐며 올해 최다 수상자로 등극했다. 나아가 올해의 신인은 올리비아 로드리고가 수상했다.

젤렌스키 우크라 대통령 깜짝 등장
볼로디미르 젤렌스키 우크라이나 대통령은 그래미 어워드에 영상으로 깜짝 등장해 전쟁 반대 및 평화의 메시지를 전달했다. 젤렌스키 대통령은 이날 영상에서 "우크라이나에는 더 이상 음악이 흐르고 있지 않다. 음악의 반대인 죽음의 적막만이 흐르고 있다"며 "음악이 우리 삶에서 빠지지 않도록 도와달라. 개인 SNS 등을 통해 많이 알려달라"고 호소했다.

젤렌스키 대통령의 영상에 이어 무대에 오른 존 레전드는 피아노 연주와 함께 '프리'를 열창해 감동을 선사했다. 존 레전드의 무대 연출에는 러시아의 침공으로 고통받는 우크라이나의 영상과 사진이 등장했고, 우크라이나 여가수도 무대에 올라 전쟁 종료와 평화의 메시지를 전했다.

■ **그래미 어워드 (Grammy Award)**

그래미 어워드는 축음기란 뜻의 '그래머폰(Gramophone)'에서 비롯된 말로, 전미국레코드예술과학아카데미(NARAS)에서 주최하는 음악 시상식이다. 미국 음악 산업계에 뛰어난 업적을 남긴 예술가들을 축하하고 산업의 진흥과 지원을 목적으로 시작됐다. 오늘날 에미상(텔레비전), 토니상(연극), 아카데미상(영화)과 더불어 미국에서 가장 권위 있는 대중문화 시상식으로 발전했다. 그래미 어워드는 음악적 역량. 예술성·연주·녹음·역사성 등 다양한 요소로 수상자로 결정한다고는 하나 흑인이나 비영어권 음악과 가수에 대해서 배타적이라는 비난도 받는다. 2022년 시상식에서도 BTS가 수상에 실패하자 다수 여론은 "그래미가 그래미했다"고 비판하기도 했다.

기출TIP 2021년 부산일보 필기시험에서 BTS가 수상하지 못한 시상식(그래미 어워드)을 고르라는 문제가 객관식으로 출제됐다.

현대건설 '클라우드 워크 파빌리온' 레드닷 디자인 본상 수상

▲ 반포 디에이치 라클라스 조경 시설물 '클라우드 워크 파빌리온'
(자료 : 현대건설)

현대건설 반포 디에이치 라클라스의 조경 시설물인 '클라우드 워크 파빌리온'이 레드닷 디자인 어워드 2022에서 본상을 수상했다. ▲레드닷 디자인 어워드(Reddot Design Award·독일)는 ▲iF 디자인 어워드(International Forum Design Award·독일), ▲IDEA 어워드(International Designers Society America·미국)와 함께 세계 3대 디자인 어워드로 꼽힌다.

'클라우드 워크 파빌리온'은 네덜란드의 세계적인 패턴 디자이너인 카럴 마르턴스와 한국 건축가 최장원이 협업한 시설물로, 구름을 형상화한 조각 작품이자 주민 쉼터 기능을 한다. 디자인에 독특한 패턴이 있고 지상에서는 하늘의 개방감을 느낄 수 있도록 구현됐다.

지난해 iF 디자인 어워드(미세먼지 저감 클린존) 및 IDEA 어워드(미디어게이트 탄젠트)를 수상한 현대건설은 이번 레드닷 디자인 어워드 수상으로 **세계 3대 디자인 어워드 그랜드 슬램**을 달성했다고 전했다. 이는 국내 건설사 중 최초의 쾌거다.

현대건설 측은 "최고 권위의 세계 3대 디자인 어워드 그랜드 슬램 달성으로 현대건설 조경 디자인의 예술성을 국제적으로 다시금 인정받았다"며 "현대건설 고객의 큰 자부심이 되는 우수한 디자인 상품을 제안하기 위해 앞으로도 최선을 다하겠다"라고 밝혔다.

> ➕ **프리츠커상 (Pritzker architecture prize)**
> 프리츠커상은 건축계의 노벨상으로 불리며 세계 최고 권위를 자랑하는 상이다. 매년 하얏트 재단이 '건축예술을 통해 재능과 비전과 책임의 뛰어난 결합을 보여주며 사람들과 건축 환경에 일관적이고 중요한 기여를 한 생존한 건축가'에게 수여한다. 1979년 하얏트 가문 출신인 제이 프리츠커(Jay A. Pritzker)가 제정했으며 혁신성과 건축적 사고, 건설기술의 적절한 사용 등이 수상 요건이 된다. 수상자에게는 미화 10만달러의 상금이 주어진다.
> 2022년 프리츠커상 수상자는 아프리카 최빈국인 부르키나파소 오지의 목수 출신인 프랑시스 케레가 선정돼 화제가 됐다. 43년 만에 첫 흑인 프리츠커상 수상자가 된 케레는 건축의 개념조차 생소한 아프리카에서 지역 주민과 함께 토착 재료로 학교, 병원 등 공공시설을 만들어 사회적 건축을 실천해 왔다. 한국인 프리츠커상 수상자는 아직 없다.

연등회 행렬 3년 만에 재개... 4월 5일 봉축점등식 진행

코로나19 팬데믹으로 사실상 중단됐던 국가무형문화재 ■**연등회**가 3년 만에 재개됐다. 올해 부처님오신날 봉축표어는 '다시 희망이 꽃피는 일상으로(Back to the Life of Blossoming Hope)'로 정해졌다. 3년째 이어진 코로나19 대유행을 슬기롭게

▲ 연등회 시작을 알리는 봉축점등식 (자료 : 연등회 공식홈페이지)

극복하자는 기원의 마음을 담았다. 4월 5일 오후 7시 서울시청 앞 광장에서 **연등회 축제의 개막을 알리는 봉축점등식**이 진행됐다.

대한불교조계종 측은 "연등회가 2020년 유네스코 인류무형문화유산에 등재된 이후 처음 열리는 대형 연등행렬"이라며 "일반 문화 활동이 재개되고 있어 방역지침을 준수해 열기로 했다"고 말했다. 연등행렬은 코로나19가 발생한 2020년에는 취소됐으며, 지난해엔 규모를 대폭 축소해 열렸다.

부처님오신날 봉축 행사의 하이라이트인 금년 연등회는 4월 30일에 진행된다. 전국 각지 불자들이 모여 하나로 화합하는 어울림 마당이 4월 30일 오후 4시 30분 동국대학교 대운동장에서 열린다. 이날 저녁 연등회의 꽃 연등행렬이 흥인지문에서 종로를 거쳐 조계사까지 이어지며 서울 도심을 환하게 밝힌다. 연등 행렬은 다양한 퍼포먼스와 음악이 함께하는 회향한마당으로 마무리된다.

다음 날인 5월 1일에도 각종 프로그램을 즐길 수 있다. 연등회의 역사와 전통을 직접 체험할 수 있는 '전통문화한마당', 학생들의 화려한 춤과 율동을 엿볼 수 있는 '연등놀이'와 '공연마당'이 펼쳐

진다. 마지막으로 부처님오신날 당일인 5월 8일 (음력 4월 8일) 조계사를 비롯해 전국 사찰에서 봉행되는 봉축법요식을 끝으로 대단원의 막을 내린다.

■ **연등회 (燃燈會)**

연등회는 한국에서 부처님오신날(음력 4월 8일)에 즈음해서 등불을 밝혀 세상을 밝히고자 하는 불교 행사이다. 신라 진흥왕 12년 팔관회와 함께 국가적 차원에서 열리기 시작했고 고려시대 때 특히 성행했다. '연등(燃燈)'이란 등불을 밝힌다는 뜻으로, 불교에서는 등불을 달아 불을 밝힘으로써 무명(無明)을 깨치라고 가르친 부처님의 공덕을 찬탄하며 귀의한다는 의미를 품고 있다. 연등회 행사는 2012년 국가무형문화재로 지정됐으며, 2020년 유네스코 인류무형문화유산 대표목록에 등재됐다.

'이건희 컬렉션' 예매 전쟁... 경제 효과 수천억원

▲ '어느 수집가의 초대–고故 이건희 회장 기증 1주년 기념전' 포스터 (자료 : 국립중앙박물관)

국립중앙박물관에서 고(故) 이건희 삼성 회장 유족의 문화재·미술품 기증 1주년을 기념해 오는 4월 28일부터 기념전을 선보이는 가운데 또다시 **피켓팅** (피가 튀는 전쟁 같은 티켓팅이라는 뜻으로, 공연·전시 관람권 등의 예매에 많은 사람이 한꺼번에 몰려들어 치열한 경쟁을 벌이는 일)이 벌어졌다.

지난해 7월 국립중앙박물관과 국립현대미술관이 동시에 연 '이건희 컬렉션' 특별전에서도 미술·문화재 전시로는 보기 드물게 개막 전부터 치열한 티켓팅 경쟁이 펼쳐진 바 있는데, 이번에 또한 번 피켓팅이 이어지며 대중들의 이건희 컬렉션에 대한 높은 관심이 증명됐다.

8월 28일까지 이어지는 이번 기념전에서는 **겸재 정선이 그린 국보 '인왕제색도', 클로드 모네의 '수련' 등의 작품이 전시**된다. 다만 '인왕제색도'는 5월 31일까지만 전시된다. 또한, 김홍도가 그린 보물 '추성부도'는 6월 1일부터 6일 30일까지만 전시되는데, 이는 빛에 약한 서화를 보호하기 위한 조치다.

'이건희 컬렉션' 경제 효과 3500여억원

이건희 컬렉션의 경제 유발 효과가 3500여억원에 달한다는 연구 결과가 나왔다. 한국문화관광연구원이 최근 공개한 '이건희 컬렉션 관람의 경제효과 분석' 연구보고서에 따르면 국제적 명성이 있는 60여 개 미술관의 데이터를 분석한 결과 이건희 컬렉션의 예상 방문객은 약 300만 명으로 추정됐다.

미술관 방문객의 지출액 추정을 위해 국립현대미술관 특별전을 사례로 계산한 결과 방문객 1인당 소비액은 약 2만3400원으로 추정됐다. 여기에 300만 명의 총 관람객을 가정할 경우 약 2468억원 수준의 생산 유발 효과와 1024억원의 부가가치 유발 효과가 나온다. 나아가 2144명의 취업 유발 효과까지 나타날 것으로 예상됐다.

연구진은 "이 연구는 이건희 컬렉션 미술관이 설립된 이후 방문객에 따른 지출효과를 분석한 것으로 건축비용에 따른 파급효과나 입지에 따른 분석 등은 포함되지 않았다"며 "이건희 컬렉션에 대한 정부 재정 투입의 근거자료로 활용될 수 있을 것"이라고 밝혔다.

> **➕ 이건희 삼성 회장 유족, 세기의 문화재·미술품 기증**
>
> 지난해 4월 고(故) 이건희 삼성 회장 유족은 고인이 생전 개인 소장했던 컬렉션(문화재·미술품)을 국립중앙박물관과 국립현대미술관에 각각 2만1693점과 1488점 기증했다. 기증품에는 국보 '인왕제색도', 보물 '고려천수관음보살'이 포함됐으며, 이중섭의 '황소', 박수근의 '절구질하는 여인', 김환기의 '여인들과 항아리' 등 한국 대표 근대미술품은 물론, 모네의 '수련이 있는 연못'과 같은 세계적인 거장의 대표작까지 포함돼 가히 세기의 기증이라는 화제를 모았다.
>
> 이건희 컬렉션의 기증 소식에 당시 문재인 대통령은 놀라움을 표하며 "기증정신을 잘 살려서 국민이 좋은 작품을 감상할 수 있도록 하자"며 "별도 전시실을 마련하거나 특별관을 설치하는 방안을 검토하라"고 지시한 것으로 알려졌다.

반크, 애플TV+ 드라마 '파친코' 인기 지렛대로 한국 역사 알린다

지난 4월 12일 사이버 외교 사절단 ■**반크**가 애플TV+ 드라마 '파친코'가 세계적인 인기를 끌고 있는 것을 지렛대 삼아 대대적으로 일제강점기 한국의 역사를 알려 나가는 캠페인을 전개한다고 밝혔다.

7살에 뉴욕으로 이민한 **재미동포 1.5세 이민진 작가의 동명 소설이 원작인 '파친코'는 3·1 운동, 일본의 조선 쌀 수탈, 조선인 강제노역, 일본군 위안**

부 등 일제강점기에 극심한 탄압을 받던 조선인들의 모습과 일본으로 건너간 이들에게 벌어진 관동대지진 학살 등의 내용이 담겨있다.

2017년 미국에서 출간된 이 작가의 소설 『파친코』는 '전미도서상' 최종 후보에 오를 만큼 작품성을 인정받은 책이다. 드라마 역시 훌륭한 각색과 연출을 선보여 극찬 세례를 받고 있는데, 뉴욕타임스를 비롯해 워싱턴포스트, 뉴스위크 등 미국 언론이 극찬했고, 영국의 글로브앤드메일은 "올해의 위대한 드라마가 아니라 지난 몇 년 중 최고"라고 평가했다. 또한, 유튜브에 무료로 공개된 드라마 1회의 조회 수가 1000만 뷰를 넘어서는 등 대중의 사랑도 받고 있다.

박기태 반크 단장은 "이 드라마의 글로벌 열풍이 일제 강점기 한국의 독립운동과 일본이 왜곡하고자 하는 한국의 역사를 세계에 소개하는 데 절호의 기회라고 판단했다"고 캠페인 취지를 설명했다.

반크는 'Bring Korea to the World Classroom'(세계 교실에 한국을 들여놓는다)이라는 제목으로 전 세계 초·중·고교 교과서에서 배우지 않는 한국의 역사를 소개하는 사이트를 만들었다. 여기에 독도, 동해, 일제 강점기 한국의 독립운동가, 한국의 찬란한 역사 등의 내용을 담았다.

반크가 진행하는 캠페인은 드라마를 시청한 주변 외국인 친구들이 일제강점기 역사에 대해 궁금해하면 이 사이트를 알려주는 방식이다. 드라마 파친코 해시태그(#Pachinko)와 함께 사이트도 해시태그 하면 된다.

■ **반크 (VANK, Voluntary Agency Network of Korea)**
반크는 1999년 1월 1일에 인터넷상에서 전국 각지의 누리꾼들이 모여 만든 사이버 민간 외교 사절단이다. 시간과 국경의 벽을 넘어 한국과 한국인을 모르는 외국인들에게 이메일을 통해 아름답고 순수한 한국의 이미지를 바르게 홍보하고자 만들어졌다. 반크는 지난 2002년에 국가홍보 분야와 한국 바로 알리기 사업 분야에서 대통령 단체표창을 수상한 바 있다.

기출TIP 2021년 상반기 SBS 필기시험에서 반크를 단답형으로 묻는 문제가 출제됐다.

1분기 미술 경매 낙찰액 785억원... 작년 대비 49%↑

지난해에 이어 국내 미술시장의 성장세가 이어지고 있다. 4월 5일 예술경영지원센터가 운영하는 '한국 미술시장 정보시스템(K-ARTMARKET)'에 따르면 올해 1분기 국내 미술품 경매시장 규모는 전년 동기 대비 48.8% 증가한 785억3000만원으로 나타났다.

국내 양대 경매사인 서울옥션과 케이옥션의 낙찰 규모는 전년 동기 대비 각각 74.2%, 19.2% 증가한 총 690억 6000만원으로 집계됐다. 서울옥션이 423억 5000만원, 케이옥션이 267억원의 낙찰액을 각각 기록했다. 대부분의 군소 경매회사 또한 작년과 마찬가지로 성장세를 이어갔다.

올해 1분기 최고가 낙찰 작품은 '제165회 서울옥션 미술품 경매'(2월 22일)를 통해 44억원에 낙찰된 ▪구사마 야요이의 '무한 그물에 의해 소멸된 비너스 상'(Statue of Venus Obliterated by Infinity Nets)이다. 국내 작가 최고가 작품은 '서울옥션의 컨템포러리 아트세일'(2월 22일)을 통해 17억원에 낙찰된 이우환의 '점으로부터(From Point)'와 김환기의 '화실'이다.

낙찰총액 1, 2위 작가는 이우환(102억원), 구사마 야요이(93억원)로 전년 전체 순위와 동일했다. 예술경영지원센터는 2분기부터 메이저급 경매가 예정돼 있고 시장 호황을 이끌 이슈가 기대되는 만큼 지난해 실적을 넘는 기록이 예상된다고 말했다.

▪ 구사마 야요이 (草間彌生, 1929~)
구사마 야요이는 일본의 예술가로, 끊임없이 반복되는 물방울무늬를 통해 독특한 자기만의 예술세계를 구축했다. 호박이라는 아이콘과 물방울, 그물 등 반복적 문양으로 대중에게 각인돼 있다. 어릴 때부터 편집적 강박증을 앓아왔다. 그는 동일한 요소나 문양을 끊임없이 반복, 집적, 증식, 확산시켜 자신의 편집증을 그대로 작업 방법으로 연결시켰다. 1957년부터 1972년까지 뉴욕에서 작품 활동을 전개하다가 정신질환이 재발돼 1973년 일본으로 돌아왔다. 이후 도쿄의 한 정신병원에서 생활하면서 구사마 스튜디오를 마련해 작품 활동을 진행해오고 있다. 90세를 넘긴 나이에도 여전히 무한 반복하는 물방울무늬로 그림뿐만 아니라 조각, 패션, 퍼포먼스 등을 넘나들며 현대미술의 거장으로 평가받고 있다.

교보문고 '올해의 아이콘' 백석 시인 선정

▲ 『백석 정본』 (자료 : 문학동네)

시인 ▪백석이 교보문고의 '올해의 아이콘'으로 선정됐다. 교보문고는 4월 23일 '세계 책의 날'을 맞아 '올해의 아이콘'으로 백석 시인을 선정하고, 그의 산문과 시를 합본한 한정 소장본을 제작, 판매한다고 밝혔다.

세계 책의 날은 셰익스피어와 세르반테스가 1616년 4월 23일에 세상을 떠난 데서 유래한 것으로 유네스코(UNESCO)가 제정했다. 한편, 교보문고가 선정한 2020년 '올해의 아이콘'은 '이방인'과 '페스트'의 작가 알베르 카뮈였고, 2021년은 '신곡'으로 유명한 13C 이탈리아 작가 단테 알리기에리였다.

백석 시인은 올해로 탄생 110주년을 맞았다. 본명은 백기행이지만 필명인 백석으로 널리 알려졌다. 그는 평안북도 정주 태생으로 1930년 조선일보 신춘문예에 '그 모(母)와 아들'이 당선돼 등단했다. 1935년 첫 시 '정주성'을 발표한 뒤 다음 해 첫 시집 '사슴'을 출간했다.

백석의 작품은 당대 어떤 유파에도 속하지 않은 독특한 작품세계를 보여준다는 평을 받는다. 고향의 자연과 풍속, 사람들을 대상으로 인간과 자연, 사람이 평화롭게 공존하는 세계를 그려냈다는 것이다. 고향을 떠나 먼 이방을 헤매는 이의 외로움을 그린 대표작 '흰 바람벽이 있어'는 지금도 많은 이들의 '가장 사랑하는 시'로 꼽힌다.

교보문고는 백석 시인을 '올해의 아이콘'으로 선정함에 따라 등단작인 단편 '그 모와 아들'(1930)부터 분단 이전 마지막 발표작인 '남신의주 유동 박시봉방'(1948)까지 백석의 시·소설·수필을 한 권으로 묶은 '백석 정본'을 한정 판매한다.

■ 백석 (白石, 1912~1996)
백석은 평안북도 정주(定州) 출신으로 본명은 기행(夔行)이다. 1929년 정주에 있는 오산고등보통학교를 마치고, 일본으로 건너가 1934년 아오야마학원 전문부 영어사범과를 졸업했다. 그 뒤 1930년 조선일보 신춘문예에 단편소설 『그 모(母)와 아들』이 당선되면서 등단했다. 1936년 1월 33편의 시작품을 4부로 나누어 편성한 시집 『사슴』을 간행함으로써 문단 활동을 본격화했고 남북이 분단될 때까지 60여 편의 시작품을 발표했다.
한때 월북 작가로 찍혀 백석 시의 출판이 금지되기도 했지만 1987년 그의 작품이 소개된 이후 재평가를 받고 있다. 특히 특유의 평안도 사투리와 옛것을 소재로 한 향토주의 정서를 바탕으로 하면서도 뚜렷한 자기관조로 한국 모더니즘을 개척한 점이 우리 근대시사에서 높게 평가되고 있다.

울주세계산악영화제 성황리 폐막

3년 만에 완전 대면행사로 열린 제7회 ■울주세계산악영화제가 4월 1일 개막해 4월 10일 폐막했다. 영화제 기간 상영관 관람객 7146명, 전시 관람객 1만3311명, 체험 프로그램 참여자 8142명 등 모두 2만8599명이 현장을 방문했다고 울주군이 밝혔다. 이는 2021년보다 3배 늘어난 수치다.

영화제는 올해 '언제나 함께'라는 슬로건으로 열흘간 42개국 148편의 영화를 선보였다. 코로나19 확산세 감소에 따라 자동차 극장 운영 대신 더 많은 관람객이 영화를 볼 수 있도록 움프 시네마를 설치하는 등 과감히 대면 상영을 진행했다. 온라인 상영 관람 횟수도 9700여 회를 기록해 상영작 감소에도 불구하고 오히려 증가세를 보였다.

국제 경쟁 본선에 진출한 14개국 30편 작품 가운데 **대상은 극지 탐험가 윌 스테거의 여정을 따라가는 타샤 판 잔트 감독의 '애프터 안타티카'**가 차지했다. 작품상은 '그리움의 얼굴들'(감독 : 헤나 테일러), '도전 : 멈추거나 나아가거나'(에릭 크로슬랜드), '눈이 녹으면'(알렉세이 골로프코프)이, 심사위원 특별상은 '산'(요크 올타르)이 수상했다. 이밖에 아시아경쟁 넷팩상은 '나랑 아니면'(박재현)이, 청소년심사단 특별상은 '불 속에서'(저스틴 크룩, 루크 마짜페로)가 받았다.

■ 울주세계산악영화제 (UMFF, Ulju Mountain Film Festival)
울주세계산악영화제(UMFF)는 울산광역시 울주군에서 산악 문화와 도전 정신을 주제로 매년 봄에 개최하는 부분 경쟁 영화제다. 한국 최초의 산악 전문 국제영화제를 표방하는 울주세계산악영화제는 행사장인 영남알프스 복합웰컴센터에 상영장을 여러 개 만든 뒤 축제 기간에 100여 편 이상의 국내외 영화를 상영한다.
상영작은 비중이나 스토리에 따라 개막작과 폐막작, 국제 경쟁, 알피니즘, 클라이밍, 모험과 탐험, 자연과 사람, 울주비전, 패밀리 부문으로 구분된다. 국내 산악 영화 제작 활성화를 위해 사전 제작 비용을 지원하는 울주 서밋, 다양한 미디어 창작 활동을 독려하는 우리들의 영화도 운영된다. 이벤트로는 개·폐막식, 공연 전시 프로그램, 24시간 영화제 등이 있다.

정보라 작가『저주토끼』 부커상 최종 후보 선정

▲ 2022 부커상 인터내셔널 부문 최종 후보 (부커상 홈페이지 캡처)

정보라 작가의『저주토끼』가 세계 3대 문학상(▲스웨덴 노벨문학상 ▲프랑스 공쿠르상 ▲영국 부커상) 중 하나로 일컬어지는 부커상의 인터내셔널부문 최종 후보에 선정됐다. 부커재단이 지난 4월 7일(현지시간) 홈페이지에 발표한 내용에 따르면 정보라의『저주토끼』는 부커상 인터내셔널 부문 최종 후보 6편에 선정됐다. 앞서『저주토끼』와 함께 해당 부문 1차 후보에 올랐던 박상영 작가의『대도시의 사랑법』은 아쉽게도 최종 후보 명단에는 포함되지 않았다.

SF판타지를 대표하는 정보라 작가의 다섯 번째 책인『저주토끼』는 세상의 몹쓸 것들을 응징하는 어여쁜 저주 이야기를 모티브로 한 작품으로, 모두 10편의 작품이 수록돼 있다. 동서고금을 넘나드는 배경과 인물, 사건들이 등장하는 가운데 작가는 특유의 상상력으로 복수라는 소재를 환상적으로 풀어냈다.

부커상 최종 후보 선정을 발판으로『저주토끼』는 미국, 캐나다 등 다수의 국가에 판권이 팔려 다양한 국가에 번역본으로 소개될 예정이다. 특히 미국은 대형 출판사인 하퍼콜린스 등 5~6곳이 참여해 정보라 작가에 대한 관심을 증명했다.

한편, 정보라 작가와 함께 최종 후보에 오른 작품으로는 2018년 노벨문학상을 수상한 폴란드 작가 올가 토카르추크의『야곱의 책들』도 포함됐다. 이 외에도 노르웨이 욘 포세의『새로운 이름』, 일본 가와카미 미에코의『천국』, 아르헨티나 클라우디아 피녜이로의『엘레나는 안다』, 인도 지탄잘리 슈리『모래의 무덤』등의 작품이 선정됐다. 수상작은 5월 26일 발표된다.

분야별
최신상식

과학
IT

항공우주청 신설 탄력...
한국판 NASA 탄생할까

세계 주요 우주항공 행정 조직

▲미국 항공우주국(NA-SA) ▲중국 국가항천국(CNSA) ▲프랑스 국립우주센터(CNES) ▲러시아 연방우주국(POCKOC-MOC) ▲일본 우주항공연구개발기구(JAXA) ▲유럽우주기구(ESA)

우주 개발 총괄 컨트롤 타워 신설 공감대

윤석열 대통령 당선인이 우주 정책을 총괄하는 가칭 항공우주청 신설을 공약으로 내세운 바 있어 우리나라에서도 미국 항공우주국(NASA)과 같은 우주 전담 독립 부처가 탄생할지 주목된다.

우주청 설립에 대한 공감대는 충분히 형성됐다. 우주 기술은 국가 안보·방위와 밀접한 관련이 있을 뿐만 아니라 우주 산업은 '인류의 마지막 먹거리'로 꼽힌다. 우주 산업에 각국이 매달리고 있는 가운데 한국은 항공우주 업무가 과학기술정보통신부, 국방부, 방위사업청 등 여러 부처에 산재돼 있어 정책 역량이 분산된다는 지적을 받았다.

지난해 10월 첫 발사한 **한국형 발사체 누리호는 비행시간을 충분히 확보하지 못해 위성 모사체를 궤도에 진입시키지 못하며 절반의 성공**으로 끝났지만 순수 국산 기술을 집약한 발사체 기술 확보에 한 걸음 다가갔다는 점에서 본격적인 우주 개발 시대의 포문을 연 것으로 평가된다.

오는 6월 15일에는 누리호 2차 발사가 예정돼 있고 한국 최초의 달 궤도선도

오는 8월 발사를 앞두고 있어 우주 개발 확장 국면에서 우주 개발을 총괄하는 컨트롤 타워가 필요하다는 주장이 많다. 지금까지는 과학기술정보통신부를 중심으로 우주 연구개발(R&D)에 치중했다면 앞으로는 국방과 상업화, 국제 우주협력까지 망라해 가시적인 성과로 연결돼야 한다는 지적이다.

이미 외국에서는 **테슬라 창업자 일론 머스크가 설립한 ▪스페이스X, 아마존 창업자 제프 베이조스의 블루오리진, 리처드 브랜슨 버진 그룹 회장의 버진 갤럭틱** 등 민간 우주기업을 중심으로 위성 발사와 우주 관광 서비스가 이뤄지는 등 우주 공간이 비즈니스 영역으로 확장됐다.

경남-대전 항공우주청 유치 경쟁 가열

윤 당선인은 대통령 후보 당시 경남 사천 유세에서 "한국항공우주산업(KAI)이 있는 우리나라 항공우주산업의 중심지인 사천에 우주청을 설치해 사천을 항공우주의 요람으로 만들겠다"고 밝힌바 있다. 하지만 대전에서 대덕연구개발특구 등

우수한 항공 관련 인프라를 전면에 내세우며 우주청이 대전에 설립돼야 한다고 나서면서 유치 경쟁에 불이 붙었다.

더불어민주당 대전시당은 3월 30일 "우주청을 산업 기반이 있다는 단순한 이유로 경남에 설립하는 일은 근시안적이고 지엽적인 결정"이라며 "KAI와 국방과학연구소, 우주 관련 핵심 기술을 보유한 산업체가 있는 대전이 국가 우주 정책의 전략적 요충지이자 우주청 입지의 최적지"라고 주장했다.

그러자 경남 사천시의회 의원들은 "사천시는 50여 개 항공우주산업 관련 업체가 밀집돼 있고 국내 항공산업 생산액의 60%를 차지하는 대한민국 항공우주산업의 중심도시"라며 "당선인 약속대로 우주항공 중심지 사천에 우주청을 설립하는 게 당연하다"고 주장했다.

▪ 스페이스X (SpaceX)

스페이스X는 세계 최초의 민간 항공 우주 기업이다. 로켓과 우주선의 개발 및 발사를 통한 우주 수송을 주요 업무로 하는 미국 기업이다. 전기차 기업 테슬라 창업자인 일론 머스크가 2002년 설립했다. 2006년 3월 최초의 민간 우주 발사체인 팰컨-1 발사 성공 이후 최초의 재활용 로켓 팰컨-9를 10회 이상 발사, 위성 인터넷 스타링크 사업 진행 등 항공 우주 분야에서 새로운 길을 개척하고 있다. 스페이스X의 궁극적 목표는 화성에 사람을 보내 살 수 있도록 개척한다는 것이다.

POINT 세 줄 요약

❶ 윤 대통령 당선인의 공약대로 우주 전담 독립 부처가 탄생할지 주목된다.

❷ 우주 개발을 총괄하는 컨트롤 타워가 필요하다는 주장이 공감대를 형성했다.

❸ 경남 사천과 대전 간 항공우주청 유지 경쟁이 가열되고 있다.

돌아온 싸이월드 양대 앱 마켓 1위

▲ 싸이월드 앱 마켓 화면 캡처

'원조 SNS' 싸이월드가 우여곡절 끝에 돌아오며 ▪레트로 감성으로 인기 몰이에 성공했다. 싸이월드는 2000년대 중후반 한국에서 이용자 수가 4000만 명에 이를 정도로 오늘날 카카오톡 만큼이나 대중적인 이용도를 자랑했지만 **스마트폰 시대에 적응하지 못하고 페이스북과 인스타그램 등 글로벌 SNS에 자리를 내주며 몰락**했다.

싸이월드는 사실상 운영이 방치된 가운데 2020년부터 접속조차 어려워지며 폐업 절차를 밟는 듯했다. 그러나 2021년 싸이월드제트가 싸이월드를 인수하고 기존 운영사였던 SK커뮤니케이션즈와 데이터 이관에 합의하면서 본격적으로 서비스 재개를 선언했다. 이후에도 수차례 재출시 시기가 연기된 끝에 4월 2일 싸이월드가 다시 오픈했다.

'반쪽짜리 오픈'...사진첩 복원은 아직
재오픈 직후 싸이월드 앱은 **양대 앱 마켓인 구글 플레이스토어와 애플 앱스토어**에서 다운로드 인기 순위 1위를 차지하며 호응을 받았다. 하지만 이용자들의 불만도 속출했다. 다운로드 트래픽이 몰리면서 설치 오류와 실명 인증 장애가 발생했고 정식 서비스인데도 이용자들이 가장 기대했던 사진첩과 다이어리가 아직 복구되지 않아 '반쪽짜리 오픈'이라는 혹평을 받았다.

싸이월드제트 측은 "휴면계정에서 복원된 사진첩을 올리는 과정에 트래픽이 몰리면서 대기 상태가 된 상황이며 복원이 지연될 수 있다"며 "사진첩 복원은 4월 중으로 완료 예정이며 동영상과 다이어리도 차례대로 복구될 것"이라고 밝혔다.

▪ **레트로 (retro)**

레트로는 추억을 의미하는 영어 'Retrospect'의 준말로 과거의 추억이나 전통 등을 그리워해 그것을 본뜨려고 하는 성향을 말한다. 과거에 존재했거나 유행했던 대중문화가 현재에 다시 부상하는 것으로, 패션이나 인테리어·대중음악 등 여러 분야에서 활용된다.

최근 배꼽티와 골반바지 등 Z세대를 중심으로 유행하는 복고풍의 Y2K 패션이나 띠부띠부씰을 구하기 위한 포켓몬빵 열풍, 재오픈한 싸이월드에 대한 관심 등이 레트로 문화를 조명하는 사례로 꼽힌다.

미 FDA, 화이자·모더나 백신 4차 접종 승인...50세 이상 성인 대상

지난 3월 29일(현지시간) 미국 식품의약국(FDA)은 50세 이상 성인을 대상으로 화이자·모더나 코

로나19 백신 4차 접종을 승인했다. **FDA의 이날 결정에 따라 50세 이상의 미국인은 3차 접종일로부터 최소 4개월이 지난 시점에 4차 접종을 받을** 수 있게 된다.

2차 부스터샷(4차 접종)을 허가한 이번 결정은 이례적인 것으로, CNBC 방송 등은 외부 전문가로 구성된 자문위원회 소집 없이 이번 결정이 내려졌다고 전했다. 특히 애초 화이자와 모더나는 65세 이상 성인을 대상으로 4차 접종 허가를 요청했는데, 승인 대상 연령이 확대된 배경은 알려지지 않았다.

화이자와 모더나는 FDA가 면역체계가 손상된 12세 이상 미국인에 대해서도 2차 부스터샷 사용을 승인했다고 밝혔다. 앨버트 불라 화이자 최고경영자(CEO)는 성명을 내고 "이번 긴급사용 승인이 현재의 백신 요구에 대응하는 데 도움을 줄 것"이라며 "우리는 현재 유행하는 코로나19 바이러스 종(種)에 대한 보호뿐 아니라 더 오래가는 (면역)반응을 제공할 수 있는 백신 업데이트 개발을 위해 부지런히 노력하고 있다"고 말했다.

한편, FDA의 이번 4차 접종 승인 결정은 오미크론 변이보다 전염력이 더 강한 것으로 알려진 스텔스 오미크론이 유럽과 아시아에서 확산하는 중에 내려졌다. 스텔스 오미크론 상황 가운데 4차 접종이 고령층의 사망과 입원을 예방할 수 있다는 연구 결과가 발표된 것이 FDA의 결정에 큰 영향을 미친 것으로 보인다.

최근 이스라엘 과학자들은 60~100세 접종자를 대상으로 한 연구에서 4차 접종을 마친 해당 연령층이 오미크론 변이로 인한 사망률이 3차 접종자에 비해 78% 낮다고 밝힌 바 있다. 그러나 **젊은 성인들의 경우에는 4차 접종이 예방 효과를 극적으로 높여주지는 않는다는 연구 결과가 있다는** 점에서 FDA가 당장 4차 접종 대상 연령을 더 낮추지는 않을 것으로 보인다.

➕ 한국도 60세 이상 고령층에 4차 접종 검토

미 FDA가 50세 이상 성인을 대상으로 4차 접종을 승인한 가운데, 우리 정부는 60세 이상 고령층을 중심으로 4차 접종을 검토할 방침이라고 3월 30일 밝혔다. 이날 권근용 코로나19 예방접종대응추진단(추진단) 접종관리팀장은 "전문가들과 4차 접종의 필요성을 현재 국내 유행 상황 등을 보며 검토하고 있다"며 "60세 이상 고령자 중심으로 검토할 필요가 있다"고 말했다. 다만 권 팀장은 "50대 이하 등 젊은 연령을 대상으로 4차 접종을 하는 나라는 없다"며 "국내에서도 이런 부분을 고려해 (젊은 연령을 제외한) 고령자를 중심으로 검토할 필요가 있다"고 설명했다. 이어 권 팀장은 미 FDA에서 50세 이상 연령과 면역저하자에 대한 4차 접종을 승인한 소식을 언급하며 "이런 미국의 결정은 (국내 4차 접종 판단에도) 의미가 있다고 생각한다"고 말했다. 한편, 정부는 4월 13일 60세 이상 일반인에 대한 4차 접종 결정을 발표했다. 정부는 특히 80세 이상 고령자에게는 4차 접종을 적극 권고했다.

일론 머스크, 트위터 최대주주 됐다

테슬라 및 스페이스X의 최고경영자(CEO) **▪일론 머스크**가 세계적인 SNS **▪트위터**의 최대주주가 됐다. 지난 4월 4일(현지시간) AP통신 등 외신은 **머스크가 트위터의 지분 9.2%를 취득하며 최대주주로 올라섰다**고 보도했다.

로이터통신에 따르면 머스크는 트위터 공동창업자로, 최근 퇴사한 잭 도시 보유 지분의 4배 이상을 보유하게 됐다. 또, 가장 큰 보유자였던 뱅가드그룹(8.79%)보다 더 많은 지분을 얻게 됐다. 머스크가 취득한 지분의 가치는 지난 4월 1일 종가 기준 약 3조5100억원에 달한다.

관련 업계 전문가들은 머스크의 트위터 인수 가능성에 집중하고 있다. 리서치업체 CFRA의 앤젤로 지노 애널리스트는 "머스크의 이번 투자는 그가 가진 재산의 극히 일부분"이라며 "전면적인 인수 가능성을 배제해선 안 된다"고 말했다.

한편, 머스크는 최근 "트위터가 표현의 자유 원칙을 지키지 않는다"며 새로운 SNS를 만들 가능성을 시사하기도 했다. 머스크는 '트위터가 표현의 자유를 지키고 있다고 생각하는가'라는 취지의 투표를 자신의 트위터를 통해 제안하기도 했는데, 약 200만 명이 참여한 이 투표에는 70% 이상이 '아니오'라고 응답했다.

트위터 경영에도 직접 참여

머스크는 트위터 경영에도 참여할 예정인 것으로 알려졌다. 파라그 아그라왈 트위터 최고경영자(CEO)는 4월 5일(현지시간) 머스크가 트위터 이사회에 합류할 계획이라는 사실을 발표했다.

아그라왈 CEO는 "지난 몇 주간 일론과 대화하면서 그가 이사회에 합류하면 (회사에) 장점이 클 것이라는 걸 알게 됐다"고 말했다. 이어 "머스크는 트위터의 열정적 지지자이지만 무엇이 개선돼야 할지 잘 아는 비평가이기도 하다"며 "장기적으로 트위터를 강하게 만들 것"이라고 밝혔다.

■ **일론 머스크 (Elon Musk, 1971~)**

일론 머스크는 전기자동차 전문업체 테슬라와 민간우주개발업체 스페이스X의 최고경영자(CEO)로, 전 세계적인 혁신가로 손꼽히는 인물이다. 그러나 예상치 못한 언행으로 괴짜 사업가라는 평가를 동시에 받기도 한다. 마블의 유명 영화 '아이언맨' 제작 당시 주인공 토니 스타크 역을 맡은 배우 로버트 다우니 주니어가 일론 머스크를 참고로 삼아 캐릭터를 구상한 것으로도 잘 알려져 있다.

■ **트위터 (twitter)**

트위터는 2006년 미국의 잭 도시, 에번 윌리엄스, 비즈 스톤 등이 공동으로 개발한 SNS를 말한다. 가입자들은 스마트폰 등을 통해 간단한 메시지를 주고받을 수 있으며, 한 번에 쓸 수 있는 최대 글자 수는 280자(영어 기준)이다.

서울대병원, 국내 최초 자체 생산 '카티 치료' 성공

서울대병원이 국내 의료기관 중 처음으로 자체 생산한 '■**CAR-T(카티) 세포**'를 사용해 10대 백혈병 소녀를 살리는데 성공했다. **카티 치료제는 기존 치료로 듣지 않거나 재발한 말기 혈액암 치료에 혁신적이지만, 비싼 약값으로 인해 혜택을 받기 어려웠다는 점에서 국내 환자들에게 희소식이 될 전망이다.**

서울대병원 소아청소년과 강형진 교수팀은 '필라

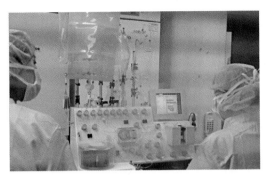

▲ 서울대병원이 국내 병원 중 처음으로 자체 생산한 CAR-T 치료제를 18세 백혈병 환자에게 투여해 치료하는 데 성공했다. (자료: 서울대병원)

델피아 염색체 양성 최고위험 급성림프모구백혈병'을 앓고 있는 18세 여성 환자에게 자체 생산한 카티 치료제를 투여해 치료에 성공했다고 4월 5일 밝혔다. 2018년부터 개발을 시작한 지 약 4년 만에 이룬 결실이다.

이번에 카티 치료제를 투여받은 환자는 이전에 조혈모세포이식을 받았으나 재발했고, 이후 신규 표적 항암제 병용 요법으로 암세포가 사라졌다가 다시 미세 재발이 발생해 더 이상의 치료가 어려운 상태였다. 지난 2월 15일 환자의 말초혈액에서 림프구를 모은 후 다음 날부터 바로 카티 치료제 제조를 시작했다. 그로부터 정확히 12일 만에 성공적으로 생산을 완료해 같은 달 28일 환자에게 투여했다.

환자는 카티 치료제 투여 후 대표적 동반 면역 반응인 ▪사이토카인 폭풍이 생겼지만 잘 치료돼 3월 17일 건강하게 퇴원했다. 이후 3월 28일 추적 골수검사를 진행했고 백혈병 세포가 완전히 사라진 것을 확인했다. 환자는 특별한 부작용 없이 건강한 상태를 유지하고 있다.

4월 1일부터 건강보험이 적용된 또 다른 수입 카티 치료제 '킴리아주'는 환자 혈액에서 추출한 T 세포를 냉동 상태로 미국으로 보내 치료제로 만들어 재냉동 후 배송을 받아 환자에게 주입하기까지 3주 이상 걸리는 데 반해, 국내 병원에서 카티 치료제를 생산하는 경우 빠른 시일 내에 투여 가능한 것이 장점이다. 재발·불응성 혈액암 환자들의 기대 여명은 3~6개월에 불과해 최대한 빨리 치료제를 적용해야 생명을 살릴 수 있다.

■ CAR-T 세포 (Chimeric Antigen Receptor T cell)
CAR-T 세포는 면역요법에 사용하기 위해 가공의 T 세포 수용체를 만들기 위해 유전학적으로 조작된 T 세포이다. 카티 세포 치료는 환자 몸에 있는 T세포를 밖으로 꺼내서 실험실에서 유전자를 투입하여 암세포가 갖고 있는 특정 항원을 찾아서 달라붙도록 설계한다. 이를 다시 환자 몸속에 주입하면 전신을 돌면서 암세포에 달라붙어 T세포의 본래 위력을 떨친다. 암세포만 골라 죽이기에 후유증도 적다. 한번 제조하여 투여 하는 것으로 치료는 끝난다.

■ 사이토카인 폭풍 (cytokine storm)
사이토카인 폭풍이란 바이러스 등 외부 병원체가 인체에 들어왔을 때 체내 면역 물질인 사이토카인이 과도하게 분비돼 정상 세포를 공격하는 면역 과잉반응 현상을 일컫는다. 즉, 인체 내에 외부에서 침투한 바이러스에 대응하기 위한 사이토카인의 지나친 분비로 대규모 염증 반응이 나타나고 이 과정에서 정상 세포들의 DNA가 변형되어 일어나 신체 조직을 파괴하는 것이다. 사이토카인 폭풍은 높은 사망률로 20C 최악의 감염병 사례인 스페인 독감의 주원인으로 지목되기도 했다. 스페인 독감은 1918년 발병한 이래 5000여 만 명의 사망자가 발생했는데, 희생자의 70% 이상이 25~35세 젊은 층이었다.

성범죄 예방 '물뽕' 탐지 기술 개발

성범죄에 악용되는 마약으로 속칭 '물뽕'이라고 불리는 ▪GHB를 쉽게 탐지할 수 있는 기술이 개발

됐다. 한국생명공학연구원 감염병연구센터 권오석 박사팀과 안전성평가연구소 예측독성연구본부 김우근 박사팀은 GHB에 반응해 색이 변하는 겔(gel)을 개발했다고 4월 4일 밝혔다.

무색·무취·무미의 중추신경 억제제인 GHB는 주로 물·술 등에 타서 마시기 때문에 투여 후 15분 이내 몸이 이완되고, 환각 증세와 강한 흥분을 동반해 성범죄에 흔히 악용된다. 6시간 후면 대부분 성분이 몸에서 빠져나가기 때문에 성범죄 사건 직후 소변이나 혈액 시료를 채취하지 않는 이상 검출이 어렵다.

권오석 박사 연구팀은 헤미시아닌 염료를 기반으로 GHB를 만나면 색이 바뀌는 신규 발색 화합물을 만들고, 이를 하이드로겔(hydrogel) 형태로 제작했다. 평소 노란색인 이 겔을 GHB가 든 술이나 음료에 섞으면 술·음료가 약 10초 이내에 빨간색으로 변한다. GHB가 인체에 영향을 미치는 $1m\ell$당 $1\mu g$(마이크로그램) 농도에까지 반응한다.

GHB가 미량이라 맨눈 확인이 어려운 정도의 색 변화는 스마트폰 애플리케이션으로 확인할 수 있게 했다. 김우근 박사 연구팀은 제브라피시 동물 모델을 활용해 겔이 인체에 해롭지 않다는 사실을 검증했다.

국내 이동통신시장 경쟁 여전히 '미흡'

국내 이동통신 1위 사업자인 SK텔레콤과 2위 사업자인 KT 사이의 점유율 격차가 커지는 등 국내 이동통신 시장의 경쟁 환경이 좋지 못하다는 국책연구원의 평가가 나왔다. SK텔레콤의 **가입자당평균매출(ARPU, Average Revenue Per User)**은 경제협력개발기구(OECD) 23개국 1위 사업자 중 3번째로 높은 것으로 나타났다. 정보통신정책연구원은 4월 4일 내놓은 '2021년도 통신시장 경쟁상황 평가' 보고서에서 국내 이통 시장을 '경쟁이 미흡한 시장'으로 규정하며 이같이 밝혔다.

보고서에 따르면 2020년 말 이동통신시장에서

국내 1위 사업자인 SK텔레콤의 가입자 점유율(이하 알뜰폰 제외)은 47.7%, 소매매출액 점유율은 47.0%로 조사됐다. 이는 OECD 평균 1위 사업자 점유율에 비해 가입자 기준 4.6%p, 매출액 기준 3.5%p 높은 수준이다. 2020년 1, 2위 사업자의 가입자 점유율 격차도 19.3%p로, OECD 평균인 12.2%p를 웃돌았다. 2위 사업자인 KT의 이동통신 가입자 점유율은 28.3%, 소매매출액 점유율은 28.4%였다.

시장집중도 척도인 **■ 허핀달-허쉬만 지수(HHI)** 에서 SK텔레콤은 가입자 기준 3650점, 소매매출액 기준 3620점으로 나타났다. HHI가 높을수록 시장집중도가 크다는 의미로 4000점 이상은 독점, 1800~4000점은 과점으로 평가된다.

정보통신정책연구원은 "1위 사업자 점유율, 1, 2위 간 점유율 격차, HHI 등의 지표가 OECD 평균과 비교해 모두 높은 것으로 집계되며 국제 비교 시 시장구조가 상대적으로 집중적인 것으로 평가된다"고 밝혔다.

국내 이동통신 요금수준도 높은 편인 것으로 나타났다. 2020년 일본 총무성이 일본 도쿄, 미국 뉴욕, 영국 런던, 프랑스 파리, 독일 뒤셀도르프, 서울 등 6개 도시의 이동통신 요금을 비교한 결과 요금제별로 다르지만 서울이 전체적으로는 2, 3번째로 높은 수준인 것으로 나타났다.

SK텔레콤의 ARPU도 37.81달러로 OECD 1위 사업자 중 3번째로 높았다. 다만 ARPU는 요금과 사용량의 곱이기 때문에, ARPU가 높다고 해서 반드시 요금수준이 높다는 의미는 아니라고 보고서는 밝혔다.

2020년 국내 초고속인터넷 시장에서는 1위 사업자인 KT군(KT, KT스카이라이프, 현대HCN)이 가입자 점유율 42.3% 소매매출액 점유율 48.5%를 차지한 것으로 나타났다. 2위인 SK군(SK브로드밴드, SK텔레콤, 티브로드)은 가입자 점유율 29.0%, 소매매출액 점유율 27.2%였다.

보고서는 초고속인터넷시장을 '경쟁이 대체로 활성화된 시장'으로 판단했다. 1위 사업자의 매출액 점유율이 증가하는 추세에 있지만 가입자선로의 공동활용 등으로 특정 가입자망만 사용해야 하는 유인이 약화됐고, 기간통신사업의 진입이 허가에서 등록으로 바뀌는 등의 개선 요인이 있었다는 평가다.

유선전화시장의 경우 KT군(KT, 현대HCN)이 가입자 점유율 57.1%, 소매매출액 점유율 62.6%로 나타나며 가입자점유율 19.1%, 소매매출액 점유율 18.7%를 차지한 2위 LG군(LG유플러스, LG헬로비전)을 크게 앞섰다. 보고서는 1위 사업자가 60% 내외의 높은 점유율을 차지하고 있으며 고비용지역에서의 경쟁이 적어 유선전화시장을 '경쟁이 미흡한 시장'으로 평가했다.

■ 허핀달-허쉬만 지수 (HHI, Herfindahl-Hirschman index)

허핀달-허쉬만 지수는 어떤 산업에서의 시장 집중도를 측정하는 지표이다. 지수의 값이 클수록 산업에서 특정 기업의 시장 집중도가 더욱 커진다는 것을 의미한다.

이 지수는 특정 기업의 시장 점유율이 큰 경우에 보다 높은 가중치를 두지만 시장의 획정 범위에 따라 그 값이 달라질 수 있는 문제점이 있다.

만약 시장을 넓게 정의하면 개별 기업의 점유율이 낮게 평가되어 지수가 낮게 측정되고, 시장을 좁게 정의하면 개별 기업의 점유율이 높게 평가되어 허핀달-허쉬만 지수가 높게 측정된다.

중국, 최상위 1% 과학논문 미국 추월

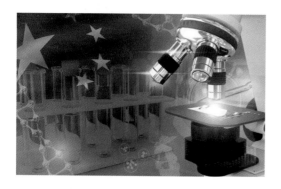

중국의 과학기술 분야 논문이 양뿐만 아니라 질적으로 미국을 앞섰다는 분석이 나왔다. 2017년부터 2019년까지 3년간 과학기술 각 분야에서 피인용 최상위 10%, 1% 논문 수를 직접 비교한 결과다.

한국과학기술정보연구원(KISTI)은 '글로벌 미·중 과학기술경쟁 지형도' 보고서를 발간하고 이 같은 분석결과를 4월 4일 공개했다. 미국과 중국의 과학기술 분야 글로벌 패권 경쟁이 심화되고 있는 가운데 양국의 상대적 경쟁력을 객관적으로 파악하기 위해 작성한 보고서다.

KISTI 글로벌 연구개발(R&D) 분석센터 연구진은 39개 대분류, 254개 중분류, 4140개 세분류로 구분하고 분야별 논문 수 외에도 일반적으로 과학 논문의 우수성을 보여주는 지표인 피인용 상위 10% 논문 수와 피인용 최상위 1% 논문 수를 국가별로 비교했다. **KISTI 내부 연구용으로 도입한 글로벌 학술정보기업 '클래리베이트'의 '웹 오브 사이언스**(Web of Science)'**를 활용**했다.

분석 결과 2017~2019년 피인용 최상위 1% 논문

수 기준으로 '물리과학 및 공학', '수학 및 컴퓨터 과학' 분야에서 중국은 미국을 앞지른 것으로 나타났다. 중국의 과학 논문이 양적으로 미국을 앞질렀지만 질적으로 미국을 따라잡기에는 역부족이라는 세간의 인식과는 다른 결과다.

또 경제협력개발기구(OECD) 분류 기준 분석 대상 10개 분야에서도 대다수 분야에서 중국은 미국을 앞섰다. OECD 분류 기준 10개 분야는 컴퓨터 및 정보과학, 물리학 및 천문학, 화학, 생명과학, 전기전자공학, 기계공학, 화학공학, 재료공학, 나노기술, 임상의학이다.

이들 10대 분야 중 생명과학과 임상의학 2개 분야를 제외하고 나머지 8개 분야에서 중국은 2017~2019년 상위 10% 논문 수와 최상위 1% 논문 수에서 모두 미국을 앞질렀다. 특히 화학·전기전자공학·기계공학·화학공학·재료공학·나노기술 6개 분야 2017~2019년 피인용 최상위 1% 논문 수와 글로벌 점유율에서 중국은 미국을 2배 이상 격차로 따돌린 것으로 나타났다.

➕ SCI (Science Citation Index)

SCI는 미국 학술정보회사 톰슨사이언티픽이 선정하는 우수 과학 학술지 데이터베이스를 의미하는 '과학기술논문 인용 색인'의 줄임말이다. SCI의 온라인 버전 확장판으로는 SCIE(Science Citation Index Expanded)가 있다. 국내 과학계에서는 SCI에 포함된 학술지에 논문을 얼마나 많이 게재했느냐에 따라 과학자의 연구 업적을 평가하는 관행이 있다. 교육과학기술부에서도 각 대학의 연구 능력을 평가할 때 SCI급 논문 횟수를 집계하는 데 이때 SCI급에는 ▲SCI ▲SCIE ▲SSCI(Social Science Citation Index) ▲A&HCI(Arts and Humanities Citiation Index) ▲SCOPUS(우수 학술논문 인용지수) 등 5가지를 말한다.

KB손해보험,
업계 최초 마이데이터 서비스 개시

KB손해보험이 4월 4일 손해보험 업계 최초로 ▪**마이데이터** 서비스를 출시했다. KB손해보험 마이데이터 서비스는 기존 KB손해보험의 대표 애플리케이션을 통해 제공되며, KB손해보험 고객이 아니더라도 해당 서비스를 이용할 수 있다.

주요 서비스로는 금융자산에 대한 원스톱 통합 조회가 가능한 '마이자산', 보험 조회와 보장 분석이 가능한 '마이보험', 건강도 챙기고 포인트도 얻을 수 있는 '마이혜택' 등이 있다. 마이자산에서는 계좌별 잔액, 수익률, 만기 등 자산의 세부 내역과 증감을 한눈에 확인할 수 있다. 현재는 금융자산 서비스만 확인 가능하나 향후 KB금융그룹 계열사와 연계한 자동차, 부동산 자산 조회 서비스가 추가될 예정이다.

마이보험에서는 가입한 보험의 종류와 보험료를 한눈에 보여주고, 편리한 보험금 청구 서비스를 제공한다. KB손해보험 마이데이터 서비스를 이용하면 전체 보험사의 실손보험을 청구할 수 있다. KB손해보험은 올 하반기 KB금융 보험계열사(KB생명·푸르덴셜생명)에 대해 한 회사에만 접수해도 통합적으로 보험청구가 되는 서비스를 오픈할 예정이다.

마이데이터 프라이버시 침해 우려 여전
한편, 올해 1월부터 마이데이터 서비스가 출범함에 따라 개인 정보 보안 이슈에 대한 경각심도 커

지고 있다. 앞서 하나금융은 마이데이터 서비스에서 본인이 아닌 타인 정보가 조회된 사고가 있었고 네이버 파이낸셜은 내 자산 서비스를 마이데이터 서비스로 전환하는 과정에서 개인 자산 정보가 타인에게 노출되기도 했다.

금융 당국은 정보 제공자의 주민등록번호를 ▪**연계정보(CI)** 형태로 **표준화된 전산 처리**(API, Application Programming Interface) 방식을 통해 공공 기관이나 기업 등 마이데이터 사업자에게 제공할 수 있도록 했는데 CI를 역추적해 주민등록번호와 1 대 1로 맵핑하면 개인을 특정할 수 있어 CI가 프라이버시를 침해한다는 주장이 나온다.

▪ **마이데이터 (MyData)**

마이데이터는 금융뿐만 아니라 관공서, 병원, 커머스 등 여러 기관에 흩어진 개인 정보도 개인이 동의한다면 제3의 업체에 전달해 새로운 서비스를 받을 수 있도록 하는 사업이다. 개인이 행정, 금융거래, 의료, 통신, 교육 등의 서비스를 이용하면서 만들어진 정보에 대하여 정보주체가 접근하고, 저장하고, 활용하는 등의 능동적인 의사결정을 하는 서비스로서 정보주체가 개인정보를 본인 또는 제3자에게 전송 요구할 수 있도록 함으로써 신용평가, 자산관리, 건강관리 등 데이터 기반 서비스에 주도적으로 활용하게 한다.

▪ **연계정보 (CI, Connecting Information)**

연계정보(CI)는 정보통신서비스 제공자의 온·오프라인 서비스 연계를 위해 본인확인기관이 이용자의 주민등록번호와 본인확인기관 간 공유비밀정보를 이용해 생성한 정보다. 즉 주민등록번호 수집과 이용을 최소화하기 위한 대안으로, 주민등록번호와 1 대 1로 매칭돼 만들어진 암호화된 고유번호를 말한다.

기출TIP 2021년 뉴스1 필기시험에서 마이데이터를 묻는 문제가 출제됐다.

분야별
최신상식

스포츠
엔터

새역사 쓴 최민정,
쇼트트랙 세계선수권 4관왕 쾌거

■ 2022 베이징 동계올림픽
(2022 Beijing Olympic
Winter Games)
2022 베이징 동계올림픽은
2022년 2월 4일부터 2월 20
일까지 중국 베이징에서 열린
제24회 동계올림픽이다. 우리
나라는 금2, 은5, 동2를 획득
해 종합 14위를 기록했다. 한편,
다음 동계올림픽인 제25회 동
계올림픽은 2026년에 이탈리
아 밀라노·코르티나담페초에서
열린다. 제26회 동계올림픽 개
최 예정지는 아직 확정되지 않
았으며, 개최 도시 후보로 캐나
다, 일본, 스페인, 미국 등이 거
론되고 있다.

기출TIP 각종 상식시험에서 올림
픽 개최 예정지를 묻는 문제가 자
주 출제된다.

전이경·진선유 넘어서

지난 ▪2022 베이징 동계올림픽에서 금메달을 획득한 한국 쇼트트랙 간판 최민정이 ▪세계선수권대회에서 4관왕을 차지했다. 지난 4월 11일 캐나다에서 열린 2022 국제빙상경기연맹(ISU) 쇼트트랙 세계선수권대회에서 최민정은 **여자부 1500m·1000m·3000m 슈퍼 파이널·3000m 계주에서 금메달을 휩쓸며 종합 우승**을 차지했다. 최민정이 이번 대회에서 금메달을 획득하지 못한 종목은 여자 500m뿐이다.

1년에 한 번 열리는 세계선수권대회는 올림픽 다음으로 규모가 큰 대회다. 2015년, 2016년, 2018년에 이어 4번째로 세계선수권대회에서 우승한 최민정은 전이경(1995년·1996년·1997년)과 진선유(2005년·2006년·2007년)가 보유 중이던 한국 여자 선수 세계선수권대회 최다 종합 우승 기록도 갈아치우며 쇼트트랙의 새로운 역사를 썼다.

계주 금메달은 심석희와 합작

최민정은 계주에서 최근 징계를 마치고 대표팀에 합류한 심석희와 함께 뛰어 금메달을 획득했다. 계주 경기 당시 한국은 심석희가 이탈리아 선수와

계를 마친 심석희가 대표팀에 복귀하자, 최민정은 진천선수촌 입촌을 앞두고 대한빙상경기연맹에 공문을 보내 심석희와 접촉이 발생하지 않도록 해달라고 요청할 정도로 극심한 스트레스를 받은 것으로 알려졌다.

남자 계주도 금메달...이준서는 개인전 종합 3위

한편, 이번 대회에서 남자부는 이준서가 남자 1000m와 남자 3000m 슈퍼파이널에서 각각 은메달을 차지하면서 랭킹 포인트 55점으로 종합 3위를 차지했다. 곽윤기는 남자 1000m에서 동메달을 획득했다.

이준서·곽윤기·한승수·박인욱이 뛴 남자 5000m 계주 결승에서는 네덜란드, 캐나다를 제치고 우승했다. 한편, 최민정과 이준서는 이번 세계선수권대회에서 거둔 성적으로 차기 시즌 국가대표 선발이 확정됐다. **세계선수권대회에서 가장 높은 순위를 거둔 남녀 선수 한 명씩을 대표 선발전 결과와 관계없이 차기 시즌 국가대표로 선발**한다.

부딪히면서 큰 차이로 뒤로 밀렸지만, 마지막 주자로 나선 최민정이 경이로운 속도로 거리를 좁히며 앞선 팀을 바짝 따라붙었다.

최민정은 이어 마지막 곡선 주로에서 아웃코스로 빠져나온 뒤, 온 힘으로 내달려 캐나다와 네덜란드를 제쳤다. 최민정이 1위로 결승선을 통과하자 캐나다의 마지막 주자였던 킴 부탱선수가 머리를 감싸며 입을 다물지 못할 정도로 놀라운 속도였다.

한편, 최민정은 지난해 심석희와 관련한 논란으로 큰 충격을 받았다. 대표팀 선배 심석희가 2018 평창 동계올림픽 당시 사적 메시지를 통해 자신을 험담하고 욕설한 사실이 뒤늦게 드러났기 때문이다. 특히 **심석희는 올림픽 당시 최민정의 메달 획득을 방해할 목적의 고의 충돌을 의심케 하는 메시지를 대표팀 코치와 주고받기도 했다.**

심석희는 해당 논란으로 대한빙상경기연맹으로부터 선수자격 2개월 정지 중징계를 받아 2022 베이징 동계올림픽에 출전하지 못했다. 최근 징

■ **세계선수권대회 (世界選手權大會)**

세계선수권대회는 스포츠 분야에서 세계 각국의 선수가 모여 챔피언을 결정하는 대회다. 대회의 이름은 보통 경기 종목에 따라 정해지는데, 세계 쇼트트랙 선수권대회, 세계 피겨스케이팅 선수권대회 등과 같은 식이다. 집행 예산과 시청자 수 등을 고려했을 때, 다양한 세계선수권대회 중 세계 육상 선수권대회를 가장 크고 영향력 있는 대회로 손꼽는다.

> **POINT 세 줄 요약**
>
> ❶ 한국 쇼트트랙 간판 최민정이 세계선수권대회에서 4관왕을 차지했다.
>
> ❷ 최민정은 계주에서 최근 징계를 마치고 대표팀에 합류한 심석희와 함께 뛰어 금메달을 획득했다
>
> ❸ 최민정과 이준서는 이번 세계선수권대회에서 거둔 성적으로 차기 시즌 국가대표 선발이 확정됐다.

톱스타 커플 현빈·손예진 결혼...
외신도 주목

▲ 3월 31일 결혼식을 올린 배우 현빈·손예진 커플 (자료 : VAST엔터테인먼트)

톱스타 현빈과 손예진이 화촉을 밝히며 국내외 팬과 매체의 관심을 받았다. 두 사람은 3월 31일 오후 4시 서울 광진구 그랜드워커힐서울 애스톤하우스에서 가족과 가까운 동료들이 참석한 가운데 결혼식을 진행했다.

두 사람은 결혼식이 사생활인 만큼 비공개로 진행하겠다고 밝혔고 이에 따라 스타들의 결혼식에서 볼 수 있는 결혼 기자회견이나 하객 포토월 등은 없었다. 결혼식에서는 현빈의 절친한 친구인 배우 장동건이 축사를 맡았고 가수 거미, 김범수, 폴킴 등이 축가를 부른 것으로 알려졌다.

두 사람은 2020년 방영된 tvN 드라마 '사랑의 불시착'에 함께 출연한 후 연인 사이로 발전했고 지난 2월 결혼 계획을 발표했다. '사랑의 불시착'은 글로벌 OTT(온라인동영상서비스)를 통해 한국을 넘어 해외 시청자들의 큰 사랑을 받은 바 있다.

'사랑의 불시착'이 큰 인기를 모으며 한류 드라마 열풍을 주도했던 일본에서는 요미우리 신문, 야후 재팬 등 주요 언론과 매체에서 두 사람의 결혼 소식을 시시각각 게재했다. **중국 대형 SNS 플랫폼인 웨이보**도 결혼식 이모저모를 실시간으로 전달했다.

▌tvN 드라마 역대 시청률 순위 (2022년 2월 기준)

순위	드라마(방영 기간)	최고 시청률
1	사랑의 불시착(2019.12.~2020.02.)	21.68%
2	도깨비(2016.12.~2017.01.)	20.51%
3	응답하라1998(2015.11.~2016.01.)	18.80%
4	미스터 션샤인(2018.07.~2018.09.)	18.13%
5	철인왕후(2020.12.~2021.02.)	17.17%
6	빈센조(2021.02.~2021.05.)	14.64%
7	백일의 낭군님(2018.09.~2018.10.)	14.41%
8	슬기로운 의사생활(2020.03.~2020.05.)	14.14%
9	슬기로운 의사생활 시즌2 (2021.06.~2021.09.)	14.08%
10	시그널(2016.01.~2016.03.)	12.54%

스트레이 키즈,
미국 '빌보드 200' 정상

▲ JYP 그룹 스트레이 키즈 (스트레이 키즈 홈페이지 캡처)

그룹 스트레이 키즈(Stray Kids)가 미국 **▪빌보드**의 메인 앨범 차트인 '빌보드 200' 차트 정상에 오르며 K팝 역사에 또 한 번 기록을 썼다. 3월

29일 빌보드가 공식 SNS 채널을 통해 발표한 내용에 따르면 스트레이 키즈의 미니음반 '오디너리'(ODDINARY)는 4월 2일 자 '빌보드 200' 차트에서 1위를 차지했다.

'빌보드 200'은 실물 앨범 등 전통적 앨범 판매량에 스트리밍 횟수를 앨범 판매량으로 환산한 수치, 디지털음원 다운로드 횟수를 앨범 판매량으로 환산한 수치를 합산해 순위를 낸다. **K팝 아티스트가 이 차트에서 1위에 오른 건 방탄소년단**(BTS), **슈퍼엠**(SuperM)**에 이어 세 번째**다.

스트레이 키즈의 '오디너리'는 '이상한'이라는 의미의 '오드'(Odd)와 '평범한'이라는 뜻의 '오디너리'(Ordinary)를 합친 말로, 평범한 우리도 모두 이상한 면을 지니고 있다는 메시지를 담은 미니 음반이다. 스트레이 키즈는 지난 3월 18일 발표한 이 음반으로 데뷔 4년 만에 '빌보드 200' 차트에 처음 입성하면서 바로 정상에 오르는 영광을 안았다.

빌보드가 음악 판매 데이터 제공사 'MRC 데이터' 자료를 바탕으로 발표한 내용에 따르면 '오디너리' 음반은 발매 이후 한 주간 10만3000장이 팔려 올해 발매된 음반 가운데 가장 큰 판매량을 기록했다. 또 아이튠즈의 월드와이드 앨범 차트 1위에 오른 것은 물론, 미국·호주·일본 등 해외 56개 지역 및 국가 아이튠즈 앨범 차트 정상을 차지하기도 했다.

2018년 데뷔한 스트레이 키즈는 강렬한 퍼포먼스와 색이 뚜렷한 음악으로 주목받아왔다. 빌보드가 선정한 '2018년 주목할 K팝 아티스트 톱(TOP) 5'에 이름을 올렸던 이들은 지난해 6월 발매한 디지털 싱글 '믹스테이프 : 애'로 '월드 디지털 송 세일즈' 차트 정상에 오른 바 있다. 데뷔 후 첫 '밀리언셀러' 기록을 세웠던 이 음반은 빌보드 히트시커스 앨범 4위, 월드 앨범 5위 등을 차지했으며 타이틀곡 '소리꾼'이 월드 디지털 송 세일즈 3위에 오르기도 했다.

■ **빌보드 (Billboard)**

빌보드는 미국의 음악 잡지를 말하며, 빌보드에서 매주 싱글과 앨범 성적을 합산해 발표하는 것을 빌보드 차트라 한다. 빌보드는 대중음악의 각종 장르를 세분화하여 매주 35가지 차트를 발표하는데, 모든 싱글을 대상으로 하는 '더 빌보드 핫 100'(The Billboard Hot 100), 모든 앨범을 대상으로 하는 '더 빌보드 200'(The Billboard 200)이 대표적이다.

벤투호,
카타르 월드컵서 포르투갈과 한 조

한국 축구대표팀이 2022 국제축구연맹(FIFA) 카타르 월드컵에서 포르투갈, 우루과이, 가나와 16강 진출을 다투게 됐다. 우리나라는 4월 2일 오전(국내시간) 카타르 도하의 전시·컨벤션센터에서 열린 카타르 월드컵 조 추첨식에서 포르투갈, 가나, 우루과이와 H조에 속했다.

22번째 FIFA 월드컵인 올해 대회는 오는 11월 21일부터 12월 18일까지 카타르의 8개 경기장에서 개최된다. **월드컵이 11월에 개막하는 것은 물론 서아시아, 아랍 국가에서 개최되는 것도 처음이다.**

FIFA 랭킹 29위로 조 추첨에서 3번 포트에 배정됐던 한국으로서는 어느 한 팀 만만한 상대는 없지만 그래도 최악은 피한 조 편성이라는 평가가 나온다. 1포트의 포르투갈은 세대교체가 이루어지면서 강력한 공격력을 자랑하지만 우루과이, 가나는 해볼 만한 상대다.

우루과이는 남미 예선에서 3위로 진출했지만 승점 28점으로 2위 아르헨티나에 무려 11점 차로 뒤지며 상대적으로 경쟁력이 떨어졌다. 가나는 지난 1월 열린 아프리카 네이션스컵 조별리그에서 탈락한 뒤 플레이오프 끝에 힘겹게 본선에 진출했다. 피파 랭킹도 60위로 본선행이 확정된 4포트 팀에서 가장 낮다.

파울루 벤투(포르투갈) 감독이 이끄는 한국 대표팀은 아시아 지역 최종예선에서 승점 23(7승 2무 1패)으로 이란(승점 25·8승 1무 1패)에 이은 A조 2위를 차지하고 카타르행 티켓을 손에 넣었다. **1986년 멕시코 대회부터 10회 연속이자 통산 11번째 월드컵 본선 무대에** 오르는 우리나라는 원정 대회 사상 처음으로 16강에 오른 2010년 남아프리카공화국 대회 이후 12년 만의 16강 진출에 도전한다.

▌2022 카타르 월드컵 조 추첨 결과

그룹 A	▲카타르(개최국·51위) ▲네덜란드(10위) ▲세네갈(20위) ▲에콰도르(46위)
그룹 B	▲잉글랜드(5위) ▲미국(15위) ▲이란(21위) ▲유럽 플레이오프 승자
그룹 C	▲아르헨티나(4위) ▲멕시코(9위) ▲폴란드(26위) ▲사우디아라비아(49위)
그룹 D	▲프랑스(3위) ▲덴마크(11위) ▲튀니지(35위) ▲아시아-남미 플레이오프 승자
그룹 E	▲스페인(7위) ▲독일(12위) ▲일본(23위) ▲북중미-오세아니아 플레이오프 승자
그룹 F	▲벨기에(2위) ▲크로아티아(16위) ▲모로코(24위) ▲캐나다(38위)
그룹 G	▲브라질(1위) ▲스위스(14위) ▲세르비아(25위) ▲카메룬(37위)
그룹 H	▲포르투갈(8위) ▲우루과이(13위) ▲한국(29위) ▲가나(60위)

SSG 폰트, 미완의 9이닝 퍼펙트 게임

▲ SSG 투수 윌머 폰트 (자료 : SSG 랜더스)

한국 프로야구 40년 역사상 처음으로 9회 퍼펙트 피칭이 나왔지만 ▪**퍼펙트 게임**으로 인정받지는 못했다. 영광이자 불운의 주인공은 SSG **랜더스의 2년 차 외국인 투수 윌머 폰트**였다. 폰트는 4월 2일 창원 NC파크에서 NC와의 개막전에서 9이닝 동안 단 한 명의 출루도 허용하지 않는 퍼펙트 피칭을 펼쳤다.

그러나 퍼펙트 게임으로 공인받지 못했다. SSG가 9회까지 득점이 없다가 뒤늦게 연장 10회 초

4득점을 올렸지만 폰트는 10회 말에 등판하지 않았기 때문이다. 결국 퍼펙트 게임이 아닌 9이닝 퍼펙트 피칭에 머물고 말았다. 폰트는 대기록에 도전할 수 있었지만 9이닝을 끝으로 마운드에서 교체됐다.

김원형 SSG 감독은 폰트의 퍼펙트 게임이 무산된 것에 대해 "팬들께 죄송하지만 냉정한 판단을 해야했다"고 말했다. 팀당 144경기를 해야 하는 대장정에서 개막전부터 1선발 투수에게 무리한 투구를 시킬 수 없었다는 뜻이다. 폰트는 이날 투구 수 104개를 기록했는데 개막 첫 등판에 100개 이상을 던지는 경우도 드물다.

실제로 대기록을 위해 무리한 투구를 했다가 페이스를 잃고 선수 생명이 단축되는 사례도 있다. 2015년 두산 투수 유네스키 마야는 136구를 던지며 노히트노런을 달성했지만 이후 깊은 부진에 빠져 퇴출됐다.

■ **퍼펙트 게임 (perfect game)**
퍼펙트 게임은 한 투수가 9이닝 이상 상대팀 타자를 한 명도 누상에 내보내지 않고 승리를 따내며 마무리 짓는 완전무결한 경기다. 안타나 볼넷, 실책 등을 하나도 허용하지 않아야 하고 승리로 경기를 마쳐야 하므로 투수의 실력은 기본이고 수비의 도움과 행운, 팀의 득점까지 맞물려야 가능한 대기록이다. 퍼펙트 게임은 140여 년 역사를 자랑하는 메이저리그에서도 23번밖에 나오지 않았다. 한국 프로야구 1군에서는 40여 년간 한 번도 나오지 않았는데 아무리 어려운 기록이라도 미국, 일본 프로야구에서는 5~6년에 한 차례 정도는 나왔다는 점에서 아쉬워하는 한국 야구팬들이 많다.

➕ **노히트노런 (no hit no run)**
노히트노런은 한 투수가 무안타·무실점으로 승리를 마무리 짓는 경기를 말한다. 투수가 한 경기에서 단 한 번의 진루도 허용하지 않고 승리하는 퍼펙트 게임과

달리 노히트노런은 볼넷이나 실책, 몸에 맞는 공, 스트라이크 낫 아웃(투 스트라이크 이후 3번째 스트라이크가 된 공을 포수가 잡지 못하거나 빠뜨릴 경우 타자가 1루로 뛸 권리가 생기는 야구 규칙) 등 안타 이외의 출루는 허용한다. 미국에서는 9이닝을 던지고 안타를 한 개도 허용하지 않으면 노히트노런으로 인정하지만 한국과 일본에서는 안타를 허용하지 않는 것은 물론이고 상대 팀에 한 점도 주지 않고 승리해야 노히트노런을 인정해준다는 차이가 있다.

타이거 우즈 1년 4개월 만에 전격 복귀...마스터스 출전

▲ 타이거 우즈

지난 2020년 11월 마스터스 이후 필드에 서지 않았던 전설적인 골프 선수 타이거 우즈가 복귀한다. 지난해 차량 전복 사고로 다리 수술을 받아 다리 부상을 입은 후 1년 4개월 만에 필드에 복귀한 것이다. 우즈가 지난해 12월 가족 대항 이벤트 대회인 PNC 챔피언십에 아들과 함께 출전한 바가 있기는 하지만, 그때는 코스에서 카트를 탔다.

우즈는 지난해 2월 운전 중 큰 사고를 겪어 오른

쪽 다리에 복합 골절상을 입어 선수 생활에 크나 큰 위기를 맞았다. 부상 정도가 심해 한때 절단설까지 나올 정도였지만, 다행스럽게도 성공적인 재활 끝에 건강을 회복해 예상보다 빨리 컨디션을 끌어 올렸고, 마침내 다시 미국프로골프(PGA) 투어 무대에 서게 됐다.

우즈는 미국 조지아주 오거스타의 오거스타 내셔널 골프클럽(파72)에서 열리는 PGA투어 시즌 첫 번째 메이저대회인 마스터스 골프 대회에 출전한다고 4월 6일 밝혔다. 우즈는 "현재 경기에 출전할 수 있을 것 같다"라고 말했다.

골프 메이저 대회 중 마스터스는 우즈의 복귀 무대로 진작부터 예상된 곳이다. 우즈는 1997년 마스터스에서 처음 메이저대회 우승을 한 등 인연이 깊은 곳이기 때문이다. 우즈의 메이저대회 15승 가운데 5승이 마스터스에서 나오기도 했다.

부상을 딛고 1년 4개월 만에 복귀하는 우즈는 대회 출전에 의의를 둘 뿐만 아니라 우승까지 노린다는 각오를 밝혔다. 우즈는 "이길 수 있다고 생각했기 때문에 복귀했다"며 "나는 경쟁을 좋아하고, 여전히 최고 수준에서 경쟁할 수 있다면 당연히 할 것"이라고 말했다.

돌아온 우즈는 4월 11일 미 조지아주 오거스타 내셔널 골프클럽(파7)에서 열린 마스터스 최종 라운드에서 최종 합계 13오버파 301타로 공동 47위로 대회를 마지막 뜨거운 환호를 받았다. 우승은 **세계 1위 스코티 셰플러**가 차지했다.

만약 우즈가 이번 마스터스에서 우승했다면 잭 니클라우스의 통산 최다 우승 기록 6승과 나란히

위치하게 되고, 니클라우스가 가진 최고령 우승 기록(46세 2개월 24일)은 갈아치울 수 있었다.

▌ 남녀 골프 메이저 대회

구분	대회
남자	▲마스터스 ▲PGA 챔피언십 ▲US 오픈 ▲디 오픈 챔피언십
여자	▲더 셰브론 챔피언십 ▲US 여자 오픈 ▲KPMG 위민스 PGA 챔피언십 ▲AIG 위민스 오픈(이상 4대 메이저대회) ▲아문디 에비앙 챔피언십

기출TIP 각종 상식시험에 남녀 골프 메이저대회가 아닌 것을 고르라는 문제가 가끔 출제된다.

허구연, 야구인 최초 KBO 총재 선출...한국야구 이끈다

▲ 허구연(오른쪽) KBO 총재 (자료 : KBO)

허구연 MBC 해설위원이 야구인 최초로 한국야구위원회(**"KBO**) 수장이 됐다. 이전까지 KBO 총재를 역임한 14명은 모두 정치인 또는 기업인이었다. KBO는 3월 25일 서면 표결을 통해 구단주총회 만장일치로 허구연 위원을 제24대 총재로 선출했다고 밝혔다.

지난 2월 8일 정지택 전 총재가 임기 3년 중 1년여 만에 중도 사퇴하면서 KBO 총재는 공석이 됐

다. 이후 허구연 총재가 후보로 추대되자, 프로 야구선수협회와 일구회 등 야구계는 환영했고 KBO 최고 의결 기구인 구단주 모임, 총회에서도 만장일치로 허구연 총재를 지지했다.

KBO는 프로야구 출범 40주년을 맞은 올해 야 구인 총재를 수장으로 맞이하게 됐다. 허구연 신 임 총재는 정통 야구인으로 프로야구 출범 전인 1970년대 실업팀 상업은행, 한일은행에서 선수 생활을 했고, 프로야구 원년인 1982년 MBC 해 설위원으로 변신했다.

1985년에는 35세 나이로 역대 최연소 프로야구 감독(청보 핀토스)에 올랐다. 하지만 성적 부진으 로 중도 해임됐다. 이후 1987년 롯데 자이언츠 코치, 1990년 미국프로야구 토론토 블루제이스 코치로 활동하기도 했다. 1991년에는 방송에 복 귀해 최근까지 해설위원으로 활약했다.

2005년 규칙위원장, 2007년 기술위원회 부위원 장, 2009년 야구발전위원회 위원장, 2018년 총 재 고문 등 KBO 행정 경험도 많다. 또한 그간 야 구 인프라 확대 등 다양한 이슈에서 목소리를 내 프로야구 40주년을 맞아 '일하는 총재'가 될 거 라는 기대도 나온다. 허구연 총재는 정지택 전 총재가 남긴 임기 동안 KBO를 이끈다. 임기는 2023년 12월 31일까지다.

▪ KBO (Korea Baseball Organization)

KBO(한국야구위원회)는 한국 프로야구단을 관리하고 통괄하 는 기구다. 1981년 한국프로야구위원회(KPBC) 창립총회와 함께 프로야구 시대의 개막을 열었고 1982년 1월 15일 첫 구단주 회의에서 한국야구위원회(KBO)로 이름을 바꿨다. 주요 활동은 ▲KBO 리그 관리, 통괄 ▲KBO 정규시즌, KBO 올스타전, KBO 포스트시즌, KBO 한국시리즈 주최 ▲야구경

기 기록, 관련 자료의 수집과 조사 및 분석 ▲국제 야구활동 교류 추진 ▲아마추어 야구의 발전을 위한 제반 지원활동 ▲ TV 및 라디오 방송중계권 계약활동 ▲야구기술의 개발 및 지 도 보급 등이 있다.

BTS, 라스베이거스 보랏빛으로 물들여

세계적인 그룹 방탄소년단(BTS)이 라스베이거스 를 BTS의 상징색인 보랏빛으로 물들였다. BTS 는 지난 4월 9일 오후 7시 30분(현지시간) 미국 라스베이거스 얼리전트 스타디움에서 'BTS 퍼미 션 투 댄스 온 스테이지-라스베이거스' 투어 공 연을 펼쳤다.

이날 'ON'을 시작으로 'DNA', '피 땀 눈물' 등의 히트곡이 이어지자 거리두기 없이 스타디움의 5만여 석을 꽉 채운 **아미**(ARMY : BTS의 팬클럽 명 칭)는 열렬히 환호했다. BTS 멤버가 "라스베이거 스 관객분들의 텐션이 높다"고 외치자 열기는 한 층 고조됐다.

라스베이거스가 세계 엔터테인먼트의 수도로 일 컬어지는 만큼, 높은 콧대를 자랑하는 라스베이

거스관광청은 공식 트위터 계정 이름을 '보라해거스(BORAHAEGAS)'로 바꾸며 방탄소년단의 방문을 반겼다.

보라해거스는 방탄소년단 팬클럽인 아미가 쓰는 말 '보라해'와 라스베이거스의 합성어다. 보라색 배경에 흰색 영문으로 보라해거스라고 적힌 전광판이 시내 곳곳에서 빛을 비추며 라스베이거스 전체가 보랏빛 물결로 가득하기도 했다.

한편, BTS는 라스베이거스 콘서트를 마친 뒤 잠시 휴식을 취하고 다음 행보를 이어간다. **BTS는 오는 5월 열리는 빌보드 뮤직 어워드에서 톱 듀오·그룹, 톱 송 세일즈 아티스트, 톱 셀링 송 등 6개 부문에 7개 수상 후보**로 올랐다.

청탁금지법 위반 논란
한편, **BTS의 라스베이거스 공연을 취재하러 간 기자 100여 명의 비용을 BTS의 소속사 하이브가 지원한 것을 두고 청탁금지법 위반 이슈가 논란**이 됐다. 하이브는 BTS의 라스베이거스 공연에 기자 100여 명을 초청하고 항공권, 공연장 이동에 필요한 비용, 숙박, 식사, 현지 코로나 검사 비용 등을 제공한 것으로 알려졌다.

국민권익위원회는 "언론사 기자와 임직원이 해외 취재차 출장을 가는 경우 항공료, 숙박비 등 관련 비용은 자비 부담이 원칙"이라며 "초청 회사가 부담할 경우 청탁금지법 위반으로 처벌받을 수 있다"고 밝혔다.

이에 하이브 측은 "법무팀 자문을 마친 사안으로 국민권익위 측에 문의를 했고 답변을 받은 상황"이라며 문제가 없다고 반박했다. "공식적 행사에서 통상적 범위 내에 일률적 제공하는 것은 청탁금지법 위반이 아니다"라는 입장이다.

➕ BTS 병역특례 논란 급물살 타나

BTS의 병역특례 논란이 다시 수면 위로 떠올랐다. 지난 4월 2일 안철수 대통령직인수위원회 위원장이 BTS의 소속사인 하이브를 방문하면서 관심을 모았고, 하이브도 BTS의 병역 문제와 관련해 조속한 결론을 내달라면서 입장을 밝히면서다.

현행 병역법은 국위 선양과 문화창달에 기여한 '순수 예술인'과 '체육인'만 병역특례 대상으로 인정하고 있으며, BTS와 같은 '대중 예술인'은 포함돼 있지 않다. 하지만 BTS가 국익에 기여하는 바를 고려했을 때 BTS에게 병역특례를 줘야 한다는 여론이 생겨났다.

그러나 반대 입장도 만만치 않다. 형평성 문제가 크기 때문이다. 가령 한류 열풍을 이끌었다는 점을 병역 특례로 든다면, 최근 전 세계를 휩쓴 '오징어 게임' 출연자부터 e-스포츠인 LOL(리그 오브 레전드) 월드챔피언십 수상자도 모두 적용 대상이 돼야 하는 것이 아니냐는 지적이다.

이 가운데 여야가 대중문화예술인에게도 다른 문화예술인처럼 대체복무를 허용하는 내용의 병역법 개정 처리에 나설 것으로 전망되며, BTS 병역특례 관련 법 개정안이 급물살을 타 국회 문턱을 넘을지 귀추가 주목된다. 한편, 대통령직인수위원회는 BTS의 병역특례 관련 사안이 국회 입법 사항이라며 관련 논란에 거리를 뒀다.

'팀 킴' 컬링 세계선수권 준우승

여자 ▪**컬링** 국가대표팀 '팀 킴'이 2022 세계컬링연맹(WCF) 세계 여자선수권대회 결승전에서 스위스에 패해 준우승했다. **김은정**(스킵), **김선영**(리드), **김경애**(서드), **김초희**(세컨드), **김영미**(후보·이

상 강릉시청)로 구성된 팀 킴은 3월 28일 캐나다 프린스 조지에서 열린 2022 여자 컬링 세계선수권대회 결승전에서 스위스의 팀 티린초니에 6 대 7로 패했다.

팀 킴은 한국 컬링 사상 최초로 세계선수권 결승해 진출해 역대 세계선수권 최고 성적인 준우승을 차지하며 한국 컬링의 새 역사를 써냈다.

지난 2월 베이징 동계올림픽에서 8위로 예선 탈락하며 올림픽 2연속 메달 획득에 실패한 아쉬움도 털어냈다. 이전 여자 컬링 세계선수권 최고 성적은 2019년 세계선수권에서 춘천시청의 '팀 민지'가 기록한 3위다.

이날 팀 킴은 2엔드에서 3점을 내준 뒤 줄곧 추격하는 경기를 했다. 1~2점 차로 따라가던 팀 킴은 9엔드에서 1점을 얻어내 극적으로 6 대 6 동점에 성공했다.

마지막 10엔드에서 1점을 내주고 6 대 7로 경기를 마무리했다. 스위스 팀 티린초니는 예선부터 한 경기도 지지 않고 14연승으로 우승까지 일궈냈다. 2020년 대회부터 3연속 세계선수권 우승도 지켜냈다.

■ 컬링 (curling)

컬링은 4인으로 구성된 두 팀이 얼음 경기장 위에서 넓적한 스톤(stone)을 표적을 향해 미끄러뜨려 득점을 겨루는 겨울 스포츠이다. 먼저 각 팀이 번갈아 가면서 하우스(house)라 불리는 원 속의 표적을 향해 스톤을 미끄러뜨린다. 이때 두 명의 스위퍼(sweeper)가 스톤의 이동 경로를 따라 함께 움직이면서 브룸(broom)이라 불리는 솔을 이용해 스톤의 진로를 조절하며 스톤이 목표 지점에 최대한 가깝게 멈추도록 센터라인을 닦는다. 이를 통해 마지막에 스톤을 하우스에 얼마나 가깝게 멈추었는가로 득점을 계산하게 된다. 스톤의 위치 선정과 경로 선택에 매우 복잡한 전략과 사고가 필요하기 때문에 '얼음 위의 체스'라고도 불린다.

➕ 컬링 포지션

컬링은 4명이 한 팀으로 경기를 한다. 던지는 순서에 따라 리드, 세컨드, 서드, 포스로 나뉜다. 또한 주장과 부주장에 해당하는 스킵과 바이스 스킵이 있다. 게임 특성상 나중에 던지는 선수일수록 비중이 높아져 보통 스킵은 포스를 맡는다. 그리고 유사시에 대비해 엔트리에는 보통 5번째 선수까지 포함시킨다.

- 스킵(Skip) : 주장. 전략을 세우고 작전을 지시
- 바이스 스킵(Vice Skip) : 부주장. 스킵이 던지는 마지막 투구에서 바이스 스킵이 스킵 역할을 맡아 속도와 방향 지시
- 리드(Lead) : 첫 번째(제1·2스톤)로 던지는 선수
- 세컨드(Second) : 두 번째(제3·4스톤)로 던지는 선수
- 서드(Third) : 세 번째(제5·6스톤)로 던지는 선수
- 포스(Fourth) : 네 번째(제7·8스톤)로 던지는 선수
- 핍스(Fifth) : 유사시에 대비한 후보 선수

분야별
최신상식

인물
용어

바르나후스
barnahaus

바르나후스란 스웨덴어로 아동·유아란 뜻의 바르나(barna)와 집(haus)의 합성어로서 성적·신체적 학대 피해를 입은 아동·청소년을 지원하는 제도이다. 피해 아동·청소년에게 사법·복지·보건 등 모든 필요한 서비스를 아동 친화적인 환경을 갖춘 바르나후스에서 제공하는 것이다. 피해자가 여기저기 불려다니며 낯선 환경에서 피해를 반복해 진술·회상해야 하는 2차 피해를 겪지 않도록 도입된 모델이다.

지난해 헌법재판소가 19세 미만 성폭력 범죄 피해자의 진술이 수록된 영상물을 재판에서 곧바로 증거로 쓸 수 있도록 한 성폭력범죄의 처벌 등에 관한 특례법 조항이 위헌이라는 결정을 내리면서 미성년 성폭력피해자들은 법정에 출석해 진술하는 것이 불가피해졌다. 이 때문에 수사와 재판 과정에서 미성년 피해자들이 피해 경험을 반복 진술하지 않도록 바르나후스 모델을 도입해야 한다는 주장이 나왔다. 여성가족부와 법원행정처는 **여가부 산하 해바라기센터에서 한국판 바르나후스인 영상증인신문 시범사업을 추진한다**고 4월 6일 밝혔다.

시범사업이 시행되면 16세 미만 아동·청소년 피해자 중 영상증인신문 희망자는 법정에 나가지 않고 해바라기센터에서 비디오 등 중계 장치를 활용해 증언할 수 있게 된다.

라게브리오
Lagevrio

라게브리오는 **미국 제약업체 머크(Merck)사에서 개발한 먹는 코로나19 치료제**다. 고위험군 경증·중등증 환자가 직접 복용 가능한 캡슐 제형이며 성분명은 몰누피라비르이다. 식품의약품안전처는 지난 3월 23일 라게브리오에 대한 긴급사용 승인을 결정했다. 라게브리오는 화이자의 팍스로비드에 이어 국내에 두 번째로 도입된 코로나19 먹는 치료제다. 라게브리오 캡슐은 리보핵산(RNA) 유사체로, 코로나19 바이러스의 복제과정에서 리보핵산 대신 삽입되어 바이러스 사멸을 유도한다.

복용법은 하루에 800mg(200mg 4캡슐)씩 2회(12시간마다) 5일간 복용하는 것이며, 코로나19 양성 진단을 받고 증상이 발현된 후 5일 이내에 가능한 한 빨리 투여한다. 투여 대상은 코로나19 증상이 나타난 지 5일 이내인 60세 이상 환자, 40세 이상 기저질환자, 면역저하자 중 주사형이나 팍스로비드 등 기존 치료제 사용이 어려운 환자다. 임신부나 만 18세 미만 소아·청소년 환자는 투약 대상에서 제외된다.

에코사이드
ecocide

에코사이드(생태살해)는 **환경(echo)과 집단 학살을 뜻하는 '제노사이드(genocide)'의 합성어로, 자연환경을 대규모로 파괴하는 행위**를 말한다. 미국 생명윤리학자인 아서 갤스턴이 베트남에서 일어난 사건을 계기로 자연환경 파괴 행위를 에코사이드라 명명했다. 베트남 전쟁(1960~1975) 당시 미군이 랜치 핸드(ranch hand)라는 작전명으로 베트남에 제초제인 고엽제를 대량 살포한 이후 베트남 전체 산림의 5분의 1 이상이 사라졌고, 직접 피해로 약 40만 명이 사망, 15만 명의 기형아가 태어났다.

현재 에코사이드는 전쟁에서의 고의적 환경파괴를 넘어 대규모 환경파괴를 지칭하는 의미로 사용된다. 한편 전 세계적으로 기후위기에 대한 경각심이 높아지면서 생태계를 파괴하는 행위를 국제범죄화해야 한다는 목소리가 나오고 있다. **국제형사재판소(ICC)가 형사 처벌하는 국제범죄는 ▲집단 학살 ▲전쟁 범죄 ▲반인도적 범죄 ▲침략 범죄**로 4가지인데, 최근 들어 에코사이드를 다섯 번째 범죄로 추가하자는 움직임이 일고 있다.

3GPP
3rd Generation Partnership Project

3GPP는 전 세계 이동통신 표준을 제정하는 국제 이동통신 표준화 협력기구다. 무선 접속망, 핵심 전송망, 서비스 요건 등 이동 통신망 기술 표준을 공동 개발하고 있다. 1998년 유럽전기통신표준협회(ETSI)를 중심으로 한국정보통신기술협회(TTA)와 미국(ATIS), 중국(CCSA), 일본(ARIB, TTC)이 공동으로 창립했다. 현재 인도(TSDSI)까지 총 7개 표준화 기구가 참여하고 있다. 3G 표준 규격인 WCDMA(광대역 코드분할 다중접속)도 이곳에서 정해졌다. 참여 표준화 기관을 통해 유럽, 미주, 아시아 지역의 총 770여 개 회원사가 포함돼 있다.

최근 다양한 5G 융합 서비스를 위한 글로벌 기술 표준이 나왔다. 3월 24일 한국정보통신기술협회가 온라인으로 열린 3GPP 제95차 기술총회에서 **5G 융합 서비스를 한층 더 확장하는 신규 표준 규격인 'Release 17'**(릴리즈 17)**이 승인됐다**고 밝혔다. 릴리즈 17 표준에는 5G 특화망과 차량사물통신(V2X) 등 기존 융합 서비스의 기능 강화, 5G 사물인터넷(IoT) 기기 지원 등 신규 기능 추가, 5G 기반 위성통신 및 방송 등 서비스 확대 등 관련 표준이 포함됐다.

에너지 슈퍼스테이션
energy super station

▲ SK에너지 박미주유소 에너지 슈퍼스테이션 (자료 : SK에너지)

에너지 슈퍼스테이션이란 전기차 보급 증가에 따른 충전기 부족 문제 해소를 위해 등장한 분산형 전원 활용 차량 충전 시스템이다. **분산형 전원은 신재생에너지 자원을 이용하는 소규모 발전 설비로서, 전력 수요지 인근에서 에너지를 생산 및 저장**한다. 기존 주유소·LPG충전소에 연료전지·태양광 등 분산에너지와 전기차 충전기 등을 설치해 전기를 직접 생산할 수 있는 미래 충전인프라로 주목받고 있다.

한편, **제1호 에너지 슈퍼스테이션이 서울시 금천구에 설치**됐다. 산업통상자원부는 서울시 금천구 박미주유소(SK에너지)에 연료전지 300kW, 태양광 20kW를 설치해 전기를 직접 생산하면서 전기차 충전서비스까지 가능한 시설을 구축했다고 3월 9일 밝혔다. 이는 지난해 5월 산업부·소방청·SK에너지 간 수차례의 협의를 통해 주유소 내 연료전지 설치에 대해 규제샌드박스 실증특례를 인정받아 현실화됐다. 모빌리티 대전환시대를 맞아 에너지 슈퍼스테이션이 전기차 대응은 물론 화석연료 기반의 주유소·LPG충전소의 대응방향을 제시할 수 있을 것으로 기대된다.

어스아워
earth hour

▲ 서울의 랜드마크로 꼽히는 롯데타워가 어스아워에 맞춰 소등한 모습 (WWF 홈페이지 캡처)

어스아워란 지구를 뜻하는 어스(earth)와 시간을 의미하는 아워(hour)가 합쳐진 말로, 지구촌 전등 끄기 캠페인이다. **매년 3월 마지막 주 토요일 오후 8시 30분부터 1시간 동안 불필요한 조명 등을 소등해 전 세계의 시민들이 참여해 자연보전을 향한 연대와 의지**를 보여준다. 2007년 호주에서 시작한 세계 최대의 자연보전 캠페인으로 작년에는 190여 개 나라와 2만여 개의 랜드마크가 참여했다. 올해는 '우리가 만드는 미래(Shape Our Future)'를 주제로 3월 26일 오후 8시 30분부터 1시간 동안 진행됐다.

지난 2008년부터 어스아워에 동참한 우리나라는 올해 역시 국회의사당, 서울시청 등 정부 공공기관과 N서울타워, 숭례문, 63빌딩 등 주요 랜드마크가 소등했다. 어스아워는 1시간 동안 전등을 끄는 방법으로 쉽게 참여할 수 있지만, 그 효과는 매우 크다. 지난 2016년 어스아워를 통해 한국에서는 공공건물에서만 692만7000kWh의 전력과 3131톤의 온실가스를 감축했다. 이는 약 112만 7000그루의 어린 소나무를 심는 효과와 같다.

양자컴퓨팅
quantum computing

양자컴퓨팅은 **얽힘이나 중첩 같은 양자역학적인 현상을 활용하는 컴퓨터 이용 방식**이다. 양자역학 원리에 따라 병렬 처리가 가능한 미래형 컴퓨터로, 컴퓨터 계산력을 증폭하는 게 특징이다. 양자컴퓨팅은 전통적인 컴퓨터가 해결하지 못하는 문제를 풀 수 있는 잠재력이 있다고 평가된다. 고전적인 컴퓨터에서 자료의 양은 비트(bit)로 측정되는데 양자컴퓨터는 비트 데이터 0과 1을 동시에 처리할 수 있다. 단위는 비트가 아닌 큐비트(Qubit)다. 에너지, 화학공학, 신약 개발 등 여러 산업을 혁신하고 정보 보호를 강화할 것으로 기대된다.

세계적 기업들은 양자컴퓨팅 연구에 매진하고 있다. 국내 삼성전자와 LG전자를 비롯해 글로벌 기업 IBM, 아마존웹서비스(AWS), 마이크로소프트(MS), 구글, 인텔 등이 기술과 테스트, 서비스 개발을 추진 중이다. 우리나라는 정부 주도로 2022년부터 양자컴퓨터 구축을 본격화한다. 과학기술정보통신부는 지난 1월 '2022년도 연구개발(R&D) 사업 종합시행계획'을 통해 2024년까지 50큐비트급 국내 양자컴퓨터 시스템을 구축한다고 발표했다. 올해 R&D 비용으로는 699억원을 투입한다.

매들린 올브라이트
Madeleine Albright, 1937~2022

▲ 고(故) 매들린 올브라이트

매들린 올브라이트는 미소 냉전 종식 시점부터 빌 클린턴 행정부 시절까지 1990년대 미국의 외교·안보 정책을 진두지휘했던 외교관이자 **미국 최초의 여성 국무장관을 지낸 인물**이다. 지난 3월 23일(현지시간) 지병으로 숨졌다. 향년 84세. 올브라이트 전 장관은 1993~1997년 유엔 주재 미국 대사로 활동하다가 연이어 1997년부터 2001년까지 국무장관을 역임했다.

올브라이트 전 장관은 북대서양조약기구(NATO·나토)의 확장을 옹호하고 발칸반도에서 발생한 대량 학살을 막기 위해 동맹의 개입을 촉구해 온 인사로 통한다. 또한 핵무기 확산 억제를 추구하며 전 세계의 인권과 민주주의를 옹호한 인물이었다는 평가를 받는다. 북한과 관련해서는 2000년 10월 양국 간 적대관계 종식, 평화보장 체제 수립 등의 내용이 담긴 공동 코뮈니케(Communiqué : 정부 간 수뇌회담이나 국제회의에서 도출한 결과를 문서로 발표하는 법적 구속력이 없는 성명) 발표를 이끌었다. **미국 장관으로는 처음으로 북한 평양을 방문하는 등 핵무기의 확산을 줄이려고도 노력**했다.

김철수
金哲洙, 1933~2022

▲ 고(故) 김철수 서울대 법학전문대학원 명예교수

김철수 서울대 법학전문대학원 명예교수는 **한국 헌법학 연구의 토대를 마련한 원로 헌법학자**이다. 지난 3월 26일 지병으로 별세했다. 향년 89세. 고인은 서울대 법학과를 졸업한 뒤 독일 뮌헨 루트비히막시밀리안 대학과 미국 하버드대 대학원에서 법학을 연구했다. 1971년 서울대 법학과 대학원에서 박사 학위를 받았다. 1962년부터 1998년까지 서울대 법대 교수로 재직하며 40년 가까이 후학을 지도했다. 한국공법학회 회장, 국제헌법학회 세계학회 부회장, 헌법재판소 자문위원 등을 지냈다.

1993년 입헌주의와 법치주의 신장에 기여한 공로로 국민훈장 모란장을 받았다. 고인은 법대생의 필독서로 불리는 『헌법학개론』을 비롯해 『헌법질서서론』, 『헌법학』 등 저서와 400편이 넘는 논문을 펴냈다. 1972년 집필한 『헌법학개론』에서 박정희 정권의 유신헌법을 '현대판 군주제'라고 비판했다가 고초를 겪기도 했다. 1988년 헌법재판소 탄생은 사법부의 독립과 위헌법률 심사권 행사를 주장해온 고인의 노력이 결실을 본 사례로 평가된다. 그는 오랫동안 분권형 대통령제와 연립정부를 통해 타협과 공존의 정치문화를 만들어야 한다는 소신을 피력했다.

국제 강아지의 날
National Puppy Day

국제 강아지의 날은 **매년 3월 23일로, 지난 2006 년 미국에서 반려동물 생활을 연구하는 전문가 콜 린 페이지의 제안으로 만들어졌다.** 세계의 모든 개를 사랑하면서 보호하고, 유기견 입양 문화를 정착시키자는 목적이다. 국제 강아지의 날을 기 념해 반려견 보호자들에게 추천되는 활동은 강아 지들에게 새로운 교육을 시도하고 간식으로 보상 함으로써 흥미를 유발하는 시키는 것, 강아지들 의 피로 회복에 도움이 되는 거품 목욕 등을 해주 는 것, SNS에 #nationalpuppyday 태그를 달아 강 아지들의 사진과 동영상을 여러 사람에게 공유하 는 것 등이 있다.

한편, 동물보호단체 연합인 '1500만 반려인들'은 지난 3월 23일 '국제 강아지의 날'을 맞아 문재인 대통령에게 '개식용금지 특별법'을 선포해 달라 고 촉구했다. 이들은 이날 서울 종로구 청와대 분 수대 앞에서 성명을 내고 "토리, 마루, 찡찡이 아 빠인 문 대통령의 권한으로 개·고양이 식용금지 특별법을 선포해 달라"며 "역사에 남을 훌륭하신 인물로 등재되시길 간곡하게 부탁드린다"고 호소 했다.

C테크
Climate technology

C테크란 **탄소 배출을 효과적으로 감축하고 기후 변화에 대응·적응하는 모든 기술을 말한다.** 기후 (Climate)·**탄소**(Carbon)·**청정**(Clean)의 영어 단어 첫 글자인 'C'와 기술을 의미하는 테크(tech)를 합 친 말이다. 기후위기 대응과 친환경 기술의 중 요성이 급부상하면서 세계 주요국들이 이 분야 에 대규모로 투자하고 있다. 시장분석업체 블룸 버그 NEF의 '에너지 전환 투자 트렌드 2021'에 따르면, 미국은 1140억달러(약 141조원), 중국은 2260억달러(약 280조원), 우리나라는 130억달러 (약 16조원)를 C테크에 투입했다.

세계적인 컨설팅 회사 맥킨지&컴퍼니가 올해 공 개한 맥킨지글로벌연구소(MGI) 탄소중립 이행 보고서는 8년 뒤인 2030년, 국가온실가스감축 목표(NDC) 달성 시점에는 세계적으로 9000조 원 규모의 C테크 시장이 열릴 것으로 내다봤다. 한편, 안철수 대통령직인수위원회 위원장이 제 31차 비전코리아 국민보고대회 '위닝 포뮬러 : C 테크 레이스'에서 새로 출범하는 정부는 C테크를 주요 국정과제로 다뤄 '과학기술중심국가' 대한민 국을 만들어 가겠다고 밝혔다.

김포족

김포족이란 '김장하기를 포기하는 사람들'을 말한다. 김장은 겨우내 먹기 위해 김치를 많이 담그는 일로, 대개 늦가을과 초겨울 사이인 김장철에 1년 동안 식탁을 책임질 김치를 담그는 김장은 집마다 중요한 행사이다. 특히 **2013년 유네스코 인류무형유산으로 김장문화가 지정될 만큼 김장은 김치 종주국인 우리나라의 자랑**으로 여겨져 왔다. 하지만 최근에는 이른바 '김포족'이 늘어나는 추세다. 배추·열무 등 폭등하는 채솟값과 고된 노동 강도가 주된 이유로 꼽는다.

또한 1인 가구가 늘면서 김치를 사 먹는 게 차라리 경제적인 선택이 된 점도 김포족이 늘어나는 까닭이다. 이들은 **직접 김장을 담그는 대신 포장김치를 구입한다고 해서 '포김족'**으로도 불린다. 통계청에 따르면 지난해 10월 소비자물가에서 배춧값은 전년 동월 대비 66.0% 폭등했다. 이에 배추는 금추(금+배추) 대접을 받았다. 깐 마늘은 생산 감소로 평년보다 21% 상승하는 등 다른 김장 재료 가격 역시 올랐다. 또한 코로나19 장기화로 많은 사람이 모여 하는 김장을 포기할 수밖에 없는 상황도 만들어졌다.

청년도약계좌
靑年跳躍計座

▲ 윤석열 대통령 당선인 (자료 : 대통령직인수위원회)

청년도약계좌는 **근로·사업소득이 있는 만 19~34세 청년의 중장기 재산 형성을 돕기 위한 정책으로 윤석열 대통령 당선인의 공약**이다. 매달 70만원 한도 안에서 일정액을 저축하면 정부가 월 최대 40만원씩을 보태 10년 만기로 1억원을 만들어주도록 설계되어 있다. 가입자들은 본인 판단하에 주식형·채권형·예금형 등 3가지 투자 운용 형태 가운데 한 가지를 선택해 가입할 수 있다. 총급여가 연 3600만원 이하인 청년희망적금과 달리 소득 요건별 가입 제한을 두지 않고, 개인소득 외에 가구소득 및 재산기준을 적용하며 소득 구간에 따라 정부의 지원 정도가 달라진다.

한편, 청년도약계좌는 출시 전부터 뜨거운 관심과 함께 형평성 논란과 재원 조달 문제 등이 도마에 올랐다. 청년희망적금의 경우에도 정부가 당초 예상한 38만 명의 8배가 넘는 가입자가 몰렸다. 청년희망적금 출시 당시 일어났던 꼼수 문제도 있다. 가입 후에는 소득이 없어도 부모님이 대신 납입하는 등의 방법으로 지원금을 받을 수 있다. 가입 대상을 넓혔지만 나이 제한에 따른 형평성 문제에서도 자유롭지 못하다.

카플레이션
carflation

카플레이션이란 **자동차를 뜻하는 'car'와 '인플레이션(inflation)'의 합성어로 차량용 반도체 수급난에 따른 생산 차질과 원자재 가격 상승에 따라 자동차 판매 가격이 오르는 현상**을 말한다. 최근 코로나19 사태에 따른 카플레이션 현상이 본격화하는 모습이다. 기존에는 완성차 업체들이 차량 판매를 높이기 위해 가격 인하 경쟁을 펼쳤지만 코로나19로 공급이 수요를 따라가지 못하면서 자동차 업체들이 차 가격 인상에 나서고 있다.

테슬라는 지난 3월에만 특별한 성능 개선 없이 자동차 가격을 두 번이나 인상했다. 현대자동차와 벤츠 등 다른 완성차 업체도 잇따라 가격 인상에 동참했다. 카플레이션은 미국과 중국도 피해가지 못하고 있다. 테슬라는 미국에서 지난해에만 무려 10여 차례 가격을 올렸다. 최근 우크라이나 전쟁 등 정세 불안으로 원자재 공급망이 꼬이면서 카플레이션은 더 심화되고 있다. 코로나19로 닫혔던 지갑이 지난해 코로나 소강 국면을 맞아 보복소비로 표출되면서 자동차 수요가 증가한 것도 영향을 미쳤다.

칩플레이션
chipflation

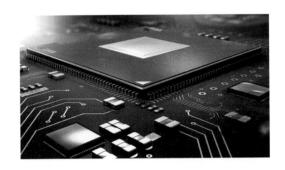

칩플레이션이란 **반도체 품귀 현상으로 관련 품목의 가격이 상승하는 것을 말한다.** 반도체 가격 인상으로 전기차는 물론 스마트폰, 가전제품 등 타 전자제품도 가격이 인상될 것으로 보인다. 코로나19 장기화로 차량 수요가 줄어들자 반도체 제조업체들은 기존 차량용 반도체 생산라인을 노트북, 게임기, 태블릿용 반도체 생산라인으로 전환했다. 그러나 차량 수요가 증가하자 즉각적인 생산라인 전환을 하지 못했고, 차량용 칩 품귀가 발생했다.

코로나19로 집에 머무는 시간이 길어지고, 재택근무가 증가하며 게임기, 가전, 노트북, 컴퓨터 수요가 급증한 것도 전 세계 반도체 품귀 현상의 이유 중 하나다. 반도체뿐만 아니라 가스, 선박, 음식 등 공급 부족 현상이 다방면에서 인플레이션을 고착화하고 있다. 수요 급증으로 원유, 천연가스 가격도 고공 행진하면서 ▲가스플레이션(gasflation)이 발생하고, 식탁 물가도 올라 ▲푸드플레이션(foodflation)이 나타났다. 물가 상승에 따라 임금 인상을 요구하는 ▲웨이지(임금)플레이션(wageflation)까지 잇따르고 있다.

티슈인맥

티슈인맥이란 얇고 부드러운 화장지인 티슈(tissue)와 사람의 유대 관계를 의미하는 인맥의 합성어로, **한 번 사용하고 버리는 티슈처럼 내가 필요할 때만 관계를 맺고 필요 없으면 미련 없이 버리는 일회성 인간관계를 뜻하는 신조어다.** 인간관계의 스트레스 대신 혼자를 택한 MZ세대의 새로운 관계 형성 방법이다. SNS 활동이 활발한 요즘에는 티슈인맥을 맺기 쉽다. 온라인을 통해 불특정 다수와 관계를 맺고 필요한 정보를 주고받기도 한다. 마음에 들지 않으면 차단을 통해 관계를 끊는 것도 쉽다.

이 같은 티슈인맥은 억지로 인맥을 유지하고 관리해야 하는 것에 피로를 느낀 현대인들이 가벼운 관계를 선호하게 되면서 등장했다. 전문가들은 티슈인맥이 인간관계에서 오는 스트레스를 줄여주기도 하지만 극단적인 관계 단절은 정서적 고립 등의 부작용을 일으켜 사회적 문제로 이어질 수 있어 주의가 필요하다고 지적한다. 특히 코로나19로 사람들 간 만남이 어려워지면서 대면 만남에 어려움을 겪는 사람들이 더욱 늘어나면서 건강한 인간관계를 형성해 나갈 필요가 있다고 강조한다.

어퍼웨어
upperwear

어퍼웨어란 'upper(상부의)'와 'wear(옷)'의 합성어로, **재택근무를 하는 직장인들이 화상회의를 할 때 화면에 보이는 허리 위의 옷만 잘 갖추어 입는다는 의미다.** 코로나19 확산으로 사회적 거리두기가 시행되면서 직장과 학교에서 재택근무·재택수업이 확산된 현상을 보여준다. 화상회의를 하게 되면 상체만 화면에 잡히기 때문에 다른 사람들에게 보여지는 상의는 직장에 출근할 때처럼 차려입고 하의는 잠옷이나 트레이닝복 등 집안에서 편하게 입은 상태를 유지하는 것이다.

어퍼웨어는 코로나 시대에 전 세계에서 일어나는 것으로 재택근무 중이던 미국 ABC 방송 기자가 아침 생방송 뉴스에서 상의는 재킷까지 차려입은 반듯한 모습이었지만 바지를 챙겨 입지 않은 모습이 화면에 잡히는 사태가 발생하기도 했다. 한편, 코로나19 장기화로 재택근무가 일상화되면서 불편을 호소하는 사람들이 많아졌다. 화상회의가 일상화되면서 화상에 노출되는 자신의 모습이나 방안 풍경에 신경을 써야 하고 간단한 소통도 화상회의로 대체되는 경우가 많아 피로감이 누적돼 코로나19가 직장인에게 새로운 스트레스를 안겨주는 모양새다.

부머쇼퍼
boomer shopper

부머쇼퍼란 **베이비부머와 쇼퍼(shopper)의 합성어로, 5060세대 소비자를 뜻하는 말**이다. 코로나19 이후 온라인 쇼핑의 큰손으로 떠오르고 있어 주목받는다. 베이비부머는 혹독한 불경기나 전쟁을 겪은 후 사회적·경제적 안정 속에 아이들이 많이 태어난 시기의 세대다. 우리나라의 경우 6·25 전쟁이 끝난 1955~1963년 무렵 태어난 세대가 해당된다. 이들은 경제적 성장과 풍요 속에서 높은 교육 수준을 갖추고, 미디어를 바탕으로 다양한 사회운동과 문화운동을 주도해 왔다. 이를 바탕으로 전 세대에 걸쳐 가장 많은 소비와 지출을 하는 연령층으로 떠올랐다.

기존에 부머쇼퍼들은 오프라인 매장 이용을 선호했으나 코로나19 이후 비대면 소비가 트렌드로 자리 잡으며 MZ세대 자녀들로부터 온라인 쇼핑 방법을 익혔다. 온라인을 통한 식품, 가전, 생활용품, 배달음식, OTT앱, 패션 등 다양한 분야에서도 거래를 이끌고 있다. 각종 플랫폼들은 경쟁적으로 부머쇼퍼를 끌어들이기 위한 전략 세우기에 나섰다. 유통업계에선 부머쇼퍼가 저출산·저성장의 장기화로 침체된 소비시장에 활력을 줄 것으로 기대하고 있다.

신(新) FANG

신(新) FANG은 **새롭게 미국 증시 상승세를 주도할 ▲연료(Fuel) ▲농업(Agriculture) ▲천연자원**(Natural resources) **▲금(Gold)을 뜻한다.** 그동안 미국 증시를 이끈 기술주인 ▲페이스북 ▲아마존 ▲넷플릭스 ▲구글 등의 머리글자를 딴 'FANG'을 대체할 종목으로 주목받고 있다. 올 들어 미국 뉴욕증시에서 스탠더드앤드푸어스(S&P)500 지수의 11개 업종 가운데 IT 업종은 9.8% 하락한 반면 에너지 가격 급등으로 에너지·천연자원 등 종목은 각광받으면서 '신(新) FANG'이 부상하고 있다고 월스트리트저널(WSJ)이 전했다.

NEIRG 웰스 매니지먼트의 창업자 닉 지코마키스는 WSJ에 "연료(Fuel), 농업(Agriculture), 천연자원(Natural resources), 금(Gold)이 바로 새로운 'FANG'"이라고 말했다. 미국 연방준비제도(Fed·연준)의 금리 인상에 대한 우려 등이 복합적으로 작용하며 IT 업종은 다른 성장주와 함께 투자자들의 외면을 받고 있다. 반면 러시아의 우크라이나 침공으로 원유와 각종 천연자원, 곡물 등의 가격이 급등하고, 안전자산인 금값도 오르는 추세가 반영되며 신(新) FANG이 그 자리를 대체하고 있다.

라이프로깅
life logging

라이프로깅이란 **개인이 생활하면서 보고, 듣고, 만나고, 느끼는 모든 정보를 기록하여 정리, 저장, 공유하는 활동을 의미**한다. 라이프로깅은 사물과 사람에 대한 정보를 캡처·저장하고 묘사하는 기술로, 사용자는 일상생활에서 일어나는 모든 순간을 텍스트, 영상, 사운드 등으로 캡처하고 그 내용을 서버에 저장 후 정리해 다른 사용자들과 공유한다. 실시간으로 건강정보를 측정하고 저장, 공유하는 스마트워치가 라이프로깅의 예시가 될 수 있다.

라이프로깅이라는 개념은 1945년에 등장했다. 미국 국가과학기술연구소 소장인 버니바 부시가 카메라와 소형녹음기를 포함한 장치를 이마에 부착해 개인이 보고 듣고 말하는 것을 기록하는 개인 기록장치를 처음으로 제안했다. 사용자들은 카메라와 마이크가 내장된 여러 기기의 보급으로 손쉽게 라이프로깅 서비스에 접근할 수 있다. 2007년 미국의 비영리 연구단체인 미국미래가속화연구재단(ASF)이 분류한 **메타버스**(metaverse)**를 구현하는 4가지 유형**(▲증강현실 ▲라이프로깅 ▲거울세계 ▲가상세계) 중 하나로 라이프로깅이 포함되기도 한다.

래플
raffle

래플은 **추첨식 복권을 의미하는데, 최근에는 한정판 제품을 사려는 소비자가 많을 때 응모를 받아 판매하는 구입 방법**을 말한다. 판매할 제품은 적은데 사고 싶어 하는 사람이 많으면 보통 선착순으로 판매하곤 하지만 이 방법이 공정하지 않다는 불만이 터져 나오면서 패션 기업들이 새로운 판매 방식으로 도입한 래플이 새로운 소비 트렌드로 뜨고 있다. 래플이 시작되면 보통 회원 아이디 1개로 1회 응모할 수 있다. 로그인한 뒤 필요한 정보를 작성해 응모하면 판매자는 회원에게 당첨 여부를 통지해주고, 당첨된 사람은 구매 사이트에 접속해 제한 시간 내에 결제하면 물건 구입이 가능하다.

래플은 소비자 사이에서 화제를 불러일으킬 수 있고, 제품을 효율적으로 판매할 수 있어 유용한 마케팅 방식으로 꼽힌다. 국내에선 나이키, 아디다스 등 스포츠 브랜드가 먼저 시작했고 2020년 국내 패션 플랫폼 무신사가 래플을 도입하면서 폭발적 반응을 얻었다. 특히 MZ세대는 본인이 희망하는 패션 아이템을 구하기 위해 래플은 물론 한정판 제품을 웃돈을 주고 사는 리셀(re-sell)에 열광하고 있다.

엘리펀트 워크
elephant walk

▲ 미 공군이 엘리펀트 워크 훈련을 하고 있다. (자료 : 미 인도태평양사령부)

엘리펀트 워크는 **전면전이나 유사시를 대비해 여러 대의 전투기가 최대 무장을 갖추고 활주로에서 밀집 대형으로 이륙 직전 단계까지 지상 활주를 하는 훈련**이다. 군용기들이 마치 코끼리들이 한꺼번에 걷는 것처럼 움직인다고 하여 '엘리펀트 워크'라고 이름 붙여졌다. 지난 3월 25일 미국이 알래스카 공군기지에서 F-35A 스텔스 전투기 42대를 동원해 엘리펀트 워크를 실시했다. F-35A는 항공기에 탑재된 모든 센서의 정보가 하나로 융합 처리돼 조종사에게 최상의 정보를 제공하는 5세대 첨단 전투기다.

이날 한국 공군이 같은 기종의 전투기를 이용해 동일한 훈련을 했다. 우리 공군은 북한의 대륙간탄도미사일(ICBM) 시험발사에 대응하는 무력시위 차원에서 지난 3월 25일 모 공군기지에서 F-35A 28대를 동원해 엘리펀트 워크 훈련을 시행했다. 우리 군 관계자는 한미 간에 사전 조율된 것은 아닌 것으로 안다고 밝혔다. 미 공군 역시 훈련의 목적을 대비태세의 점검 일환이라고 했지만 최근 북한의 ICBM 발사를 겨냥한 것이라는 해석이 많다.

재블린
Javelin

재블린은 **보병이 사용하는 대전차 미사일로 정식 명칭은 FGM-148이다. 어깨에 메고 발사할 수 있는 3세대 적외선 유도방식 미사일**이다. 본래 재블린은 사람이 던져서 적을 맞추는 창인 투창(投槍)을 의미한다. 전차의 앞면을 노리는 기존의 방식과는 다르게 최대 160m까지 상승한 뒤 위에서 내리꽂는 일명 '탑 어택'(Top Attack) 방식의 무기이다. 작전 반경은 약 2.4km에 달하며 탱크와 헬리콥터와 같은 저공 비행체를 폭파할 수 있다. 탄두는 이중 탄두 구조로 첫 탄두가 탱크에 명중하면 뒤이어 메인 탄두가 탱크를 관통해 폭파시킨다.

이와 비슷한 무기로는 대전차 미사일인 'NLAW'와 지대공 미사일인 '스팅어'가 있다. 재블린은 대전차를 상대하는 일이 적은 미국군의 돈 낭비의 상징으로 치부됐으나 우크라이나와 러시아 전쟁의 판도를 바꾸며 재조명받게 됐다. 대당 수십억원에 달하는 러시아군 전차와 장갑차들이 대전차 미사일 앞에 속절없이 파괴되자 우크라이나 국민은 이 무기를 '성자(聖子)'에 빗대고 있다. 막달라 마리아가 재블린을 들고 있는 성 재블린(saint javelin)은 우크라이나의 저항의 상징이 됐다.

제니퍼 고
Jennifer Koh, 1976~

제니퍼 고는 **한국계 미국인 바이올리니스트로 '제 64회 그래미 어워즈'에서 '베스트 클래시컬 인스 트루먼털 솔로'상을 받은 인물**이다. 그는 '그래 미 어워즈' 본 시상식에 앞서 4월 4일 진행된 사 전 시상식 '프리미어 세리머니'에서 이 부문 수상 자로 호명됐다. 앞서 **지난해 '제63회 그래미 어 워즈'에서 한국계 미국인 비올리스트 리처드 용재 오닐**이 같은 부문에서 상을 받았다. 제니퍼 고는 코로나19 확산으로 어려움을 겪는 예술가들을 지원하기 위해 진행해온 프로젝트 '얼론 투게더 (Alone Together)'로 수상의 영예를 안았다.

동명의 온라인 공연 시리즈를 바탕으로 한 바이 올린 독주 음반 '얼론 투게더'는 젊은 작곡가들에 게 의뢰한 곡들과 유명 작곡가들이 기증한 짧은 신작들로 구성됐다. 뉴욕타임스는 그의 프로젝트 에 대해 "위기의 시대를 위한 기적"이라고 평했 다. 한편, 제니퍼 고는 1994년 차이콥스키 국제 콩쿠르에서 바이올린 부문 1위 없는 공동 2위에 오르며 국제무대에 등장했다. 또 미국 클래식계 의 권위 있는 '에이버리 피셔 커리어 그랜트상' 등 을 수상하기도 했다.

비거니즘
veganism

비거니즘은 **동물에서 나오거나 동물 실험을 거친 음식, 제품, 서비스를 거부해야 한다는 신념을 바 탕으로 동물권을 옹호하는 생활 철학**을 말한다. 의식주·생활용품 등 일상 모든 영역에 적용된다. 비거니즘을 실천하는 사람을 '비건(vegan)'이라고 한다. 비거니즘은 채식 열풍 등 단순한 트렌드를 넘어 각 산업 내 영향력이 갈수록 커지고 있다. MZ세대를 중심으로 친환경 기반 가치소비가 증 가하고 있으며, 코로나19 발생 이후 국내외 전반 으로 비건에 대한 수요가 대중으로 확산하기 시 작했다.

비거니즘을 지향하는 사람들이 늘면서 **비거노믹 스(veganomics)라는 신조어도 탄생했다. 이는 비건 (vegan)과 경제(economics)를 합친 단어로, 채식주의 자를 대상으로 하는 산업 전반을 뜻**한다. 비거니 즘이 단순한 트렌드를 넘어 각 산업 내 영향력이 날이 갈수록 높아지고 있음을 보여준다. 비거니 즘은 식품 중심으로 발전하기 시작해 화장품, 패 션, 라이프 스타일 전반으로 그 범위를 확대하고 있다.

알 릴라
Al Rihla

▲ 알 릴라

알 릴라는 아랍어로 '여행'이라는 뜻으로 **2022 카타르월드컵에서 사용될 공인구**(경기 총괄 단체가 공식적으로 사용을 인정한 공)**의 이름**이다. 카타르의 축구 스타디움에서 영감을 받은 패널 디자인, 카타르의 전통 진주를 형상화한 무지갯빛 프리미엄 컬러가 적용됐다. 알 릴라는 스포츠브랜드 아디다스가 1970년을 시작으로 14번째 만든 월드컵 공인구다. **FIFA는 1970년 멕시코 월드컵부터 아이다스가 제작한 공인구를 사용**하고 있다. 국제축구연맹(FIFA)은 3월 30일(현지시각) 아디다스가 제작한 카타르월드컵 공인구 알 릴라를 공개했다.

아디다스는 월드컵 공인구 사상 처음으로 수성 잉크, 수성 접착제를 사용해 만들어졌다고 밝혔다. 또한 20개의 스피드셀 패널 구조가 새롭게 도입돼 빠른 비행에도 최상 수준의 정확도와 스피드를 제공한다. 아디다스는 손흥민(토트넘)과 리오넬 메시(파리생제르맹) 등을 새 공인구 모델로 내세웠다. 알 릴라 공인구 가격은 프로 기준 18만9000원이다. 아디다스는 월드컵 역사상 최초로 공인구 수익금의 일부를 기부해 전 세계 다양한 사회 문제를 해결하는 데에 보탤 예정이다.

모나미 153

▲ 모나미 153 (모나미 홈페이지 캡처)

모나미 153은 **국내 대표적인 문구기업 모나미에서 만든 한국 최초의 '잉크를 담은 펜'으로, 육각 모양의 흰색 몸통과 검은색의 머리를 가졌다.** 오랜 시간 '국민 볼펜' 자리를 지키며 사랑받고 있다. 앞자리 15는 15원이라는 의미고, 뒷자리 3은 모나미가 만든 세 번째 제품이라는 뜻이다. 모나미는 '내 친구'를 의미하는 프랑스어 'mon ami'에서 유래했다. 국내 최초의 볼펜인 모나미 153은 모나미의 창업자인 송삼석 명예회장이 1962년 서울에서 열린 국제산업박람회에 참석했다가 일본 최대 문구업체 '우치다 요코'의 직원이 사용하는 볼펜을 본 뒤 편리성에 감탄해 제조사인 오토볼펜의 기술을 들여와 만든 것으로 잘 알려져 있다.

1963년 만년필이 주류였던 문구 시장에 잉크 칠이 필요 없고, 가격 부담이 적은 모나미 153은 필기구의 혁명을 가져왔다. 한편, **모나미의 창업자인 송삼석 명예회장이 4월 1일 숙환으로 별세했**다. 향년 94세. 우리나라 문구산업을 세계적 수준으로 일으켜 세운 고인은 1952년 서울대 경제학과를 졸업한 뒤 1960년 모나미의 전신인 광신화학공업사를 설립했다. 모나미 153펜의 성공 이후 매직, 플러스펜, 네임펜 같은 필기구 제품도 개발해 성공시켰다.

다이렉트 인덱싱
direct indexing

다이렉트 인덱싱이란 **축적된 데이터나 AI**(인공지능)**를 활용해 개개인의 투자목적 및 투자성향에 적합한 포트폴리오를 설계하는 것이다.** '비스포크 인덱싱(bespoke indexing)'으로도 불린다. 다이렉트 인덱싱의 장점은 비용이다. ETF로 대표되는 '패시브 운용'을 지향해 펀드매니저 등 전문가가 선별적으로 주식을 사고파는 '액티브 운용' 대비 비용이 저렴한 편이다. 또한 개개인 맞춤형 포트폴리오를 바탕으로 운용하기 때문에 불필요한 거래를 최소화해 꾸준하게 투자할 수 있다.

다이렉트 인덱싱이 최근 미국에서 주목받고 있다. 국내에도 조만간 도입될 것으로 보인다. 개인투자자가 급증하면서 ESG(환경·사회·지배구조) 등 투자자들의 특정 수요에 대응할 수 있는 맞춤형 투자 솔루션 필요성이 대두되기 때문이다. 월가에서는 다이렉트 인덱싱을 미래 먹거리로 주목하고 있다. 이에 글로벌 투자 은행사와 자산운용사들은 다이렉트 인덱싱 서비스 기업을 인수해 시장에 뛰어들고 있다. 세계 1위 자산운용사 블랙록은 2020년 다이렉트 인덱싱 솔루션 업체 아페리오를 인수했다.

MANGO

MANGO는 ▲마블(MRVL) ▲AMD ▲브로드컴(AVGO) ▲아날로그디바이스(ADI) ▲엔비디아(NVDA) ▲글로벌파운드리(GFS) ▲온세미컨덕터(ON) 등 7개 회사의 첫 글자를 따온 신조어로, **월가의 투자은행 뱅크오브아메리카(BoA)가 선정한 반도체 유망주**다. 올들어 인플레이션 상승과 공급망 병목 현상 지속에 투자자들이 우려하고 있는 가운데 BoA가 반도체 수급 상황을 비롯해 개별 기업들이 갖고 있는 시장 내 위치와 각자 실행력 등을 분석해 향후 이들의 주가 전망을 긍정적으로 보는 발표를 하면서 화제가 됐다.

BoA의 한 애널리스트는 MANGO 주식들을 추천하며 수요가 견고해 상승 가능성이 크다고 밝혔다. 엔비디아와 마블, 브로드컴, AMD에 대해서는 클라우드 매출과 인공지능(AI) 산업의 지속적인 수요 유치와 관련이 있다고 평가했으며, 온세미컨덕터의 경우 성장성이 높은 전기차 관련 반도체 사업을 하고 있으나 상대적으로 저평가돼 있다고 소개했다. 아날로그 디바이스는 총 이익률이 71% 이상으로 반도체업계 최고의 수익성을 내고 있다고 전했다.

와이어링 하네스
wiring harness

와이어링 하네스는 **자동차 각 부분의 여러 전자 장치들을 연결하는 전선을 모아 묶은 전선망**이다. 차량 1대에 많게는 2000개 전선이 들어가는데, 이처럼 복잡한 와이어링 하네스는 기계로 자동화해 만들지 못하고, 인력으로 일일이 수작업해야 한다. 한편, **코로나19로 와이어링 하네스 공급이 줄어들어 자동차 생산에 차질**을 빚어지고 있다. 노동집약적 산업인 와이어링 하네스 제작은 주로 노동력이 싼 중국에서 이뤄지는데, 코로나19 재확산으로 중국이 봉쇄정책에 들어간 3월 초부터 수급에 문제가 생겼다.

반도체 대란으로 생산차질을 겪고 있는 완성차 업계는 와이어링 하네스 수급 차질까지 겪게 돼 신차 출고 대기 기간이 최대 1년 6개월까지 길어질 것으로 보인다. 국내 자동차 업계는 와이어링 하네스 부족으로 인한 생산 차질을 이미 2년 전에 겪었다. 중국에서 코로나19가 급격히 확산됐던 2020년 초 와이어링 하네스 부족으로 심각한 생산 중단 사태를 겪은 바 있다. 최근에는 유럽 자동차 업체들도 러시아의 우크라이나 침공으로 와이어링 하네스 수급에 차질을 빚었다.

포모도로 기법
pomodoro technique

포모도로 기법이란 **25분간 해야 할 일을 하고 5분 쉬는 사이클을 4번 반복하는 시간 관리 방법론**이다. 짧은 시간 동안 높은 집중력을 발휘해 일한 다음 잠깐의 휴식을 갖는 것으로 시간을 잘게 쪼개 효율적으로 쓰는 것이 핵심이다. 포모도로는 이탈리아어로 토마토를 뜻하는데, 1980년대 후반 저술가 프란체스코 시릴로가 대학 시절 토마토 모양으로 생긴 요리용 타이머를 사용해 25분간 집중 후 휴식하는 일처리 방법을 실행한 데서 그 이름이 유래했다.

포모도로 기법은 타이머만 있으면 가능해 실천하기 간단하다. 구체적인 방법은 다음과 같다. '할 일을 고른다.→25분 타이머를 설정한다.→타이머가 울릴 때까지 집중한다.→5분 정도 휴식을 취한다.→위를 네 번 반복한 다음 15분에서 30분 정도의 조금 긴 휴식을 취한다.' 이는 비교적 짧은 집중 시간으로 정신적 피로를 느끼지 않으면서도 업무를 반복할 수 있게 해준다. **코로나19 확산으로 전 세계에 재택근무가 확산하며 집에서 시간 효율을 높이기 위한 사람들에게 추천되는 시간 관리 방법**이다.

SNS 톡! 톡!

해야 할 건 많고, (이거 한다고 뭐가 나아질까) 미래는 여전히 불안하고 거울 속 내 표정은 (정말 노답이다) 무표정할 때!
턱 막힌 숨을 조금이나마 열어 드릴게요. "톡!톡! 너 이 얘기 들어봤니?" SNS 속 이야기로 쉬어가요.

#이_정도는_알아야 #트렌드남녀

호날두 소년 팬 폭행 논란 일파만파

▲ 축구선수 크리스티아누 호날두

축구선수 크리스티아누 호날두가 철없는 행동으로 구설수에 올랐다. 호날두는 4월 9일 에버턴과의 경기에서 패배한 뒤 경기장을 빠져나가다, 휴대전화로 자신을 찍고 있는 상대 팀 소년 팬의 손을 강하게 내리쳤다. 호날두의 가격으로 바닥에 떨어진 휴대전화 액정은 박살이 났으며, 소년의 손에는 멍이 들었다. 호날두는 SNS를 통해 서둘러 사과했으나, 비난 여론은 사그라지지 않았다.

@ 크리스티아누 호날두(Cristiano Ronaldo, 1985~)
맨체스터 유나이티드 FC 소속 축구선수로, 인스타그램 팔로워가 4억 명이 넘을 정도의 축구스타다.

#상처받은_소년팬에게 #진심어린_사과하길

위켄드 뮤직비디오에 '글로벌 인기' 정호연 출연

▲ 위켄드의 뮤직비디오에 출연한 정호연 ('아웃 오브 타임' 뮤직비디오 캡처)

모델 출신 배우 정호연이 세계적인 팝스타 위켄드의 정규 5집 수록곡 '아웃 오브 타임' 뮤직비디오에 출연하며 글로벌 인기를 다시 한번 과시했다. 정호연은 뮤직비디오에서 위켄드와 사랑에 빠진 연인의 모습을 그려 시선을 모았다. 한편, 정호연은 알폰소 쿠아론 감독의 애플TV+ 새 시리즈 '디스클레이머'를 차기작으로 확정하고 글로벌 행보를 이어간다.

@ 정호연(1994~)
모델 출신의 배우로, 드라마 '오징어 게임'을 통해 한국 최초이자 비영어권 최초로 미국배우조합상(SAG)에서 여우주연상을 수상했다.

#위켄드_노래_좋아요 #정호연과_케미도_좋아요

가위로 샤넬 가방 자른 러시아 인플루언서들

러시아 인플루언서들이 샤넬 가방을 가위로 자르는 모습을 SNS에 공개해 화제가 됐다. 이들이 수백만원이 넘는 명품 가방을 무자비하게 가위로 자른 이유는 최근 샤넬이 러시아가 우크라이나를 침공한 것과 관련하여, 샤넬 러시아 매장을 폐쇄하고 러시아인에게는 상품을 판매하지 않겠다고 선언했기 때문이다. 러시아 인플루언서들은 샤넬의 조치를 비판하며 가방을 가위로 잘라 불매운동에 나선 것이다.

@ 인플루언서(influencer)
SNS에 많은 숫자의 팔로워를 보유한, 대중에게 영향력을 행사하는 개인을 의미하는 말이다.

#러시아에서는_가방이_찢어지지만 #우크라이나에서는_시민들의_마음이_찢어지는_중

소녀시대 출신 제시카, '중국 조선족' 프로필 논란

▲ 제시카 (제시카 인스타그램 캡처)

그룹 소녀시대 출신의 제시카가 중국 걸그룹 오디션 프로그램에 출연하는 것으로 알려졌다. 그런데 출연자 명단에 제시카가 '중국 조선족'으로 표기돼 소개되며 논란이 일었다. 제시카 소속사 측은 "프로필을 작성해 방송사 쪽에 전달한 적도 없고, 방송사 쪽에서도 본인들이 작성한 게 아니라고 했다"며 "방송사 측에 해당 프로필이 사실이 아니라는 것에 대한 입장을 내달라고 요청을 해둔 상태"라고 해명했지만, 누리꾼들은 황당하다는 반응을 보였다.

@ 소녀시대
2007년에 SM엔터테인먼트 소속으로 데뷔한 9인조 걸그룹이다. 2014년에 멤버 제시카가 탈퇴한 이후 8인조로 활동하고 있다.

#최정상_걸그룹_소녀시대_출신_제시카가 #새로운_중국_걸그룹으로?

페이스북에서 이벤트도 참여하세요.

· **페이스북**
facebook.com/
eduwillnet

· **에듀윌 도서몰**
book.eduwill.net

· **시사상식 App**
에듀윌 시사상식

구글 플레이스토어 or 애플 앱스토어에서 에듀윌 시사상식을 검색하세요.

* **Cover Story**와 분야별 **최신상식**에 나온 중요 키워드를 떠올려보세요.

01 대북 정책에서 한미 양국이 설정한 '대북 포용 정책을 봉쇄 정책으로 바꾸는 기준선'이란 의미로 쓰이는 용어는?   p.8

02 의회에서 고의로 합법적인 방법을 이용하여 의사 진행을 방해하는 행위는?   p.16

03 청와대 안에서 외빈접견 등에 사용되는 건물 명칭은?   p.18

04 법무부 장관이 특정 사건에 대해 검찰 수사를 지휘·중단할 수 있는 권한은?   p.25

05 상장사의 감사나 감사위원을 선임할 때 대주주가 의결권이 있는 주식의 최대 3%만 행사할 수 있도록 제한한 규정은?   p.33

06 주식시장 하락에 대비해 만들어진 상품으로 해당 지수의 가격이 내려가야 이익이 발생하는 금융투자 상품은?   p.40

07 코로나19 감염증으로 인한 장기 후유증을 일컫는 말은?   p.58

08 '단 한 명의 감염자도 용납하지 않겠다'는 중국 당국의 코로나19 대응 방역 정책은?　　　p.66

09 우크라이나 동부 돈바스 지역에서 활동하는 파견대로, 2014년 11월 우크라이나 내무부 산하 국가경비대에 편입된 정규군 명칭은?　　　p.73

10 국내 기술로 설계·개발된 최초의 국산 훈련기는?　　　p.74

11 제94회 아카데미 시상식에서 작품상을 수상한 작품은?　　　p.82

12 1999년 1월 1일에 인터넷상에서 전국 각지의 누리꾼들이 모여 한국을 바르게 홍보하기 위해 만든 사이버 민간 외교 사절단은?　　　p.88

13 바이러스 등 외부 병원체가 인체에 들어왔을 때 체내 면역 물질인 사이토카인이 과도하게 분비돼 정상 세포를 공격하는 면역 과잉반응 현상은?　　　p.97

14 한 투수가 볼넷이나 실책 따위로 주자를 허용하더라도 무안타·무실점으로 승리를 마무리 짓는 경기를 뜻하는 용어는?　　　p.107

정답　**01** 레드라인　**02** 필리버스터　**03** 상춘재　**04** 수사지휘권　**05** 3%룰　**06** 인버스　**07** 롱코비드
　　　08 제로 코로나　**09** 아조우 연대　**10** KT-1　**11** 코다　**12** 반크　**13** 사이토카인 폭풍　**14** 노히트노런

에듀윌이
너를
지지할게

ENERGY

내 비장의 무기는 아직 손 안에 있다.
그것은 희망이다.

– 나폴레옹(Napoleon)

공인중개사 합격하면 수강료 환급
'에듀윌 평생패스 환급 프리미엄' 화제

종합교육기업 에듀윌에서 마련한 '평생패스 환급 프리미엄'은 공인중개사 전 과목 전 교수진의 강의를 무제한 수강 가능하며, 합격하면 수강료를 전액 환급한다. 2022년까지 최종 합격 시 결제금액 그대로 100% 환급, 2023년까지 최종 합격 시 교재비, 제세공과금 22% 제외한 수강료 전액 환급한다. 또한, 630만원 상당의 혜택과 12년간 베스트셀러 1위를 차지하고 있는 에듀윌 공인중개사 자체제작 교재를 제공한다.

이번 과정은 전국 6개 직영학원 현장강의를 실시간으로 볼 수 있는 '2022년 라이브 클래스'를 단독 제공하며, 부동산 경매, 중개실무, 토지실무 과목이 포함된 '부동산 아카데미 실무패키지', 초보수험생 한방탈출 민법용어+조문집, 적중문제 특강, 약점공략 함정문제 특강, 시크릿노트 교재+특강, 1차 기초용어 특강, 연간합격로드맵, 개정세법특강, 한장 암기카드, 과목별 기출 OX 등이 모두 무료로 제공된다.

또한, 합격 후까지 책임지는 에듀윌 공인중개사는 부동산 실무 실전 Level-up 패키지(중개실무, 토지/상가 컨설팅, 경매/재개발/재건축)를 비롯해, 전국구 인맥 네트워크 에공회(에듀윌 공인중개사 동문회) 가입, 압도적 두께의 동문회 인맥북, 동

문회원만의 온라인 커뮤니티, 개업 시 동문 중개업소 홍보물 지원, IT 실무 특강 등 합격 이후에도 지속해서 지원한다. 강의 및 교수 만족도 100% 에듀윌 공인중개사는 검증된 독보적 콘텐츠를 통해 압도적인 합격률을 자랑한다. 특히, 퇴직자, 직장인, 주부, 학생 누구나 대비 가능한 이번 과정에 10명 중 9명이 1년 내에 합격하는 체계적인 합격 시스템을 담았다.

22만4000건의 수험생 데이터를 분석하여 합격자 수로 검증된 단기 합격 커리큘럼을 제공한다. 기초, 기본, 심화 등 필수이론 자동 3회독 완성 후, 기출 공략&핵심정리, 문제 풀이 등 유형별 문제 풀이와 핵심 이론 점검을 통해 실전대비를 할 수 있다. 마지막으로 필요한 것만 짚어주는 마무리 특강과 동형모의고사로 최종 점검할 수 있다.

또한, 에듀윌 공인중개사만의 합격 시스템 중 하나로 실제 공인중개사 자격증을 보유한 학습 매니저가 평일은 물론 주말까지 관리하는 차별화된 프리미엄 학습 지원 서비스와 숨은 1점까지 찾아주는 에듀윌 합격 프로그램과 최신 개정이 반영된 에듀윌 합격앱, 선배 합격생이 직접 답하는 에듀윌 지식인 등 체계적인 합격전략 시스템을 모두 제공한다.

PART

03

취업상식
실전TEST

취업문이 열리는 실전 문제 풀이

최근 출판된 에듀윌 자격증·공무원·취업
교재에 수록된 문제를 제공합니다.

01 역대 대통령 중 특별사면을 받지 않은 인물은?

① 노태우
② 박근혜
③ 이명박
④ 전두환

해설 2020년 11월 2일에 징역 17년이 확정돼 재수감된 이명박은 특별사면이 되지 않았다. ②박근혜는 지난해 12월 특별사면 됐다. 12·12 사태 등으로 내란죄가 성립돼 수감된 ①노태우, ④전두환은 1997년 김대중 당시 대통령 당선인이 김영삼 대통령에게 전두환·노태우 사면을 요청했고, 김 대통령이 이를 국민 통합 차원에서 받아들이면서 특별사면이 이루어졌다.

📂 '특별사면' 박근혜 전 대통령 퇴원...사저 도착

▲ 박근혜 전 대통령

지난해 12월 특별사면이 결정돼 12월 31일 0시에 석방된 박근혜 전 대통령이 석방 후 삼성서울병원에서 계속 입원 치료를 받다가 3월 24일 퇴원했다. 박 전 대통령은 이날 오전 퇴원한 뒤 "국민 여러분께 5년 만에 인사를 드리게 됐다"며 "많이 염려해주셔서 건강이 많이 회복됐다"고 말했다.

박 전 대통령은 퇴원 후 국립서울현충원을 찾아 부친인 고(故) 박정희 전 대통령 묘역을 참배한 뒤 대구 달성군 유가읍에 마련된 사저로 출발했다. 한편, 국정농단 등 혐의로 징역 22년을 확정받고 수감된 박 전 대통령은 건강이 악화한 상황에서 문재인 대통령의 신년 특별사면을 받아 석방됐다.

정답 ③

02 더불어민주당 원내대표를 역임하지 않은 인물은?

① 주호영
② 이인영
③ 윤호중
④ 박홍근

해설 주호영은 국민의힘 원내대표 출신이다. ②이인영은 더불어민주당 제5대 원내대표를 역임했고 2022년 4월 기준 통일부 장관직을 수행하고 있다. ③윤호중은 제6대 민주당 원내대표를 역임했다. ④박홍근은 제8대 민주당 원내대표로 2022년 3월 24일 새로 선출됐다.

📂 민주당 새 원내대표에 '이재명계' 박홍근

▲ 박홍근 더불어민주당 신임 원내대표 (자료 : 더불어민주당)

더불어민주당이 3월 24일 의원총회를 열고 '이재명계'로 분류되는 3선 박홍근 의원을 신임 원내대표로 선출했다. 박 의원은 172석 거대 야당의 '원내 사령탑'으로, 5월 10일 출범하는 윤석열 정부의 국정 운영을 견제하는 역할을 맡게 됐다. 박 의원은 원내대표로 선출된 뒤 윤석열 당선인에 대해 "독선과 불통"이라고 날을 세우며 "강한 야당으로 거듭나겠다"고 했다.

박 원내대표의 당선으로 민주당 주류가 '친문'에서 '친명(친이재명)'으로 교체됐다는 분석이 나온다. 박 원내대표가 '강한 야당'을 강조한 만큼 차기 정부와의 관계 역시 '견제'에 방점이 찍힐 가능성이 크다. 박 원내대표는 이날 대장동 특검과 정치개혁, 검찰개혁, 언론개혁 입법을 조속히 추진하겠다고 약속했다. 모두 국민의힘과 갈등할 수밖에 없는 사안이다.

정답 ①

03 다음 용어 중 설명이 옳지 않은 것은?

① 카르텔 : 다른 산업에 걸쳐 법률상 독립되어 있으나 경영상 결합되어 있는 기업결합 형태

② 트러스트 : 동일 산업 내에서 법률상뿐만 아니라 경영상 완전히 결합된 기업결합 형태

③ 콩글로머리트 : 다른 업종 간의 합병으로 만들어진 기업

④ 신디케이트 : 동일 시장 내의 여러 기업이 출자하여 공동판매회사를 설립, 일원적으로 판매하는 조직

해설 ①은 콘체른에 대한 설명이다. 카르텔은 동일 산업에 속하는 기업이 협정에 의해 결합해 시장을 지배하는 연합체다. 국제적인 카르텔 집단의 대표적 사례로 국제석유기구(OPEC, Organization of the Petroleum Exporting Countries)가 있다.

04 다음 중 국세에 해당하는 것은?

① 취득세

② 재산세

③ 담배소비세

④ 종합부동산세

해설 국세란 국가의 재정수입을 위해 국가가 부과하는 조세를 말한다. 국세의 종류는 크게 관세와 내국세로 구분하며 내국세에는 소득세, 법인세, 상속세와 증여세, 부가가치세, 개별소비세, 주세, 인지세, 증권거래세, 교육세, 교통세, 농어촌특별세, 종합부동산세 등이 있다.

📁 공정위, 코리아세븐의 한국 미니스톱 인수 승인

편의점 세븐일레븐을 운영하는 롯데그룹 계열사 코리아세븐이 한국미니스톱을 인수한다. 공정거래위원회는 코리아세븐이 한국미니스톱을 인수하는 건에 대해 경쟁제한 우려가 없다고 보고 승인했다고 3월 22일 밝혔다. 올해 1월 롯데그룹은 일본 이온그룹 소속 미니스톱으로부터 한국미니스톱의 주식 100%를 약 3133억원에 취득하는 계약을 체결하고 공정위에 기업결합을 신고했다.

공정위는 중첩되는 사업 영역인 편의점 프랜차이즈 시장을 중심으로 수평결합을 검토한 결과 경쟁제한의 우려가 없었다고 설명했다. 기존 3·5위 사업자인 코리아세븐과 미니스톱이 결합하면 점유율 25.8%의 3위 사업자가 되고 1위(GS리테일·35%)·2위(CU·31%)와의 격차도 줄어 상위 3사 간의 경쟁이 강화될 수 있을 것으로 봤다. 공정위는 "이번 기업결합으로 3강 체제가 강화되면 편의점 시장의 경쟁이 활성화돼 소비자 편익은 증대될 것"이라며 "퀵커머스·라스트마일 딜리버리 등 온·오프라인 연계를 통한 새로운 경쟁의 장도 빠르게 펼쳐질 것"으로 기대했다.

정답 ①

📁 1주택 보유세·건보료 작년 수준 동결

1세대 1주택자의 보유세와 건강보험료 부담이 작년 수준으로 동결된다. 국회의 법 개정 논의에 따라 2020년 수준으로 내려갈 수도 있다. 정부는 3월 23일 정부서울청사에서 홍남기 경제 부총리 겸 기획재정부 장관 주재로 부동산시장 점검 관계장관회의를 열고 이런 내용 등을 담은 1세대 1주택자 부담 완화 방안을 발표했다. 부담 완화 방안은 이날 발표된 올해 공동주택 공시가격(17.22% 상승)이 1세대 1주택 실수요자의 부담 급증으로 이어져서는 안 된다는 관점에서 마련됐다.

이로써 종부세 역시 지난해와 유사한 수준이 된다. 1세대 1주택자 대상 과세액은 2417억원으로 작년 2295억원보다 소폭 증가하지만, 올해 공시가를 적용했을 때(4162억원)보다 1745억원 줄어든다. 납세 여력이 부족한 60세 이상 1세대 1주택자를 대상으로는 양도·증여·상속 등 시점까지 종부세 납부를 유예하는 제도를 신규 도입한다. 이번 방안은 올해 공시가에 대한 보완조치인 만큼 보유세 제도 전반에 대한 개편 방안은 추후 재논의한다는 입장이다.

정답 ④

05 '삼포세대'에 포함되는 세 가지가 아닌 것은?

① 연애
② 결혼
③ 출산
④ 내 집 마련

해설 이른바 3포세대(三抛世代)는 사회·경제적 압박으로 연애·결혼·출산 세 가지를 포기한 세대를 일컫는 말이다. 3포세대 이후 5포세대(3포세대+내 집 마련·인간관계 포기), 7포세대(5포세대+꿈·희망 포기)라는 말이 등장하기도 했으며, 더 나아가서는 포기해야 할 특정 숫자가 정해지지 않고 여러 가지를 포기해야 하는 세대라는 뜻에서 N포세대라는 말이 나오기도 했다.

📂 **작년 혼인 건수 5년 만에 20만 건대 무너지며 '역대 최저'**

지난 2021년 혼인 건수가 20만 건 이하로 떨어지며 역대 최저를 기록했다. 평균 초혼 연령도 남자 33.4세, 여자 31.1세로 높아졌다. 결혼 연령이 늦춰지고 결혼 적령기 인구가 감소한 데다 코로나19 장기화까지 겹친 탓이다. 이에 따라 사람들이 결혼을 안 하거나 늦게 하는 추세가 점점 뚜렷해지고 있다는 분석이 나오고 있다.

통계청이 3월 17일 발표한 '2021년 혼인·이혼 통계'에 따르면 지난 2021년의 혼인 건수는 19만3000건으로 전년 대비 9.8% 줄었다. 이는 1970년 통계 작성 이래 최저 수준이다. 우리나라 혼인 건수는 10년 전인 2011년에는 32만9000건이었으나, 2016년에 20만 건대로 떨어졌고, 뒤이어 5년 만에 10만 건대로까지 떨어졌다.

정답 ④

06 코로나19 변이 바이러스 중 전파력이 높은 순서대로 나열한 것은?

① 스텔스 오미크론 – 오미크론 – 델타
② 스텔스 오미크론 – 델타 – 오미크론
③ 오미크론 – 스텔스 오미크론 – 델타
④ 오미크론 – 델타 – 스텔스 오미크론

해설 바이러스는 변이를 거듭할수록 전파력이 높아지는 특성이 있다. 오미크론의 변이인 스텔스 오미크론은 오미크론보다 전파력이 강하고, 오미크론은 종전에 유행을 이끌던 델타 변이보다 전파력이 높다.

📂 **'스텔스 오미크론' 변수...정점 더 길어진다**

오미크론보다 전파력이 강한 것으로 알려진 '스텔스 오미크론'이라고 불리는 BA.2가 코로나19 상황의 변수로 떠올랐다. BA.2는 기존 오미크론 변이보다 전파력이 30% 강해 정점 구간이 연장될 수도 있다. 확진자 수 폭증 이후 감소세에 들어설 것으로 전망했던 정부는 스텔스 오미크론에 감소세를 장담할 수 없게 됐다.

기존 오미크론 변이가 종전 유행을 이끌던 델타 변이보다 전파력이 약 2배 높고, 델타 변이 역시 그 이전 바이러스보다 전파력이 2~3배 높았던 점을 고려하면 스텔스 오미크론의 전파력은 위협적이라 할 만하다. 방역당국은 스텔스 오미크론의 영향으로 예상보다 유행 정점이 길어질 수 있다고 말하면서도 이 변이로 새로운 유행이 발생하지는 않으리라고 판단했다.

정답 ①

07 〈보기〉에서 설명하는 금속의 종류는?

| 보기 |

전기차 배터리의 핵심 소재로 쓰이는 이 금속은 러시아가 세계 3위 생산국으로서 세계 수요의 약 10%를 공급해왔다. 러시아가 우크라이나를 침공하면서 이 금속의 수급이 불안해지고 가격이 요동쳤다.

① 구리
② 아연
③ 니켈
④ 알루미늄

해설 러시아의 우크라이나 침공으로 니켈, 유연탄, 목재, 철강, 펄프 등 주요 원자재 가격이 일제히 고공 행진하면서 국내 산업계의 고심이 커졌다.

08 비행기에 장착되어 사고 발생 시 원인을 밝혀내는 장비는?

① 콘솔
② 3GPP
③ 블랙박스
④ 엑스박스

해설 '블랙박스(black box)'에 대한 설명이다. 블랙박스는 비행기 사고 후 분석되는 장비인 만큼 상당한 충격에 견딜 수 있도록 높은 내충격·내열성·내수성의 특징을 가진다. 차량용 블랙박스와 선박용 블랙박스는 비행기에 장착되는 블랙박스의 특징을 이용해 상용화된 것이다.

📂 **원자재 대란으로 신차 출고 지연...카플레이션 현실화**

니켈 등 전기차 원자재 급등과 반도체 공급난에 따른 '카플레이션'(자동차와 인플레이션을 합성한 신조어)이 현실로 다가왔다. 현대자동차와 벤츠 등 주요 완성차 업체는 최근 잇따라 가격을 인상했다. 전기차 대명사로 꼽히는 테슬라는 지난 3월에만 두 차례나 가격을 올렸다. 작년 2월 6999만원이었던 테슬라 모델Y가 8499만원이 됐다.

차량용 반도체 공급난에 따른 출고 지연과 보복 소비로 말미암은 자동차 구매 수요 증가세에 이어 원자재 가격 상승이 카플레이션을 이끌었다. 전기차 배터리 주요 소재인 니켈 가격은 지난 3월 25일 톤당 3만5555 달러(영국 런던 금속거래소 기준)를 기록하며 작년 3월보다 196% 폭등했다. 완성차 업체들은 이 같은 제조원가 상승분을 소비자 가격에 전가할 수밖에 없다고 주장했다.

정답 ③

📂 **132명 탑승한 중국 국내선 여객기 산으로 '수직' 추락**

지난 3월 21일 132명이 탑승한 중국 국내선 여객기가 중국 남부에서 산에 수직으로 추락하며 탑승자 전원이 사망하는 안타까운 사고가 발생했다. 중국 민용항공국에 따르면 이날 오후 1시 15분(현지시간)에 쿤밍을 출발해 광둥성 광저우로 향하던 중국 동방항공 소속 MU5735 여객기가 광시좡족자치구 우저우 텅현 인근 산악 지역에 추락한 것으로 확인됐다.

사고가 난 여객기에는 승객 123명과 승무원 9명 등 모두 132명이 탑승한 것으로 알려진 가운데, 한국인을 포함한 외국인 승객은 없는 것으로 알려졌다. 시진핑 중국 국가주석은 사고 소식에 "충격받았다"고 말했으며, 구조에 총력을 다해줄 것을 지시했다. 한편, 중국 당국은 추락한 여객기의 블랙박스를 발견해 사고 원인을 분석하고 있다.

정답 ③

09 후쿠시마 원전사고가 발생한 해는?

① 2011년
② 2012년
③ 2013년
④ 2014년

해설 일본 후쿠시마 원전사고는 지난 2011년 3월 11일 발생했다. 당시 동북구 지방을 관통한 대규모 지진과 지진으로 인한 쓰나미로 후쿠시마현에 위치한 원자력발전소에 방사능이 누출되는 사고가 났다. 일본 정부의 발표에 따르면 이 사고의 수준은 레벨7이다. 레벨7은 국제원자력사고등급(INES) 중 최고 위험단계다.

📂 7.4 강진 일은 후쿠시마…원전 이상에 우려

지난 3월 16일 일본 후쿠시마 앞바다에서 지진이 발생했다. 일본 기상청에 따르면 일본 후쿠시마현 앞바다에서 이날 오후 11시 34분께 규모 6.1의 지진이 발생했고, 2분 후에 규모 7.4의 지진이 이어졌다. 이번 지진으로 후쿠시마현과 미야기현 여러 곳에서는 진도 6강 또는 진도 6약의 흔들림이 관측됐다.

진도 6강은 일본 기상청이 지진에 따른 흔들림의 세기를 구분하는 10가지 진도 계급 가운데 사람이 기어가야 이동할 수 있는 상황이고 충격으로 사람이 튕겨 나갈 수 있는 정도의 흔들림 수준을 의미한다. 한편, 이번 지진의 여파로 후쿠시마 원전에서는 냉각 펌프가 최대 7시간 넘게 중단되는 상황이 발생하며, 11년 전 후쿠시마 원전사고의 악몽이 재현되는 것이 아니냐는 우려를 낳았다.

정답 ①

10 아프리카 출신으로, 차기 ILO 사무총장으로 선정된 인물은?

① 왐켈레 메네
② 질베르 웅보
③ 응고지 오콘조 이웨알라
④ 테워드로스 아드하놈 거브러여수스

해설 아프리카 출신으로 차기 ILO(International Labour Organization·국제노동기구) 사무총장으로 선정된 인물은 토고 출신의 질베르 웅보다. ①왐켈레 메네는 아프리카대륙자유무역지대(AfCFTA) 초대 사무총장, ③응고지 오콘조 이웨알라는 세계무역기구(WTO) 사무총장, ④테워드로스 아드하놈 거브러여수스는 세계보건기구(WHO) 사무총장으로 활동하고 있다.

📂 ILO 차기 수장에 첫 아프리카 출신 당선

국제노동기구(ILO) 신임 사무총장으로 토고 출신 질베르 웅보 국제농업개발기구(IFAD) 총재가 당선됐다. 아프리카 국가에서 ILO 사무총장이 나온 것은 이번이 처음이다. ILO는 3월 25일(현지시간) 스위스 제네바 본부에서

▲ 질베르 웅보 신임 ILO 사무총장

열린 차기 사무총장 선거 결과 웅보 총재가 당선됐다고 밝혔다. 웅보 총재와 함께 ILO 사무총장에 도전한 강경화 전 외교부 장관은 고배를 마셨다.

ILO 사무총장 선거는 후보자 가운데 과반 득표자가 나오기 전까지 가장 적은 득표를 한 후보자를 제외하면서 계속 투표를 진행하는 방식으로 치러진다. 강 전 장관은 예상대로 1차 투표 관문을 무난히 통과했지만, 그 다음 투표에서 아프리카 후보에 대한 지지세를 넘지 못했다. 질베르 당선자는 "나는 아프리카 출신이지만 시각은 세계적"이라며 "ILO를 구성하는 세계 각지의 정부와 고용주, 노동자 모두를 대표하고 대변할 준비가 돼 있다"고 당선 소감을 밝혔다.

정답 ②

11 한 국가가 외국에서 빌려온 차관에 대해 일시적으로 상환을 연기하는 것은?

① 디폴트
② 콘탱고
③ 백워데이션
④ 모라토리엄

해설 모라토리엄(moratorium)에 대한 설명이다.
① 디폴트(default) : 공사채의 이자 지불이 지연되거나 원금 상환이 불가능해진 상태
② 콘탱고(contango) : 선물 가격이 현물 가격보다 높거나 결제월이 멀수록 선물 가격이 높아지는 현상
③ 백워데이션(backwardation) : 현물 가격이 선물 가격보다 높아지는 현상

📁 북, ICBM 동해상으로 발사...모라토리엄 선언 파기

북한이 4년 4개월 만에 대륙간탄도미사일(ICBM)을 쏘아 올리며 끝내 한미가 임계점으로 규정해 온 이른바 '레드라인'(금지선)을 넘었다. 합참은 3월 24일 오후 2시 34분께 평양 순안비행장 일대에서 동해상으로 발사한 ICBM 1발을 포착했다고 밝혔다. 이로써 2018년 4월 북한이 자발적으로 핵실험장 폐기와 함께 핵실험 및 ICBM 시험발사를 중단하겠다고 한 모라토리엄(유예) 선언도 4년 만에 깨졌다.

문재인 대통령은 이날 직접 주재한 국가안전보장회의(NSC) 긴급회의에서 "김정은 북한 국무위원장이 국제사회에 약속한 대륙간탄도미사일 발사 유예를 스스로 파기한 것"이라고 말했다. 특히 한미가 앞선 두 차례 ICBM 성능시험 발사 당시 분석 내용을 이례적으로 공개하며 '사전 경고'를 했음에도 북한이 아랑곳하지 않고 ICBM 도발을 재개하면서 국제사회는 추가적인 대북 제재 등 강경 대응에 나설 것으로 보인다. 한편, 대통령직인수위원회는 북한의 이날 발사를 '도발'로 규정하며 그간 도발 규정을 주저했던 문재인 정부와 다른 기조를 보였다. **정답** ④

12 다음 중 작가와 작품의 연결이 잘못된 것은?

① 한강 – 채식주의자
② 이수지 – 여름이 온다
③ 백희나 – 구름빵
④ 최덕규 – 대도시의 사랑법

해설 최덕규는 그림책 『커다란 손』을 집필한 작가로, 2022년 볼로냐 라가치상에서 논픽션 부문 스페셜 멘션에 선정된 바 있다. 『대도시의 사랑법』은 박상영 작가의 작품으로, 2022년 영국 최고 권위 문학상인 부커상 인터내셔널 부문 1차 후보에 올랐다.

📁 이수지, 안데르센상 한국작가 첫 수상

▲ 이수지 작가가 한스 크리스티안 안데르센상 수상자로 발표됐다. (이수지 인스타그램 캡처)

그림책 『여름이 온다』의 이수지 작가가 '아동문학계 노벨상'이라 불리는 한스 크리스티안 안데르센상(이하 안데르센상)을 수상했다. 국제아동청소년도서협의회(IBBY)는 3월 21일(현지시간) 이탈리아 볼로냐 국제아동도서전 개막 기자회견에서 이 작가를 안데르센상 일러스트레이터 부문 수상자로 선정했다고 밝혔다. 미국과 유럽에서 이름을 널리 알린 이 작가는 앞서 지난 2월 『여름이 온다』로 '그림책의 노벨상'으로 언급되는 '볼로냐 라가치상' 픽션 부문 '스페셜 멘션(우수상)에 선정됐다.

안데르센상은 19C 덴마크 출신 동화작가인 한스 크리스티안 안데르센을 기리고자 1956년 만들어진 상으로 아동문학계 최고의 권위를 인정받는다. 한국 작가가 안데르센상을 받은 것은 처음이다. 아시아 작가의 이 부문 수상도 1984년 일본 작가 안노 미쓰마사 이후 38년 만이다. 한국은 세계 아동문학계가 주목하는 안데르센상 수상자를 배출한 28번째 국가가 됐다고 국제아동청소년도서협의회 한국위원회(KBBY)는 전했다. **정답** ④

13 세계실내육상선수권에서 한국 선수 최초로 금메달을 획득한 선수는?

① 김정환
② 손주일
③ 신재환
④ 우상혁

해설 우상혁은 3월 20일 세르비아 베오그라드의 스타크 아레나에서 열린 2022 세계실내육상선수권대회 남자 높이뛰기에서 2m 34를 넘어 한국 선수 최초로 이 대회에서 금메달을 획득했다.

📂 우상혁, 韓 최초 높이뛰기 세계 챔피언…'육상 새역사'

대한민국 높이뛰기 간판 선수 우상혁(26·국군체육부대)이 대한민국 육상의 새 역사를 썼다. 우상혁은 3월 20일(국내시간) 세르비아 베오그라드의 스타크 아레나에서 열린 2022 세계실내육상선수권대회 남자 높이뛰기에서 2m 34를 넘어 금메달을 획득했다. 세계실내육상선수권에서 한국 선수가 우승한 건 최초의 일이다.

우상혁 직전에 한국 선수가 세계실내육상선수권에서 기록한 최고 순위는 1995년 바르셀로나 대회 남자 400m에서 손주일이 달성한 5위였다. 금의환향한 우상혁은 "2024년 파리올림픽 금메달에도 도전하겠다"고 다부지게 밝혔다. 한편, 문재인 대통령은 우상혁에게 "한국 육상에 길이 빛날 이정표를 세웠다"며 축전을 보냈다.

정답 ④

14 한국 OTT 서비스가 아닌 것은?

① 티빙
② 시즌
③ 왓챠
④ 훌루

해설 훌루(Hulu)는 미국의 OTT(Over The Top·온라인동영상서비스) 업체로, 디즈니에서 운영하고 있다.

📂 웨이브·티빙·넷플릭스 등 구글 인앱결제 시 요금 인상

웨이브, 티빙, 시즌 등 국내 온라인동영상서비스(OTT)가 3월 24일 구글 안드로이드 인앱결제 이용자에 대해서만 요금을 인상키로 했다. 이는 구글의 정책 변경을 반영한 것이다. 앞서 구글은 구글플레이에 등록된 앱에 대해 외부 결제 페이지로 연결되는 아웃링크를 삭제하는 업데이트를 4월 1일까지 마치도록 요구하고, 이를 따르지 않을 경우 오는 6월 1일부터 구글플레이에서 앱을 삭제하겠다고 공지했다.

이는 2020년 공지한 글로벌 정책의 유예기간 18개월이 만료된 데 따른 것이다. 이에 따라 OTT 앱들은 구글 인앱결제 이용 시 구독형 서비스에 적용되는 수수료 15%를 구글에 내야 한다. 앱으로 결제하지 않고 PC나 모바일 웹 등에서 외부 결제를 이용하는 경우에는 여전히 수수료 부담이 없지만, 구글 플레이의 아웃링크 삭제에 따라 이런 내용으로 소비자를 안내할 길이 막히게 됐다는 것이 OTT 업체들의 설명이다.

정답 ④

15 2세대 아이돌그룹 빅뱅·동방신기·소녀시대의 데뷔 기준 멤버 수를 합친 값은?

① 17
② 18
③ 19
④ 20

해설 데뷔 기준으로 빅뱅·동방신기의 멤버 수는 각각 5명, 소녀시대의 멤버 수는 9명이다. 따라서 이를 모두 합친 값은 19다. 2022년 4월 기준으로 빅뱅은 승리가 탈퇴해 4인조로, 동방신기는 시아준수·믹키유천·영웅재중이 탈퇴해 2인조로, 소녀시대는 제시카가 탈퇴해 8인조로 구성돼 있다.

📁 **승리 지운 '빅뱅' 4인조로 컴백...신곡 제목은 '봄여름가을겨울'**

▲ 빅뱅이 신곡 '봄여름가을겨울'로 돌아왔다. (자료 : YG엔터테인먼트)

'버닝썬 논란'의 중심에 서며 사회적으로 큰 물의를 일으킨 멤버 승리가 탈퇴하며 4인조로 축소된 그룹 빅뱅(▲지드래곤 ▲탑 ▲태양 ▲대성)이 신곡 '봄여름가을겨울'로 컴백했다. 지난 2018년 3월 발표한 싱글 '꽃 길' 이후 약 4년 만의 컴백이다.

앞서 YG엔터테인먼트는 3월 24일 빅뱅의 신곡 제목이 '봄여름가을겨울'이라고 밝혔다. 이는 "멤버들의 지난 시간을 함축적으로 표현한 곡"이라며 "그들의 진정성 있는 음악과 메시지가 담겼다"고 설명했다. 승리 외 다른 멤버들도 마약 등으로 구설수에 휘말린 바 있는 가운데, 빅뱅이 이번 컴백으로 옛날의 명성을 되찾을 수 있을지 많은 관심이 쏟아지고 있다.

정답 ③

16 2022년 4월 1일 기준 역대 '빌보드 200' 차트에서 1위에 오른 케이팝 가수가 아닌 사람은?

① 싸이
② 슈퍼엠
③ 방탄소년단
④ 스트레이 키즈

해설 싸이는 2012년 세계적인 열풍을 일으킨 '강남스타일'로 '빌보드 100' 차트에서 7주 연속 2위를 기록했으나 끝내 1위에 오르지 못했다. 싱글 차트인 '빌보드 100'과 앨범 차트인 '빌보드 200' 차트는 빌보드를 대표하는 메인 차트다.

📁 **스트레이 키즈, 빌보드 200 정상...케이팝 역대 세 번째**

The Billboard 200

1 Stray Kids Mini Album: Oddinary (EP)
Stray Kids
New this week!

▲ '빌보드 200' 차트 1위에 오른 스트레이 키즈 (홈페이지 캡처)

JYP 엔터테인먼트 소속 아이돌 그룹 스트레이 키즈가 데뷔 4년 만에 미국 빌보드 메인 앨범 차트인 '빌보드 200' 차트에서 정상에 오르며 케이팝 역사에 또 다른 페이지를 장식했다. 3월 29일 빌보드는 SNS 채널을 통해 스트레이 키즈의 미니 음반 '오디너리(ODDINARY)'가 4월 2일 자 '빌보드 200' 차트에서 1위를 차지했다고 전했다.

케이팝 가수가 '빌보드 200' 차트에서 정상을 차지한 것은 방탄소년단(BTS)과 슈퍼엠(SuperM)에 이어 세 번째다. 스트레이 키즈는 '빌보드 200' 이외에도 '아티스트 100', '톱 앨범 세일즈', '월드 앨범' 등 빌보드 세부 차트를 포함해 6개 차트 정상을 차지했다. JYP 엔터테인먼트의 수장 박진영 대표 프로듀서는 "(원더걸스의) '노바디'가 케이팝 가수 처음으로 빌보드 메인 차트에 오른 지 13년 만에 드디어 1위가 됐다"며 감격했다.

정답 ①

01 다음 중 구조주의 철학의 개척자로 평가되는 사람은?

① 장 보드리야르
② 버트런드 러셀
③ 테오도어 아도르노
④ 클로드 레비스트로스

해설 프랑스의 인류학자 클로드 레비스트로스(Claude Levi Strauss, 1908~ 2009)는 1960년대 소쉬르의 구조 언어학을 응용하여 인간의 사회와 문화를 이해하는 방법으로서 구조주의 철학을 개척했다. 구조주의는 근본 요소들 사이의 상호 관계 위에 정신적·언어적·사회적·문화적 구조가 성립하며 그 구조 내에서 특정 개인이나 문화의 의미가 생산된다는 관점이다.

정답 ④

02 『프로테스탄트 윤리와 자본주의 정신』의 저자는?

① 막스 베버
② 칼 마르크스
③ 에드먼드 버크
④ 존 스튜어트 밀

해설 막스 베버(Max Weber, 1864~1920)의 저서 『프로테스탄트 윤리와 자본주의 정신』은 20C에 출현한 사회과학의 업적 중 가장 중요한 것 중 하나로 꼽힌다. 그 내용은 방탕과 낭비를 절제하고 금욕을 우선하는 청교도적 세계관(프로테스탄티즘)이 재산의 획득을 윤리적으로 정당화함으로써 결과적으로 자본주의의 발전을 도왔다는 것이다.

정답 ①

03 다음 중 방송통신위원회로부터 방송사업자로서 허가를 받지 않아도 되는 곳은?

① MBC
② JTBC 골프
③ 네이버TV
④ 롯데홈쇼핑

해설 네이버TV는 온라인동영상 서비스(OTT, Over The Top)로서 현행법상 방송사업자가 아니므로 방송통신위원회의 허가를 받지 않아도 된다. ▲지상파방송사업자 ▲종합유선사업자 ▲IPTV사업자 ▲위성방송사업자는 방송사업자로서 허가를 받아야 한다.

정답 ③

04 주위에 사람들이 많을수록 책임감이 분산돼 어려움에 처한 사람을 돕지 않고 방관하게 되는 현상은?

① 링겔만 효과

② 베블런 효과

③ 아폴로 신드롬

④ 제노비스 신드롬

해설 제노비스 신드롬(Genovese syndrome)에 대한 설명이다. 제노비스 신드롬은 '방관자 효과'라고도 한다.

① 링겔만 효과(Ringelmann effect) : 혼자서 일할 때보다 집단 속에서 함께 일할 때 노력을 덜 기울이면서 성과가 떨어지는 현상

② 베블런 효과(Veblen effect) : 상품의 가격이 상승하는데도 불구하고 허영심이나 과시욕으로 인해 수요가 증가하는 현상

③ 아폴로 신드롬(Apollo syndrome) : 뛰어난 인재들이 많이 모였지만 오히려 집단 전체의 성과가 낮게 나타나는 현상

정답 ④

05 다음 중 프리코노믹스와 관계가 없는 것은?

① 시사IN

② 유튜브

③ 아프리카TV

④ 지상파 MBC

해설 프리코노믹스는 무료(free)와 경제학(economics)을 합성한 신조어다. 데이터 저장과 가공, 광대역 등 기술의 접근성과 비용 문제가 크게 개선되면서 대중이 관련 서비스를 무료로 누릴 수 있게 되는 현상을 말한다. 시사 주간지 '시사IN'은 유료로 판매하는 매체로서 프리코노믹스와 관계가 없다.

정답 ①

06 다음 중 헌법재판소의 역할이 아닌 것은?

① 어떤 정당을 없앨지 말지 결정

② 국가기관 간의 권한 다툼을 해결

③ 대통령 등 고위 공무원의 탄핵 여부를 판결

④ 각급 법원의 판결이 헌법에 위반되었는지 심사

해설 각급 법원의 '판결'이 헌법에 위반되었는지 심사하는 것은 대법원의 역할이다. 헌법재판소는 '법률'이 헌법에 위반되었는지를 심판하는 기관이다.

정답 ④

07 영국 연방 회원국이 아닌 나라는?

① 콩고

② 캐나다

③ 자메이카

④ 말레이시아

해설 영국 연방(Commonwealth of Nations)은 영국 본국과 함께 캐나다. 오스트레일리아, 뉴질랜드 등 과거 영국 식민지였던 52개 국가로 구성된 국제기구이다. 콩고는 과거 벨기에의 식민지였다.

정답 ①

08 2009년 소말리아 해역에서 한국 선박을 해적들로부터 보호하기 위해 아덴만에 파견된 부대는?

① 청해부대

② 동명부대

③ 아크부대

④ 오쉬노부대

해설 청해부대에 대한 설명이다. ②동명부대는 레바논, ③아크부대는 아랍에미리트(UAE), ④오쉬노부대는 아프가니스탄에 파병됐다.

정답 ①

09 무선 주파수 대역을 이용해 대상을 식별할 수 있도록 해주는 근거리 통신 기술은?

① AR

② VoIP

③ MVNO

④ RFID

해설 RFID(Radio Frequency IDentification)에 대한 설명이다. RFID는 생산에서 판매까지의 전 과정을 IC칩에 내장시켜 무선주파수로 추적할 수 있어 바코드를 대체할 차세대 인식기술로 꼽히고 있다. 전자태그, 스마트태그, 전자라벨 등으로도 불린다.

정답 ④

10 자발적으로 취업을 포기하고 경제적으로 부모에게 의존하는 20~30대 젊은 세대를 일컫는 용어는?

① 프리터족

② 캥거루족

③ 니트족

④ 모라토리엄족

해설 캥거루족에 대한 설명이다.

① 프리터(freeter)족 : 'free arbe-iter'의 준말로, 필요한 돈이 모일 때까지만 아르바이트를 하고 쉽게 일자리를 떠나는 사람들

③ 니트(NEET)족 : 'Not in Education, Employment or Training'의 준말로, 학업·취업·가사 등에 의욕이 전혀 없는 15~34세의 젊은 층

④ 모라토리엄(moratorium)족 : 휴학을 하거나 고의로 F학점을 받아 사회 진출을 미루는 학생들을 뜻하는 신조어

정답 ②

11 근로자가 노동조합에 가입하지 않거나 탈퇴할 것을 조건으로 하는 근로계약은?

① 와그너계약

② 노리스계약

③ 황견계약

④ 태프트계약

해설 황견계약(yellow dog contract)은 근로자가 노동조합에 가입하지 않거나 탈퇴할 것을 조건으로 하는 근로계약으로, 비열계약(卑劣契約)이라고도 한다. 황견계약은 헌법이 보장하고 있는 단결권을 침해하는 것으로, 노동조합 및 노동관계조정법은 이를 부당노동행위로 규정하여 금지하고 있다.

정답 ③

12 다음 재판 중 일반 국민이 배심원 또는 예비배심원이 되어 참여할 수 있는 재판은?

① 민사재판

② 형사재판

③ 군사재판

④ 헌법재판

해설 우리나라에서 2008년 1월부터 실시한 국민참여재판제도는 국민이 배심원이나 예비배심원이 되어 재판에 참여하는 것으로서, 배심원은 만 20세 이상의 국민 가운데 무작위로 선정되며 형사재판에서 피고인의 유무죄에 관해 평결을 내린다. 그러나 배심원의 평결이 법적 구속력을 갖지는 못한다.

정답 ②

※ 단답형 (01~36)

01 가상자산사업자(VASP)가 100만원 이상 거래 발생 시 송신인과 수신인의 신원 정보를 파악해 금융 당국에 보고해야 하는 법적 의무는?

02 〈보기〉의 빈칸에 들어갈 말을 순서대로 쓰시오.

┤ 보기 ├
더불어민주당과 국민의힘은 지난 21대 국회의원 총선에서 정치적 다양성을 보장한다는 취지로 준연동형 (   )을(를) 도입했지만 의석수 욕심에 (   )정당을 창당해 되레 거대 양당 체제를 공고화한 바 있다.

03 〈보기〉의 빈칸에 들어갈 말을 순서대로 쓰시오.

┤ 보기 ├
신설 법인의 주식을 기존 회사 주주들이 지분율대로 나눠 갖는 형태는 (   )(이)다. 모회사가 분할되는 기업의 주식을 100% 보유하는 형태는 (   )(이)다.

04 2차 세계대전 당시 소련과 어떤 나라와의 관계에서 유래한 말로, 국력이 상대적으로 약한 나라가 독립을 유지하는 대신 주변 강대국을 자극하지 않으면서 중립적 외교 관계를 유지하는 것은?

05 〈보기〉의 빈칸에 들어갈 말을 순서대로 쓰시오.

┤ 보기 ├
지난 대선 기간 야당은 이재명 후보의 성남 시장 당시 (   ) 사업 특혜 의혹을, 여당은 윤석열 후보 아내 김건희 씨의 (   ) 주가 조작 의혹을 집중적으로 제기했다.

06 모건스탠리 자회사가 발표하는, 선진국지수와 신흥시장지수로 구분된 세계 주가지수는?

07 음악 저작권에 투자해 정기적으로 저작권료를 정산받는 투자 방식은?

08 기업에 직접 투자하기보다 개별 펀드에 출자해 직접적인 투자위험을 줄이면서 수익을 목적으로 운영하는 펀드는?

_____

_____

09 2021년 본예산 대비 초과 국세수입은? (조 단위까지만 쓸 것)

_____

_____

10 2022년부터 출생한 아동에게 지급하는 200만원 상당 바우처의 명칭은?

_____

_____

11 '범죄가 행해지거나 발생할 가능성이 있는 상황에서 경찰이 범죄 예방 또는 진압 과정에서 타인에게 피해를 입혔을 때 정상을 참작해 형을 감경하거나 면제할 수 있다'는 내용으로 2022년 1월 개정된 법은?

_____

_____

12 반도체 제조 과정만을 전담하는 위탁 생산 업체는?

_____

_____

13 아시아·태평양 지역 11개국이 2018년 칠레에서 결성한 다자간 자유무역협정은?

_____

_____

14 임대차 3법을 쓰시오.

_____

_____

15 디젤 엔진의 미세먼지 배출을 가소하는 '배출가스 저감장치'의 영문 줄임말은?

_____

_____

정답 **01** 트래블룰 **02** 비례대표제, 위성 **03** 인적분할, 물적분할 **04** 핀란드화 **05** 대장동, 도이치모터스 **06** MSCI 지수 **07** 뮤직테크 **08** 모태펀드 **09** 61조원 **10** 첫만남이용권 **11** 경찰관 직무집행법 **12** 파운드리 **13** CPTPP(포괄적·점진적 환태평양 경제 동반자 협정) **14** 전월세신고제, 전월세상한제, 계약갱신청구권제 **15** DPF

16 블록체인 기술로 그림이나 영상 등 디지털 파일에 원본임을 인증하는 토큰을 붙인 것은?

---

17 RE100의 RE가 무엇의 약자인지 풀어쓰고, RE100 캠페인을 2014년 처음으로 시작한 영국의 비영리기구의 명칭을 쓰시오.

---

18 〈보기〉의 빈칸에 들어갈 말을 순서대로 쓰시오.

| 보기 |

( )은(는) 기업에서 사망사고 등 중대재해가 발생했을 때 사업주에 대한 형사처벌을 강화하는 내용의 법안이다. 이 법은 2022년 1월 27일부터 시행됐으며 ( )인 미만 사업장은 적용 대상에서 제외했다.

---

19 빚의 원금과 이자를 갚는 데 들어가는 돈이 소득에서 차지하는 비율, 주택담보대출을 받을 때 매년 상환해야 하는 금액이 연 소득에서 차지하는 비율을 의미하는 용어를 순서대로 쓰시오.

---

20 우리나라 기술로 개발한 3단계 액체로켓이자 국내 최초 저궤도 실용위성 발사용 로켓은?

---

21 '국가온실가스목표'의 영문 줄임말은 무엇인지, 문재인 정부는 몇 년까지 모든 석탄 발전을 폐지하기로 했는지 쓰시오.

---

22 핵융합 발전을 일반적으로 무엇이라고 지칭하는가?

---

23 억눌렸던 수요가 급속도로 살아나는 현상을 무슨 효과라고 하는가?

---

24 유럽연합(EU)이 2020년 6월 처음 발표한, 환경적으로 지속가능한 경제 활동의 범위를 정한 것은?

---

25 닐 스티븐슨의 소설 『스노우 크래쉬』에서 처음 등장한 말로, 온라인에 구현되는 가상세계를 뜻하는 말은?

---

26 수직이착륙이 가능한 개인 항공기로 오가는 미래 도시 교통 체계이자 도심형 항공 모빌리티를 뜻하는 말은?

---

27 기업의 주가를 주당 순자산가치로 나눈 수치는?

---

28 채식을 위주로 고기류도 함께 먹으며 유연한 식생활을 하는 사람을 이르는 말은?

---

29 주택가격 상승률이 물가 상승률보다 현저히 높은 지역으로서 그 지역의 청약경쟁률, 주택가격, 주택보급률, 주택공급계획 등을 고려하였을 때 주택에 대한 투기가 성행하고 있거나 성행할 우려가 있는 지역에 대해 정부가 지정하는 부동산 규제지역은?

---

30 〈보기〉의 빈칸에 들어갈 이름을 순서대로 쓰시오.

┤ 보기 ├

1997년 제15대 대선에서 김대중 새정치국민회의 후보는 (　　　) 자유민주연합 후보와 단일화를 이뤄 당선됐다. 2002년 제16대 대선에서는 노무현 새천년민주당 후보가 (　　　) 국민통합21 후보와 단일화에 합의해 당선됐다.

---

31 시장에서 성공을 거둔 대표 브랜드 중심으로 판매 활동을 진행하는 마케팅 방식은?

---

32 무작위로 선정된 전화번호를 활용하는 전화 여론조사 방법은?

_____

_____

33 인터넷상에서 음성·영상 등을 다운로드하지 않고 실시간으로 재생하는 기법은?

_____

_____

34 어떤 일을 강요하기보다는 스스로 자연스럽게 행동을 변화하도록 유도하는 유연한 개입을 일컫는 말은?

_____

_____

35 국내 8개 은행들이 제공한 자금조달 관련 정보를 기초로 하여 산출되는 자금조달비용지수를 무엇이라고 하는가?

_____

_____

36 금리 인상을 통한 적극적인 긴축(양적완화 축소)을 일컫는 말은?

_____

_____

강원문화재단 2022년 2월 19일

01 마샬 맥루한이 『미디어의 이해』에서 '정보량이 적은 대신 수용자의 참여도가 높다'고 설명한 미디어 유형은?

① 쿨미디어
② 핫미디어
③ 소셜미디어
④ 매스미디어

해설 캐나다의 미디어 이론가 마샬 맥루한(Marshall McLuhan, 1911~1980)은 1960년대에 이미 활자매체에 대한 전자매체의 우위를 예견하면서 미디어를 정세도와 참여도라는 개념에 따라 쿨미디어와 핫미디어로 구분했다. 정세도는 감각이 받아들이는 정보의 자세한 정도로서 정보량이라고 할 수 있다. 참여도는 수용자가 받아들인 메시지의 의미를 재구성하기 위해 상상력을 개입해야 하는 정도다. 쿨미디어는 정세도가 낮은 대신 참여도가 높으며 핫미디어는 정세도가 높은 대신 참여도가 낮다. 이러한 구분은 상대적인 기준이지만 활자 매체인 책과 전자매체인 TV를 비교할 때 책은 핫미디어, TV는 쿨미디어라고 할 수 있다.

02 드라마나 영화에서 간단한 줄거리나 드라마의 개요를 이르는 말은?

① 리허설
② 에필로그
③ 프롤로그
④ 시놉시스

해설 시놉시스(synopsis)는 작가가 작품의 주제를 알리기 위해 간단히 줄거리를 적은 것이다.

03 궁궐, 사찰 등의 단청에서 쉽게 찾아볼 수 있는 한국의 전통 색상인 오방색에 포함되지 않는 색은?

① 흰색
② 주황색
③ 노란색
④ 검정색

해설 오방색(五方色)이란 오행사상에서 유래된 전통 색상으로서 ▲흰(白)색 ▲빨간(赤)색 ▲파란(靑)색 ▲노란(黃)색 ▲검정(黑)색 5가지 색을 일컫는다.

04 라틴아메리카 댄스 음악 장르로서 쿠바의 무곡인 단손(danzon)에서 개조돼 파생한 것은?

① 자이브
② 왈츠
③ 차차차
④ 탱고

해설 차차차(cha cha cha)에 대한 설명이다. 차차차는 끊어 치는 스타카토 리듬이 특징으로 1950대 중반부터 미국을 시작으로 세계적인 인기를 끌었다.

05 다음 중 '점점 세게'를 나타내는 셈여림표는?

① 크레센도
② 디크레센도
③ 디미누엔도
④ 포르티시모

해설 '점점 세게'를 의미하는 셈여림표는 크레센도(crescendo)이다.

❖ 셈여림표

명칭	의미	명칭	의미
스포르찬도 (sforzando)	특히 세게	피아니시시모 (pianississimo)	아주 여리게
스포르차토 (sforzato)	특히 세게	피아니시모 (pianissimo)	매우 여리게
스포르찬도 피아노 (sforzando piano)	특히 세게 곧 여리게	피아노(piano)	여리게
포르테 피아노 (forte piano)	세게 곧 여리게	메조 피아노 (mezzo piano)	조금 여리게
악센트(accento)	세게	메조 포르테 (mezzo forte)	조금 세게
크레센도 (crescendo)	점점 세게	포르테(forte)	세게
디크레센도 (decrescendo)	점점 약하게	포르티시모 (fortissimo)	매우 세게
디미누엔도 (diminudendo)	점점 약하게	포르티시시모 (fortississimo)	아주 세게

06 사람을 피사체로 이용하는 애니메이션 기법은?

① 모핑
② 로토스코핑
③ 픽실레이션
④ 플립북 애니메이션

해설 픽실레이션(pixilation)은 실제 사람을 피사체로 이용해 사람의 동작을 애니메이션에 담아내는 기법이다. 이 기법은 캐릭터와 배경이 실사 영화와 동일하게 보이지만 실사 영상에서 표현하기 어려운 분절된 움직임으로 무성영화처럼 끊어지거나 과장된 동작을 표현할 수 있다.
① 모핑 : 이미지를 자연스럽게 변화시키는 컴퓨터 애니메이션 기법
② 로토스코핑 : 실사 이미지의 외형선을 한 프레임씩 베껴 애니메이션으로 만든 다음 이를 원본 이미지와 합성하는 기법
③ 플립북 애니메이션 : 한 권의 종이 묶음에 연속적인 그림을 그려놓은 다음 순간적으로 넘겨 보여주는 기법

정답 **32** RDD **33** 스트리밍 **34** 넛지 **35** COFIX(코픽스) **36** 타이트닝 /
01 ① **02** ④ **03** ② **04** ③ **05** ① **06** ③

기출복원 TEST **153**

07 다음 댄스 스포츠 지도자 자격 중 가장 높은 등급은?

① 펠로
② 스튜던트 티처
③ 어소시에이트
④ 라이센시에이트

해설 댄스 스포츠 자격증 등급은 스튜던트 티처(S, Student teacher) - 어소시에이트(A, Associate) - 라이센시에이트(L, Licentiate) - 펠로(F, Fellow)로 갈수록 높아진다.

08 르네상스 시대를 대표하는 화가로 '아테네 학당'을 그린 인물은?

① 도나텔로
② 라파엘로
③ 미켈란젤로
④ 레오나르도 다빈치

해설 라파엘로 산치오(Raffaello Sanzio, 1483~1520)는 미켈란젤로, 레오나르도 다빈치 등과 더불어 르네상스 시대를 대표하는 화가로서 '아테네 학당'을 그렸다. '아테네 학당'은 1510~1511년 바티칸 사도 궁전 내부 방들 가운데 교황의 개인 서재인 서명의 방에 교황 율리오 2세를 위해 만들어졌다.

09 '페르귄트 모음곡'을 작곡한 노르웨이 출신 작곡가는?

① 요한 스벤젠
② 요하네스 브람스
③ 에드바르 그리그
④ 장 시벨리우스

해설 '페르귄트 모음곡'은 노르웨이 극작가 헨리크 입센의 운문극 '페르귄트'에 노르웨이 작곡가 에드바르 그리그(Edvard Grieg, 1848~1907)가 곡을 붙여 만든 모음곡이다. 이 모음곡 중에 '아침의 기분', '오제의 죽음', '솔베이지의 노래', '산왕의 궁전에서' 등은 다양하게 편곡돼 다양한 대중문화 장르에서 활용됐으며 한국인에게도 익숙하다.

10 주로 건축 분야에서 구상 중인 건축물의 그림이나 설계도를 시범적으로 그려보는 것은?

① 데생
② 크로키
③ 스케치
④ 에스키스

해설 에스키스(esquisse)는 작품 단계에 들어가기 전에 구상 중인 것을 시험적으로 그려보는 초벌 그림으로서 주로 건축 분야에서 사용되는 용어다.
① 데생(dessin) : 사물의 형태나 움직임의 느낌 등을 선이나 명암으로 그린 것
② 크로키(croquis) : 짧은 시간에 사물이나 사람의 특징을 재빨리 포착해 그린 것
③ 스케치(sketch) : 건식 재료로 간략하게 구도나 형태 등을 나타내는 밑그림

11 방송에서 감독을 보조하는 사람은?

① CP
② PD
③ FD
④ AD

해설 AD(Assistant Director)는 감독(PD)의 역할과 업무를 보조하며 제작과 관련한 모든 잡무를 처리한다.
① CP(Chief Producer) : 전체 프로그램을 기획하고 조율하는 국장급 PD로서 일반 회사의 이사급에 해당한다고 볼 수 있다.
② PD(Program Director) : 방송 프로그램의 기획, 제작 등을 책임지는 총책임자, 즉 감독이다.
③ FD(Floor Director) : 스튜디오 진행이나 현장 섭외 등을 담당하는 무대 감독이나 우리나라에서는 무대 감독이라기보다 조연출의 보조 기능 역할을 하고 있다.

12 서로마 제국 멸망 후 13C 고딕 양식이 발전하기 전까지 11~12C에 서부 유럽 각지에서 발전한 건축 양식은?

① 바로크
② 로마네스크
③ 로코코
④ 아라베스크

해설 로마네스크 건축 양식은 서로마 제국 멸망 후 프랑크 왕국의 샤를마뉴(카롤루스 대제)가 로마 제국의 재건을 꿈꾸면서 도입해 유럽 전역으로 확산했다. 로마네스크 양식은 석재 구조를 사용한 육중한 외관과 두꺼운 벽, 둥근 아치, 아케이드(기둥 아래 공간), 그로인 볼트(교차 궁륭)가 특징이며 대표적인 건축물로는 이탈리아 피사 대성당, 영국 런던 탑 등을 들 수 있다.

13 발레 동작에서 한쪽 다리가 마룻바닥을 떠나 자유로워진 상태를 말하는 것은?

① 바트망
② 아테르
③ 플리에
④ 데가제

해설 데가제(dégagé)는 '자유롭다'는 뜻으로 한쪽 다리가 마룻바닥을 떠나 자유로워진 상태를 말한다. 이때 체중을 싣고 있는 다리는 움직이지 말아야 하며, 움직이는 다리는 허벅지부터 동작해야 한다.
① 바트망(battement) : 앞·뒤·옆으로 다리를 뻗었다가 다시 원 자세로 돌아오는 동작
② 아테르(à terre) : 발을 공중에 띄우지 않은 상태
③ 플리에(plié) : 꼿꼿이 서서 무릎을 구부리는 동작

14 미국에서 TV 프로그램 부문을 시상하는 최고 권위의 상은?

① 퓰리쳐상
② 그래미상
③ 에미상
④ 아카데미상

해설 에미상(Emmy Awards)은 미국에서 영화 부문 최고 권위의 상인 아카데미상에 빗대어 'TV 부문의 아카데미상'이라고 불리는 상이다. 1949년부터 미국 텔레비전 예술과학아카데미(NATAS)가 연기, 연출, 작가, 프로그램, 영상, 의상, 분장, 음악, 조명, 영화편집, 비디오테이프 편집, 그리고 녹음 등의 분야에 시상하고 있다.

15 베토벤 교향곡의 부제가 아닌 것은?

① 운명
② 정원
③ 합창
④ 피가로의 결혼

해설 '피가로의 결혼'은 볼프강 아마데우스 모차르트가 보마르셰의 희극 '피가로의 결혼'에 기초한 로렌초 다 폰테의 대본으로 1786년에 작곡한 희극 오페라, 즉 오페라 부파(opera buffa)이다.

01 다음 문화유산을 남긴 나라에 대한 설명으로 옳은 것은?

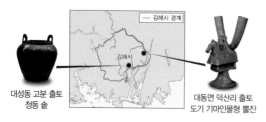

대성동 고분 출토
청동 솥

대동면 덕산리 출토
도기 기마인물형 뿔잔

① 읍락 간의 경계를 중시하는 책화가 있었다.
② 백강에서 왜군과 함께 당군에 맞서 싸웠다.
③ 지방 장관으로 욕살, 처려근지 등을 두었다.
④ 낙랑과 왜를 연결하는 중계 무역으로 번성하였다.
⑤ 만장일치제인 화백 회의를 통해 국정을 운영하였다.

해설 자료에서 김해시 지역에서 유물이 출토되었고, 대성동 고분군(금관가야의 고분군)의 청동 솥과 기마인물형 뿔잔으로 보아 가야가 남긴 문화유산임을 알 수 있다.
가야는 낙동강 하류 지역의 변한 땅에서 결성된 연맹 왕국으로 초기에는 김해의 금관가야를 중심으로 연맹을 이루다 후일 대가야 중심으로 이동하였다. 우수한 철이 많이 생산되어 낙랑과 왜 등에 철을 수출하였다.
④ 가야는 낙랑과 왜를 연결하는 중계 무역으로 번성하였다.

[오답 피하기]
① 책화는 동예의 풍습이다.
② 백강에서 왜군과 당군이 싸운 것은 663년의 백강 전투에 해당한다.
③ 지방 장관으로 욕살, 처려근지 등을 둔 것은 고구려이다.
⑤ 신라의 귀족 회의인 화백 회의는 만장일치제로 운영되었다.

02 (가) 국가에 대한 설명으로 옳은 것은?

> (가) 중대성이 일본국 태정관에게 보내는 첩(牒)
>
> 귀국에 가서 알현할 사신 정당성 좌윤 하복연과 그 일행 105명을 파견합니다. …… 일본 땅은 동쪽으로 멀리 있고, 요양(遼陽)은 서쪽으로 멀리 있으니, 양국이 서로 떨어져 있는 거리가 1만 리나 되고도 남음이 있습니다. ……

① 옥저를 정복하고 동해안으로 진출하였다.
② 광덕, 준풍 등의 독자적인 연호를 사용하였다.
③ 5경 15부 62주의 지방 행정 제도를 갖추었다.
④ 상수리 제도를 실시하여 지방 세력을 견제하였다.
⑤ 내신 좌평, 위사 좌평 등 6좌평의 관제를 마련하였다.

해설 자료에서 중대성, 정당성 등이 제시되어 있는 것으로 보아 (가) 국가가 발해임을 알 수 있다.
발해는 당의 영향을 받아 3성 6부제를 중앙 관제로 채택하였지만 당과는 다른 독자적인 명칭을 사용하였다. 정당성, 선조성, 중대성이 발해 3성의 명칭이다.
③ 발해는 선왕 때 5경 15부 62주의 지방 행정 제도를 갖추었다.

[오답 피하기]
① 옥저를 정복한 국가는 고구려이다.
② 광덕, 준풍 등의 연호를 사용한 것은 고려 광종이다.
④ 지방 세력 통제를 위해 상수리 제도를 실시한 것은 신라이다.
⑤ 6좌평은 백제의 관제이다.

03 밑줄 그은 '이 사건'에 대한 설명으로 옳은 것은?

한국사 대談 **단재 신채호의 역사 인식**

단재 신채호 선생은 이 사건을 조선 역사상 일천년래 제일 대사건으로 평가하였습니다. 그 이유가 무엇인가요?

선생은 이 사건을 진취 사상 대 보수 사상의 싸움으로 보아, 전자가 패하고 후자가 승리하면서 우리 역사가 사대적, 보수적으로 전개되었다고 이해하였기 때문입니다.

① 이성계가 위화도에서 회군하여 최영을 제거하였다.

② 왕실의 외척인 이자겸이 척준경과 함께 난을 일으켰다.

③ 묘청 일파가 김부식이 이끄는 관군에 의해 토벌되었다.

④ 조위총이 군사를 일으켜 정중부 등의 제거를 도모하였다.

⑤ 강조가 정변을 일으켜 김치양을 제거하고 목종을 폐위하였다.

해설 자료에서 단재 신채호가 '조선 역사상 일천년래 제일 대사건'으로 평가하고 있는 점으로 보아 밑줄 그은 '이 사건'이 묘청의 서경 천도 운동(1135)임을 알 수 있다.
고려 인종 때 묘청 등의 서경파는 자주적 혁신 정치를 주장하면서 서경으로의 천도를 주장하였다. 하지만 개경파의 반대로 천도는 실패하였고, 이에 묘청의 난이 일어났으나 김부식에게 진압되었다.

오답 피하기

① 이성계는 요동 정벌을 추진하는 군대를 돌려 개경을 공격한 뒤 실권을 장악하였다.

② 이자겸의 권력 독점에 반발한 인종이 이자겸의 제거를 시도하자 이자겸은 난을 일으켰다.

④ 무신 정권 시기에 일어난 조위총의 난에 대한 것이다.

⑤ 고려의 강조는 1009년 정변을 일으켜 목종을 폐하고 현종을 즉위시켰다.

04 다음 시나리오에 등장하는 왕의 재위 기간에 있었던 사실로 옳은 것은?

S#17. 궁궐 안

천도를 위해 축조한 궁궐과 전각의 이름을 신하에게 짓게 한 왕. 그 신하를 불러 전각의 이름에 담긴 뜻을 묻는다.

왕: (궁금한 표정으로) 이번에 경이 지어 올린 전각의 이름 중 근정전에는 어떤 뜻이 담겨 있는 것이오?

신하: (공손하게 엎드려) 천하의 일은 부지런하면 다스려지고, 부지런하지 못하면 다스려지지 못하는 것이 당연한 이치입니다. 이에 임금께서 항상 정사를 부지런히 돌보시는 전각이라는 뜻을 담았사옵니다.

①학문 연구 기관인 집현전이 설치되었다.

② 왕위 계승을 둘러싸고 왕자의 난이 발생하였다.

③ 백성의 유망을 막기 위하여 호패법이 실시되었다.

④ 국가의 의례를 정비한 국조오례의가 완성되었다.

⑤ 궁궐의 공사비 마련을 위하여 당백전이 발행되었다.

해설 자료에서 천도를 위해 축조한 궁궐과 전각의 이름을 물어보고 있고, 그 전각의 이름이 근정전이라고 하였다. 근정전은 경복궁의 정전이므로, 한양으로의 천도를 앞두고 경복궁을 짓고 있음을 알 수 있다. 그러므로 자료에 등장하는 국왕이 조선 태조(재위 1392~1398)임을 알 수 있다.

② 태조의 재위 기간에는 왕위 계승을 둘러싸고 제1차 왕자의 난 (1398)이 발생하였다.

오답 피하기

① 학문 연구 기관인 집현전이 설치된 것은 세종 때이다.

③ 호패법이 실시된 것은 조선 태종 때이다.

④ 『국조오례의』가 완성된 것은 조선 성종 때이다.

⑤ 당백전은 경복궁 중건을 위해 조선 고종 때 발행된 화폐이다

정답 **01** ④ **02** ③ **03** ③ **04** ②

05 (가)에 대한 설명으로 옳은 것은?

이것은 영조가 세손을 데리고 (가) 에 거동하여 해당 관원들에게 내린 사언시입니다. 집현전을 계승한 이 기구는 사진에서 보이듯이 옥당이라는 별칭으로 불리기도 하였습니다.

書永玉堂　銀臺朝紀　古六令八　愓惕祗對

① 수도의 행정과 치안을 담당하였다.
② 고려의 삼사와 같은 기능을 수행하였다.
③ 실록을 보관하고 관리하는 업무를 관장하였다.
④ 왕에게 경서와 사서를 강론하는 경연을 주관하였다.
⑤ 국왕 직속 사법 기구로 반역죄, 강상죄 등을 처결하였다.

해설 자료에서 (가) 기구가 집현전을 계승하였고, 옥당이라고도 불린다는 사실을 통해 홍문관임을 알 수 있다. 홍문관은 국왕의 자문 역할을 담당하던 곳으로 왕에게 경서와 사서를 강론하는 경연을 주관하였다.

오답 피하기
① 수도의 행정과 치안을 담당한 것은 한성부이다.
② 고려의 삼사는 화폐와 곡식의 출납 회계를 담당하는 단순 재정 기구였으며, 조선의 삼사는 언론 기능을 담당하였다.
③ 실록의 보관과 관리를 담당한 것은 춘추관이다.
⑤ 국왕 직속의 사법 기구는 의금부에 해당한다.

06 (가)에 대한 설명으로 옳은 것을 보기에서 고른 것은?

□□신문

제△△호　　　　　　　　○○○○년 ○○월 ○○일

서울시, 양헌수 장군 문집과 일기 등 유형문화재 지정

서울시는 (가) 때 정족산성 전투를 지휘한 양헌수 장군의 문집인 하거집과 일기 등을 서울시 유형문화재로 지정하였다. (가) 은/는 로즈 제독의 함대가 강화도를 침략한 사건으로, 양헌수 장군은 정족산성에서 이를 물리치는 데 크게 기여하였다.

하거집
양헌수가 관직 생활을 하면서 남긴 글을 모은 책

─ 보기 ─
ㄱ. 러시아의 절영도 조차 요구를 저지시켰다.
ㄴ. 외규장각 도서가 약탈당하는 피해를 입었다.
ㄷ. 어재연 부대가 광성보에서 결사 항전하였다.
ㄹ. 조선 정부의 프랑스 선교사 처형이 구실이 되어 일어났다.

① ㄱ, ㄴ　　② ㄱ, ㄷ　　③ ㄴ, ㄷ
④ ㄴ, ㄹ　　⑤ ㄷ, ㄹ

해설 자료에서 양헌수 장군의 문집이라고 하였고, (가) 사건 때 정족산성 전투를 양헌수 장군이 지휘하였다고 한 점, 프랑스 로즈 제독의 함대가 강화도를 침략한 사건이라고 한 점 등으로 보아 (가)가 병인양요(1866)임을 알 수 있다.
ㄴ. 프랑스군은 병인양요 때 퇴각하면서 강화도에 있는 외규장각을 약탈하였다. 이때 많은 보물과 조선 왕실의 의궤 등이 약탈당하였다.
ㄹ. 병인양요는 조선 정부가 프랑스 선교사를 처형한 병인박해(1866)를 구실로 일어났다.

오답 피하기
ㄱ. 러시아의 절영도 조차 요구를 저지시킨 것은 독립 협회이다.
ㄷ. 어재연 부대가 광성보에서 결사 항전한 것은 신미양요(1871) 때의 사실이다.

07 다음 법령이 제정된 이후 볼 수 있는 모습으로 가장 적절한 것은?

제1조 국민학교의 교과는 국민과·이수과·체련과·예능과 및 직업과로 한다.
⋮
제2조 국민학교에서는 항상 다음 각 호의 사항에 유의하여 아동을 교육하여야 한다.
　1. 교육에 관한 칙어의 취지에 의하여 교육의 전반에 걸쳐 황국의 도를 수련하게 하고 특히 국체에 대한 신념을 공고히 하여 황국 신민이라는 자각에 철저하게 하도록 힘써야 한다.
⋮
　14. 수업 용어는 국어를 사용하여야 한다.
⋮

① 원산 총파업에 동참하는 노동자
② 헌병 경찰에게 태형을 당하는 상인
③ 신간회 창립 대회에 참여하는 청년
④ 광주 학생 항일 운동을 주도하는 학생
⑤ 여자 정신 근로령에 의해 강제로 끌려가는 여성

해설 자료에서 국민학교라는 용어가 제시되었으므로 1930년대 이후 민족 말살 통치 시기의 모습을 고르는 문제이다. 1941년 국민학교령으로 초등 교육 기관의 명칭이 소학교에서 국민학교로 바뀌었다.
⑤ 일제는 1944년에 여자 정신 근로령을 제정하여 전쟁에 필요한 노동력을 수탈하였다.

오답 피하기
① 원산 노동자 총파업은 1929년에 일어났다.
② 헌병 경찰에게 태형을 당하는 모습은 조선 태형령이 제정된 1910년대 무단 통치 시기에 볼 수 있는 모습이다.
③ 신간회는 1927년에 민족 유일당 운동의 일환으로 창립되었다.
④ 광주 학생 항일 운동은 1929년에 일어났다.

08 (가)~(라)의 사건을 일어난 순서대로 옳게 나열한 것은?

사진으로 보는 통일 노력

7·4 남북 공동 성명 발표 (가)
남북 학생 회담 요구 집회 (나)
10·4 남북 공동 선언 채택 (다)
정주영 북한 방문 (라)

① (가) - (나) - (다) - (라)
② (가) - (다) - (라) - (나)
③ (나) - (가) - (라) - (다)
④ (나) - (라) - (가) - (다)
⑤ (다) - (라) - (나) - (가)

해설 (가) 박정희 정부 시기인 1972년에 발표된 7·4 남북 공동 성명이다.
(나) '가자 북으로, 오라 남으로'라는 구호를 통해 장면 내각 시기인 1961년에 열린 남북 학생 회담 요구 집회임을 알 수 있다.
(다) 2007년 제2차 남북 정상 회담의 결과 채택된 10·4 남북 공동 선언임을 알 수 있다.
(라) 1998년에 정주영 회장이 소를 이끌고 북한을 방문하였다.
③ 이를 시간 순으로 배열하면 (나) - (가) - (라) - (다)이다.

01 밑줄 친 고유어의 뜻풀이로 적절하지 않은 것은?

① 아이가 장난감을 방 안에 엉기정기 흩트려 놓았다. → 질서 없이 여기저기 벌여 놓은 모양.
② 푸른 줄기에 조롱조롱 매달린 흰 꽃송이는 놀랍도록 싱싱했다. → 작은 열매 따위가 많이 매달려 있는 모양.
③ 데면데면 일을 하면 꼭 탈이 생기게 마련이다. → 성질이 꼼꼼하지 않아 행동이 신중하거나 조심스럽지 않은 모양.
④ 장구벌레 같은 아지랑이가 곰실곰실 나풀대고 있었다. → 작은 벌레 따위가 한데 어우러져 조금씩 자꾸 굼뜨게 움직이는 모양.
⑤ 어머니께서 이웃에게 물건을 내어 줄 때마다 아버지와 티적티적 다투는 것을 여러 번 보아 왔다. → 다정스레 서로를 북돋우며 아기자기하게 사는 모양.

해설 고유어
'티적티적'은 남의 흠이나 트집을 잡으면서 자꾸 비위를 거스르는 모양을 일컫는 말이다.

정답 ⑤

02 밑줄 친 말에 '처음'이라는 의미가 들어 있지 않은 것은?

① 그는 서두(序頭)가 너무 길다.
② 회의 벽두(劈頭)부터 분위기가 냉랭했다.
③ 훈민정음은 독창(獨創)적이고 과학적이다.
④ 인간의 기원(起源)은 원숭이라는 말이 있다.
⑤ 무엇으로 봐도 우리 편이 단연(斷然) 앞선다.

해설 한자어
단연(斷然)은 '확실히 단정할 만하게'라는 의미이다. '단연코, 단연히'와 유사한 의미를 지닌다.

정답 ⑤

03 '교각살우(矯角殺牛)'와 의미가 가장 유사한 속담은?

① 모난 돌이 정 맞는다.
② 바늘 가는 데 실 간다.
③ 까마귀 날자 배 떨어진다.
④ 빈대 미워 집에 불 놓는다.
⑤ 자라 보고 놀란 가슴 솥뚜껑 보고 놀란다.

해설 한자 성어
'교각살우(矯角殺牛)'는 '소의 뿔을 바로잡으려다가 소를 죽인다.'라는 뜻으로, 잘못된 점을 고치려다가 그 방법이나 정도가 지나쳐 오히려 일을 그르침을 이르는 말이다. 이와 유사한 의미를 가진 속담은 손해를 크게 볼 것을 생각지 아니하고 자기에게 마땅치 아니한 것을 없애려고 그저 덤비기만 하는 경우를 비유적으로 이르는 말인 '빈대 미워 집에 불 놓는다'이다.

정답 ④

04 밑줄 친 말을 순화한 것으로 적절하지 않은 것은?

① 여름엔 고수부지(→ 둔치)에서 캠핑하는 것이 좋다.
② 저간(→ 오래전)에 헤어진 그 사람이 더욱 생각난다.
③ 탈모가 고민인 은재는 요즘 흑태(→ 검정콩)만 먹는다.
④ 익월(→ 다음 달)에 새로운 사장이 취임할 것이라는 소문이 떠돈다.
⑤ 의빈이와 상호는 요즘 잉꼬부부(→ 원앙 부부)처럼 사이좋게 지낸다.

해설 표준어
'저간'은 바로 얼마 전부터 이제까지의 무렵을 뜻하는 용어로 '요즈음'으로 순화해 써야 한다.

정답 ②

05 〈보기〉의 규정을 따를 때, 부사형의 표기가 적절한 것은?

┤ 보기 ├

[한글 맞춤법 제51항] 부사의 끝음절이 분명히 '이'로만 나는 것은 '-이 '로 적고, '히'로만 나거나 '이'나 '히'로 나는 것은 '-히 '로 적는다.

① 가붓이   ② 급급이
③ 가만이   ④ 간절이
⑤ 영구이

해설 맞춤법

'ㅅ' 받침 뒤에는 '-이'로 적는 경우가 대다수이다.

정답 ①

06 밑줄 친 부분의 띄어쓰기가 올바르지 않은 것은?

① 그는 항상 잘난 <u>체한다</u>.
② 오빠는 키가 <u>전봇대만큼</u> 크다.
③ 친구가 <u>파업한 지</u> 벌써 1년이 흘렀다.
④ 동생은 <u>10만 원짜리</u> 한약을 만 원에 팔았다.
⑤ 그녀는 <u>차디 찬</u> 성격이라고 가끔 오해를 받는다.

해설 띄어쓰기

'-디-'는 용언의 어간을 반복하여 그 뜻을 강조하는 연결 어미이므로 '차디찬'의 꼴로 붙여 써야 한다.

정답 ⑤

	자주 출제되는 고유어	자주 출제되는 외래어 표기법	
감실감실	사람이나 물체, 빛 따위가 먼 곳에서 자꾸 아렴풋이 움직이는 모양	gown	가운
너울가지	남과 잘 사귀는 솜씨	knockdown	녹다운
상동상동	작고 연한 물건을 단번에 잇따라 가볍게 베거나 자르는 모양	lucky seven	러키세븐
싹수	어떤 일이나 사람이 앞으로 잘될 것 같은 낌새나 징조	mania	마니아
차마	부끄럽거나 안타까워서 감히	bariquand	바리캉

01 다음 글의 요지로 가장 적절한 것은?

Listening to somebody else's ideas is the one way to know whether the story you believe about the world — as well as about yourself and your place in it — remains intact. We all need to examine our beliefs, air them out and let them breathe. Hearing what other people have to say, especially about concepts we regard as foundational, is like opening a window in our minds and in our hearts. Speaking up is important. Yet to speak up without listening is like banging pots and pans together: even if it gets you attention, it's not going to get you respect. There are three prerequisites for conversation to be meaningful: 1. You have to know what you're talking about, meaning that you have an original point and are not echoing a worn-out, hand-me-down or pre-fab argument; 2. You respect the people with whom you're speaking and are authentically willing to treat them courteously even if you disagree with their positions; 3. You have to be both smart and informed enough to listen to what the opposition says while handling your own perspective on the topic with uninterrupted good humor and discernment.

① We should be more determined to persuade others.

② We need to listen and speak up in order to communicate well.

③ We are reluctant to change our beliefs about the world we see.

④ We hear only what we choose and attempt to ignore different opinions

유형 독해

어휘 intact 완전한, 온전한 / foundational 기본의, 기초적인 / bang 쾅하고 치다 / prerequisite 전제조건 / echo 그대로 되풀이하다 / worn-out 낡은, 진부한 / hand-me-down 독창적이지 않은, 만들어 놓은 / pre-fab 조립식의 / authentically 확실하게, 진정으로 / courteously 예의 바르게, 공손하게 / position 입장, 태도 / informed 많이 아는 / opposition 반대 측, 상대방 / handle 다루다, 처리하다 / perspective 관점, 시각 / uninterrupted 끊임없는, 연속적인 / discernment 안목 / determined 단호한 / be reluctant to V ~을 주저하다, 망설이다

해설 본문은 의미 있는 대화에 대해 설명하고 있다. 본문 초반에서 대화에서의 '듣기[경청]의 역할'에 대해 언급하고, 본문 중반에서는 경청 없이 말하는 것은 당신을 존중받게 해주지 않을 것이라고 설명하면서, 대화를 할때 '듣기와 말하기의 조화가 중요함'을 시사하고 있다. 따라서 글의 요지로 가장 적절한 것은 ②이다.

해석 타인의 생각을 경청하는 것은 당신 자신과 세상 안에서의 당신의 위치에 대해서뿐만 아니라, 당신이 세상에 대해 믿는 이야기가 온전한지 아닌지 알 수 있는 하나의 방법이다. 우리는 모두 우리의 신념을 검토하고, 그것들을 환기시키고 그것들이 숨 쉬도록 해주어야 한다. 특히 우리가 기본이라고 여기는 개념에 대해 타인이 말해야 하는 것을 듣는 것은 우리의 정신과 마음의 창문을 여는 것과 같다. 털어놓고 말하는 것은 중요하다. 그러나, 듣지 않고 거리낌 없이 말하는 것은 냄비와 팬을 함께 두드리는 것과 같다. 비록 그것이 당신에게 관심을 가져올지라도, 그것이 당신에게 존중을 가져오지는 않을 것이다. 대화가 의미 있어지려면 세 가지 전제조건이 있다. 1. 당신은 당신이 무엇에 대해 말하고 있는지 알아야 하는데, 이는 당신이 독창적인 논점을 지니고 있고, 진부하거나, 독창적이지 않거나, 또는 조립식의(기존의 것들을 짜깁기하는) 논쟁을 되풀이하지 않는다는 것을 의미한다. 2. 당신은 당신과 대화하고 있는 사람을 존중하고, 비록 당신이 그들의 입장과 다르더라도 진정으로 기꺼이 그들을 예의 바르게 대우한다. 3. 당신은 끊임없는 좋은 유머와 안목으로 주제에 대한 당신의 관점을 다루는 동시에 상대가 말하는 것을 경청할 정도로 충분히 현명하고 많이 알아야 한다.

정답 ②

02 다음 글의 제목으로 가장 적절한 것은?

The future may be uncertain, but some things are undeniable: climate change, shifting demographics, geopolitics. The only guarantee is that there will be changes, both wonderful and terrible. It's worth considering how artists will respond to these changes, as well as what purpose art serves, now and in the future. Reports suggest that by 2040 the impacts of human-caused climate change will be inescapable, making it the big issue at the centre of art and life in 20 years' time. Artists in the future will wrestle with the possibilities of the post-human and post-*Anthropocene — artificial intelligence, human colonies in outer space and potential doom. The identity politics seen in art around the #MeToo and Black Lives Matter movements will grow as environmentalism, border politics and migration come even more sharply into focus. Art will become increasingly diverse and might not 'look like art' as we expect. In the future, once we've become weary of our lives being visible online for all to see and our privacy has been all but lost, anonymity may be more desirable than fame. Instead of thousands, or millions, of likes and followers, we will be starved for authenticity and connection. Art could, in turn, become more collective and experiential, rather than individual.

*Anthropocene 인류세(인류가 지구 기후와 생태계를 변화시켜 만들어진 새로운 지질시대)

① What will art look like in the future?
② How will global warming affect our lives?
③ How will artificial intelligence influence the environment?
④ What changes will be made because of political movements?

(유형) **독해**

(어휘) undeniable 부인할 수 없는, 명백한 / shift 변화하다 / demographics 인구 통계 / geopolitics 지정학 / inescapable 피할 수 없는 / wrestle 싸우다, 안간힘을 쓰다 / artificial intelligence 인공지능 / doom 멸망, 파멸 / identity politics 정체성 정치학 / environmentalism 환경 보호주의 / border 국경, 경계 / come into focus 뚜렷해지다 / weary of ~에 지친, 싫증난 / all but 거의, 사실상 / anonymity 익명성 / desirable 매력 있는, 호감가는 / fame 명성 / authenticity 신뢰성, 확실성 / in turn 결국; 차례로 / collective 집단적인, 집합적인

(해설) 본문 초반에서 미래의 변화에 대한 글이라는 것을 알 수 있으며 세 번째 문장부터는 특히 예술의 측면에서 미래의 변화에 대해 서술하고 있다. 뒤이어 미래의 예술의 양상을 예측하고 있으므로 글의 제목으로는 ①이 가장 적절하다.

(해석) 미래는 불확실할지 모르지만, 기후 변화, 변화하는 인구 통계 및 지정학과 같은 어떠한 것들은 부인할 수 없다. 유일하게 보장할 수 있는 것은 변화가 있을 것이라는 점인데, (그 변화들은) 멋지기도 하고 끔찍하기도 할 것이다. 현재와 미래에 예술이 어떠한 목적을 제공할지뿐만 아니라, 예술가들이 어떻게 이러한 변화에 대응할지 고려해 볼 가치가 있다. 보고서들에 따르면 2040년까지 인간이 유발한 기후 변화의 영향은 피할 수 없게 될 것이며, 20년 후 예술과 삶의 중심에서 커다란 문제가 될 것이라고 말한다. 미래의 예술가들은 포스트 인간과 포스트 인류세의 가능성, 즉 인공지능, 우주 공간에서의 인간 식민지, 그리고 잠재적인 파멸과 싸울 것이다. 예술에서 보이는 #Me Too(미투 운동)와 Black Lives Matter 운동(흑인 인권 운동)을 둘러싼 정체성 정치학은 환경 운동, 국경 정치, 이주가 훨씬 더 급격하게 뚜렷해지면서 성장할 것이다. 예술은 점점 더 다양해지고 우리가 예상하는 '예술처럼 보이지' 않을지도 모른다. 미래에, 모든 사람이 볼 수 있도록 온라인에서 보여지는 우리의 삶에 우리가 지치게 되고, 우리의 사생활을 거의 잃게 된다면, 익명성은 명성보다 더욱 매력적이게 될지도 모른다. 수천 또는 수백 만의 좋아요와 팔로워 대신에, 우리는 신뢰성과 연결성에 굶주릴 것이다. 결국, 예술은 개인적이기보다는 더욱 집단적이고 경험적이 될 수도 있다.

(정답) ①

도 / 형 / 추 / 리

01 기호들이 하나의 규칙을 가지고 아래와 같이 문자나 숫자를 변화시킨다고 한다. 이때 다음 (?)에 들어
갈 알맞은 것을 고르면?(단, 가로와 세로 중 한 방향으로만 이동하며, Z 다음은 A, 9 다음은 0이다.)

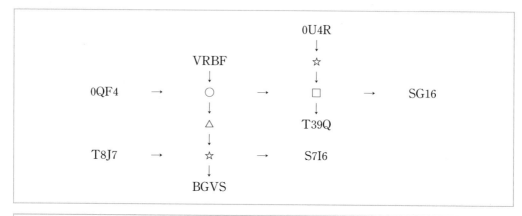

$$PKHM \rightarrow \triangle \rightarrow \bigcirc \rightarrow (?)$$

① IOQM   ② LJQO   ③ OIQM

④ GLOJ   ⑤ JGOL

해설 다음과 같이 문자표를 적어놓는다.

A	B	C	D	E	F	G	H	I	J	K	L	M
N	O	P	Q	R	S	T	U	V	W	X	Y	Z

주어진 도식을 보면 ☆ → □ → ○ → △ 순으로 규칙을 파악해야 한다.

- ☆: ☆은 T8J7 → S7I6으로 추론할 수 있다. 명백한 숫자연산 규칙으로, (− 1, − 1, − 1, − 1)이다.
- □: 0U4R에 ☆을 적용하면 9T3Q이다. 따라서 □는 9T3Q → T39Q로 추론할 수 있다. 명백한 순서 바꾸기 규칙으로, ABCD → BCAD
이다.
- ○: SG16에 □를 역으로 적용하면 1SG6이다. 따라서 ○는 0QF4 → 1SG6으로 추론할 수 있다. 명백한 숫자연산 규칙으로, (+ 1, +
2, + 1, + 2)이다.
- △: VRBF에 ○를 적용하면 WTCH이고, BGVS에 ☆을 역으로 적용하면 CHWT이다. 따라서 △는 WTCH → CHWT로 추론할 수 있
다. 순서 바꾸기 또는 숫자연산 규칙 모두 가능하지만, 숫자연산 규칙이라면 너무 극단적인 덧셈뺄셈이 되어버린다. 따라서 순서 바꾸
기 규칙이라고 가정하면, ABCD → CDAB이다.

따라서 PKHM → △ → HMPK → ○ → IOQM이므로 정답은 ①이다.

정답 ①

02 다음에 주어진 도형을 보고 적용된 규칙을 찾아 '?'에 해당하는 적절한 도형을 고르면?

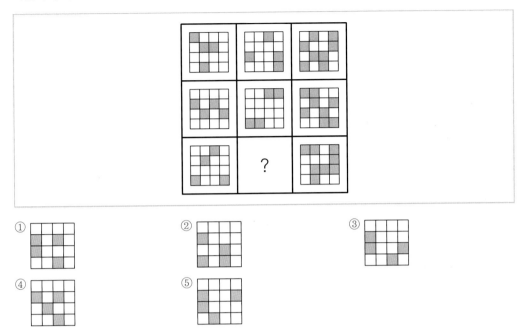

해설 3×3 박스 안에 4×4 도형이 들어있는 형태이다. 3×3 박스의 1행으로 규칙을 파악해보면, 1열과 2열의 사각형 중 한 번도 색칠이 되어있지 않은 사각형에만 색을 칠한 것이 3열이라는 사실을 알 수 있다. 따라서 3행의 3열 박스에 칠해진 색깔과 3행의 1열 박스에 칠해진 색깔을 더하고 나온 흰색 부분이 3행의 2열 박스라는 사실을 알 수 있다.

따라서 정답은 ①이다.

정답 ①

수 / 리 / 능 / 력

01 다음 [표]는 만성 B형 간염의 자연 경과에 관한 자료이다. 1,000명의 만성 B형 간염 환자 중에서 5년 경과 후에 간경변증과 간암이 발병하지 않았지만, 그 후 다시 5년 경과 후에 간암이 발생한 사람은 확률적으로 몇 명인지 고르면?(단, 5년 경과 후 간경변증이나 간암이 발생한 사람은 10년 경과 후 간경변증이나 간암이 발생한 사람에 포함되며, 한 번 발병하면 증상이 호전되지 않는다고 가정한다.)

[표] 만성 B형 간염의 자연 경과

(단위 : %)

만성 B형 간염 진단 후 간경변증과 간암 발생률			간경변증 진단 후 간암 발생률	
만성 B형 간염 기간	간경변증 발생률	간암 발생률	간경변증 기간	간암 발생률
5년 경과 후	10	3	5년 경과 후	13
10년 경과 후	23	11	10년 경과 후	27

① 13명   ② 67명   ③ 97명   ④ 117명

해설 만성 B형 간염 5년 경과 후까지는 괜찮았지만 다시 5년이 지났을 때 간암이 걸린 사람을 구해야 하므로, 만성 B형 간염 10년 경과 후 간암이 발생한 사람 중에서 만성 B형 간염 5년 경과 후 간암이 발생한 사람과 만성 B형 간염 5년 경과 후 간경변증이 발생하고 다시 간경변증 5년 경과 후 간암이 발생한 사람을 빼면 된다.

따라서 $1,000 \times (0.11 - 0.03 - 0.1 \times 0.13) = 67$(명)이다.

정답 ②

02 열차 A는 길이가 570m인 다리를 50초 만에 통과하였고, 열차 A보다 길이가 60m 짧은 열차 B는 같은 다리를 23초 만에 통과하였다. 열차 A와 B가 앞과 같은 다리 양쪽 끝에서 서로를 바라보고 다가가자, 열차 A가 다리의 $\frac{1}{3}$ 지점을 통과했을 때 두 열차가 서로 마주쳤다. 이때 열차 A의 길이를 고르면?(단, 열차 A, B의 속력은 각각 일정하다.)

① 100m   ② 120m   ③ 150m

④ 180m   ⑤ 210m

해설 열차 A의 길이를 xm라고 하면 열차 A의 속력은 $\frac{570 \times x}{50}$ m/초이고 열차 B의 속력은 $\frac{570 + (x-60)}{23}$ (m/초)이다.

열차 A와 B가 만나는 데 걸리는 시간을 y초라고 하면

$\frac{570 \times x}{50} \times y = 570 \times \frac{1}{3} \rightarrow 570y + xy = 9,500 \cdots \text{㉠}$

$\frac{510 \times x}{23} \times y = 570 \times \frac{2}{3} \rightarrow 510y + xy = 8,740 \cdots \text{㉡}$

㉠－㉡을 하면 $60y = 760 \rightarrow y = \frac{38}{3}$

$y = \frac{38}{3}$을 ㉠에 대입하면 $x = 180$이다. 따라서 열차 A의 길이는 180m이다.

정답 ④

고 / 난 / 도

01 다음 [표]와 [그래프]는 2019년 갑국의 A~J지역별 산불피해 현황에 관한 자료이다. 이에 대한 설명으로 옳지 <u>않은</u> 것을 고르면?

[표] A~J지역별 산불 발생 건수

(단위 : 건)

지역	A	B	C	D	E	F	G	H	I	J
산불 발생 건수	516	570	350	277	197	296	492	623	391	165

[그래프1] A~J지역별 산불 발생 건수 및 피해액

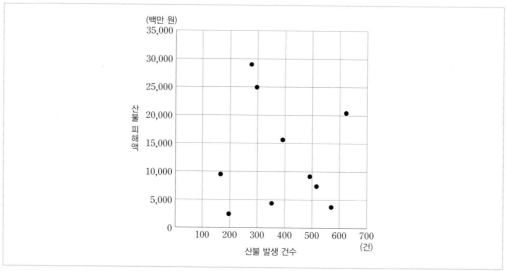

※ 산불 피해액은 산불로 인한 손실 금액을 의미함

[그래프2] A~J지역별 산불 발생 건수 및 피해 재적

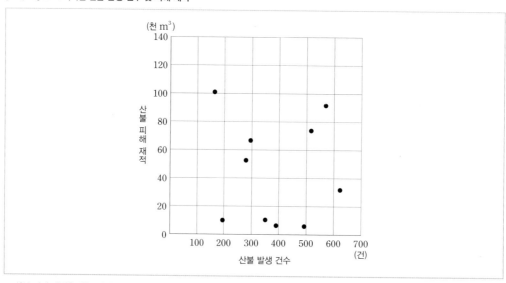

※ 산불 피해 재적은 산불 피해를 입은 입목의 재적을 의미함

[그래프3] A~J지역별 산불 발생 건수 및 발생 건당 피해 면적

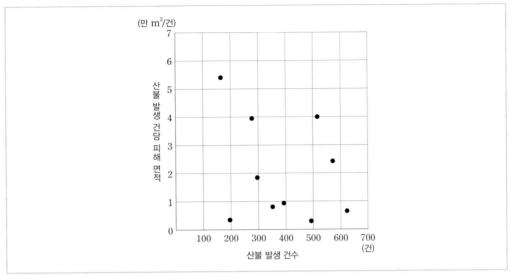

※ 산불 피해 면적은 산불이 발생하여 지상입목, 관목, 시초 등을 연소시키면서 지나간 면적을 의미함

① 산불 피해 면적은 H지역이 가장 크고, E지역이 가장 작다.

② 산불 발생 건당 피해액은 D지역이 가장 크고, B지역이 가장 작다.

③ 산불 발생 건당 피해 재적은 J지역이 가장 크고, G지역이 가장 작다.

④ 산불 발생 건당 피해 면적은 J지역이 가장 크고, A지역이 두 번째로 크다.

⑤ 산불 피해 재적이 가장 큰 지역과 다섯 번째로 작은 지역의 산불 발생 건수의 차이는 500건 미만이다.

정답 풀이

산불 피해 면적은 [그래프3]의 x축과 y축의 값을 곱한 값이다. 따라서 산불 피해 면적이 가장 큰 지역은 산불 발생 건수가 500건을 약간 넘는 A(516건)이고, 가장 작은 지역은 산불 발생 건수가 약 200건 정도인 E(197건)이다.

정답 ①

오답 풀이

② 산불 발생 건당 피해액은 $\dfrac{(산불\ 피해액)}{(산불\ 발생\ 건수)}$ 으로 [그래프1]의 기울기로 판별할 수 있다. 따라서 산불 발생 건당 피해액이 가장 큰 지역은 [그래프1]의 산불 발생 건수가 250건을 조금 넘는 D(277건)이고, 가장 작은 지역은 550건을 조금 넘는 B(570건)이다.

③ 산불 발생 건당 피해 재적은 $\dfrac{(산불\ 피해\ 재적)}{(산불\ 발생\ 건수)}$ 으로 가장 큰 지역은 [그래프2]에서 원점과 각 지점 간의 기울기가 가장 가파른 지역이고, 가장 작은 지역은 기울기가 가장 완만한 지역이다. 산불 발생 건수가 150건을 약간 넘는 지역의 기울기가 가장 가파르고, 산불 발생 건수가 500건에 약간 못 미치는 지역의 기울기가 가장 완만하므로 이에 해당하는 지역은 각각 J(165건), G(492건)이다.

④ 산불 발생 건당 피해 면적이 가장 큰 지역은 [그래프3]의 y축 값이 가장 큰 지점이다. 산불 발생 건수가 150건을 약간 넘는 지역의 y축 값이 5를 초과하여 가장 크므로 이에 해당하는 지역은 J(165건)이다. 그리고 500건을 약간 넘는 지역의 y축 값이 4 정도로 두 번째로 크므로 이에 해당하는 지역은 A이다. 따라서 산불 발생 건당 피해 면적이 가장 큰 지역은 J이고, 두 번째로 큰 지역은 A(516건)이다.

⑤ [그래프2]를 통해 산불 피해 재적이 가장 큰 지역은 150건을 약간 넘는 지역이고, 다섯 번째로 작은 지역은 600건을 초과하는 지역임을 알 수 있다. 이에 해당하는 지역은 각각 J, H로 두 지역의 산불 발생 건수의 차이는 623－165＝458(건)이다. 따라서 500건 미만이다.

해결 TIP

이 문제는 2021년 민간경력자 PSAT 기출 변형 문제로 3개의 그래프가 주어진 복합 자료를 바탕으로 선택지의 정오를 판단하여 정답을 선택하는 NCS 자료해석 빈출유형입니다. 선택지의 정오를 판단하는 문제의 경우에는 계산이 복잡하거나 시간이 오래 걸리는 선택지는 우선 건너뛰고, 계산 없이 쉽게 해결이 가능한 내용의 선택지 또는 상세한 계산 과정이 필요하지 않고, 비교적 쉬운 계산 과정으로 해결할 수 있는 선택지를 먼저 풀도록 합니다. 특히 대소 관계를 물어보는 선택지의 내용 중 계산 과정이 복잡할 경우에는 각 과정마다 모두 계산할 필요 없이 결과에 영향을 주지 않는 수치를 생략하거나 분수 비교법, 수치 비교법을 통해 계산 과정을 최소화하는 방법으로 풀어나가도록 합니다.

이 문제의 경우에는 선택지 ①~⑤의 내용을 한번 살펴보면, 일반적인 자료해석 문제와 다르게 그래프의 구조를 이해하였다면 ①~⑤ 모두 복잡한 계산 과정 없이 그래프의 x축, y축과 기울기, 면적을 이용하여 해결할 수 있습니다. 그래프의 구조상 x축과 y축은 그 자체로 크기를 이용하여 내용을 확인할 수 있으므로, x축, y축만으로 해결할 수 있는 선택지를 먼저 풀도록 하고 그다음, '기울기를 이용하여 해결' → '면적을 이용하여 해결'할 수 있는 선택지 순으로 풀도록 합니다. 주어진 선택지 ①~⑤ 중 x축, y축만으로 내용을 해결할 수 있는 ④, ⑤를 먼저 풀고, 그다음으로 기울기를 이용하여 내용을 해결할 수 있는 ②, ③을 푼 다음, 마지막으로 ①을 풀도록 합니다.

먼저 선택지 ④를 보면, 그래프3을 통해 x축이 100~200 사이에 위치해 있는 지점이 산불 발생 건당 피해 면적이 가장 크고, x축이 500을 약간 넘는 부분에 위치해 있는 지점이 산불 발생 건당 피해 면적이 두 번째로 크다는 것을 알 수 있습니다. 이에 해당하는 지점을 표의 수치를 통해 할 수 있는데 이를 확인해보면, 각각 J와 A임을 알 수 있습니다. 따라서 ④는 옳은 선택지임을 알 수 있습니다. 선택지 ⑤를 보면, 산불 피해 재적은 그래프2를 통해 확인할 수 있는데, 산불 피해 재적이 가장 큰 지역의 x축은 100~200 중간 지점보다 약간 오른쪽에 위치해 있고, 산불 피해 재적이 다섯 번째로 작은 지역의 x축은 600이 약간 넘는 부분에 위치해 있음을 알 수 있습니다. x축은 한 칸당 100건이므로 해당 지역의 x축 차이는 (4칸)+(1칸↓)임을 알 수 있습니다. x축은 산불 발생 건수를 의미하고, (4칸)+(1칸↓)<(5칸)=500이므로 ⑤ 역시 옳은 선택지임을 알 수 있습니다. 따라서 ④, ⑤를 소거할 수 있습니다. 선택지 ②와 ③의 경우, x축과 y축, 그리고 분수의 분모와 분자가 의미하는 것이 무엇인지만 파악한다면 쉽게 해결할 수 있으며, 기울기가 가장 가파르다면 $\frac{y}{x}$가 가장 크고, 가장 완만하다면 $\frac{y}{x}$가 가장 작다는 사실을 바탕으로 ②와 ③을 풀도록 합니다.

②의 경우, 그래프1을 이용하여 해결할 수 있고, ③의 경우, 그래프2를 이용하여 해결할 수 있는데, 기울기를 확인하면 ②, ③ 모두 옳은 선택지임을 알 수 있습니다. 따라서 ②, ③을 소거할 수 있습니다. 그러므로 남은 ①을 정답으로 선택할 수 있습니다. 참고로 ①의 경우, 피해 면적은 그래프3을 통해 확인할 수 있는데, 그래프3의 x축은 산불 발생 건수이고 y축은 산불 발생 건당 피해 면적이므로 산불 피해 면적은 x축과 y축을 곱한 값임을 알 수 있습니다. 이는 원점을 기준으로 각 지점의 x축과 y축으로 구성된 면적을 뜻하는데, 그래프3에 주어진 사각형 칸이 차지하는 면적을 통해 산불 피해 면적이 가장 큰 지역과 가장 작은 지역을 빠르게 찾을 수 있습니다. 산불 피해 면적이 가장 큰 지역은 산불 발생 건수가 500건을 약간 넘는 지점으로 A지역임을 알 수 있습니다. 따라서 ①은 틀린 선택지임을 알 수 있습니다.

김성근
에듀윌 취업연구소 연구원

장애인 이동권 시위는 권리 주장인가, 민폐인가

"거북이걸음 장애인 권리 향상 속도 내야"-"적법하지 않은 시위로 갈등 일으켜"

🔵 이슈의 배경

장애인 단체의 이동권 시위가 오랜 기간 이어지며 우리 사회에 장애인 이동권 이슈가 뜨거운 감자로 떠올랐다. 지난해 12월부터 올해 3월까지 장애인 단체는 장애인 이동권 보장 등을 요구하며 지하철 운행을 방해하는 등 지하철 시위를 벌였다.

시위를 주도한 전국장애인차별철폐연대(전장연)는 주로 출퇴근 시간에 시위를 벌여 더욱 논란이 됐다. 지하철 운행이 2시간가량 중단되기도 하며 시민들이 적지 않은 피해를 입었다. 피해를 입은 시민들은 오죽하면 그랬겠느냐고 장애인을 이해하는 입장을 보이는가 하면, 타인에게 피해를 주면서까지 자신들의 권리를 찾으려 하는 게 옳은 것이냐고 묻기도 하는 등 반응이 갈렸다.

장애인들이 시민에게 피해를 주면서까지 시위를 벌인 이유는 이렇게 하지 않으면 자신들의 목소리에 한국 사회가 귀 기울이지 않는다는 절박한 심정 때문이다. 장애인들은 비장애인과 마찬가지로 출퇴근을 하고 필요한 일도 원활하게 보고 싶지만, 한국 사회에서 장애인이 대중교통으로 이동하기가 너무 어렵다고 호소한다.

장애인 단체가 요구하는 것은 저상버스·장애인 콜택시 등을 확대하고, 지하철역에 엘리베이터를 설치할 것 등이다. 장애인 단체는 이와 같은 문제를 풀기 위해 합리적인 법안을 통과시키고, 그에 해당하는 예산을 짜라고 요구한다.

한편, 이준석 국민의힘 대표는 장애인의 이동권 시위를 두고 "시민을 볼모로 잡는 부조리"라고 언급하는 등 **헤이트 스피치** 논란을 낳았다. 이 대표에게 장애인을 혐오 타깃으로 설정하고 장애인과 비장애인을 갈라 세우고 있다는 비판이 쏟아졌다. 그는 3월 25일 자신의 SNS에 "아무리 정당한 주장도 타인의 권리를 과도하게 침해해 가면서 하는 경우에는 부정적 평가를 받을 수 있다"고 썼다.

이 대표는 이어 "서울경찰청, 서울지하철공사는 안전 요원을 적극 투입해야 한다. 장애인의 일상생활을 위한 이동권 투쟁이 수백만 서울시민의 아침을 볼모로 잡는 부조리에 대해서는 적극적으로 개입해야 한다"고 주장했다.

이 대표의 이 같은 발언에 국민의힘 내부에서도 규탄의 목소리가 나왔다. 시각장애인인 김예지 국민의힘 의원은 "섣부른 판단, 언어 사용으로 오해와 혐오를 조장하는 것은 성숙한 반응이 아니다"며 이 대표를 비판했다.

이 대표의 발언이 연일 논란을 일으킨 가운데 윤석열 대통령 당선인의 대통령직 인수위원회는 3월 29일 시위 현장을 찾아 전장연의 요구 사항을 전달받고, 시민의 불편을 일으키는 지하철 시위는 멈춰달라고 요청하는 등 이 대표와는 결이 다른 행보를 펼쳤다. 전장연이 이 대표의 사과를 요구하자 인수위원회는 "전달하겠다"는 입장을 보이기도 했다.

인수위원회와 만나 의견을 주고받은 전장연은 우선 3월 30일부터 4월 20일까지는 지하철 시위를 멈추고 삭발 시위로 대신하며 답변을 기다리겠다는 입장을 밝혔다. 전장연은 4월 20일까지 매일 오전 경복궁역에서 릴레이 방식으로 삭발식을 이어갈 방침이다.

다수 시민의 불편을 초래하는 지하철 시위는 당분간 멈추게 됐지만, 장애인 이동권과 관련한 문제를 근본적으로 해결하지 않으면 언제 또다시 시위가 재개될지 모르는 일이다. 우리나라의 장애인 이동 환경이 열악한 것은 사실인 만큼 근본적인 해결책을 찾아야 한다. 장애인 이동권 보장 문제는 법안이 통과되고 예산까지 반영돼야 하는 난제다. 실효성 있는 장애인 이동권 보장을 위해 어떻게 문제를 현명히 해결해 나갈 것인가.

헤이트 스피치 (hate speech)

헤이트 스피치는 국적, 인종, 성, 종교, 정치 이념, 사회적 위치, 외모, 장애 등에 따라 특정한 그룹의 사람들을 의도적으로 폄하·위협·선동하는 발언으로서 증오발언, 또는 혐오발언이라고 한다. 헤이트 스피치가 일어나는 범위는 공공장소에서 이뤄지는 구두 연설과 인터넷, 출판물 등 다양하다. 미국과 유럽 등은 헤이트 스피치를 증오 범죄로 규정해 처벌하고 있다. 한편, 헤이트 스피치가 실제 물리적 폭력이나 테러 등의 범죄행위로 나타나는 것은 헤이트 크라임(hate crime·혐오범죄)이라고 한다.

💬 이슈의 논점

거북이걸음 장애인 권리 향상 속도 내야

장애인들이 이동권 보장을 외쳐온 역사는 약 21년이다. 선진국 반열에 들어선 한국 사회가 그간 장애인을 사회에서 배제해온 것은 부인할 수 없는 사실이다. 장애인 단체가 그렇게 극단적인, 불가피한 방식의 시위를 강행하게 만든 우리의 무심함을 돌아봐야 한다.

지난 2001년 1월 서울시 지하철 4호선 오이도역

에서 휠체어 리프트에 탑승한 장애인이 추락해 사망하는 사고가 있었다. 이는 장애인 이동권 투쟁의 도화선이 된 사건이다. 오이도역 사망 사고 발생 후 21년이 흘렀지만 장애인의 이동권 보장은 거북이걸음이다.

장애인들이 지하철 역사 내 엘리베이터 설치를 요구한 지 20년이 넘는 세월이 지났지만, 아직도 완료되지 않았다. 2001년 사망 사고 이후에도 리프트 추락 사고가 몇 차례 이어졌음에도 서울 시내 21개의 지하철역에는 여전히 엘리베이터가 없다.

지하철이 아닌 버스로 눈을 돌려봐도 상황은 마찬가지다. 현재 전국의 저상버스(장애인들이 휠체어를 탄 채 버스에 쉽게 오를 수 있도록 바닥이 낮고 출입구에 경사판을 설치한 버스) 도입률은 30%를 밑돌고 있다. 이마저도 대부분이 서울에 도입돼 있어 지방에서는 장애인이 저상버스를 타기가 매우 어렵다.

물론 정치권에서도 최근 교통약자법을 통과시키며 저상버스 도입 확대 등에 찬성하는 모습을 보였지만, 도입 속도가 너무나 느려 장애인들의 성난 마음을 급히 잠재우려는 보여주기식 해결에 머문다.

관련법은 노후화된 버스를 대·폐차할 때 저상버스를 도입하라고 명시했는데, 국토교통부의 추산에 따르면 이런 방식으로 저상버스가 완전히 도입되는 데 약 10년이 걸린다.

장애인 콜택시도 마찬가지다. 장애인 콜택시의 경우 법정 대수가 정해져 있지만 그조차도 채우

지 못한 지자체가 많고 장애인 150명당 1대가 기준인 법정 대수 자체도 실제 수요보다 턱없이 부족하다. 또한, 이용객 중에는 장애인이 아닌 노인이나 임산부 등 다른 교통약자들도 있어 장애인의 이동권을 보장하기에는 역부족이다. 나아가 일부 지자체는 차를 확보해두고도 예산이 부족해 이를 운행할 기사를 고용하지 못하는 예도 있다.

결과적으로 열악한 장애인의 이동 환경은 20년이 넘는 세월 동안 개선되지 않았으며, 개선됐더라도 그 속도가 현저히 느려 문제가 된 것이다. 비장애인이 1시간이면 갈 거리를 장애인들은 몇 배의 시간을 더 써서 가야만 한다. 열악한 환경 탓에 아예 이동을 포기하는 장애인들도 많다.

이렇게 이동권이 보장되지 않으니 출근도 등교도 제대로 할 수 없어 장애인의 노동권과 교육권 등 기본적인 권리가 연쇄적으로 박탈되고 있다.

우리 사회에 마련된 시스템의 거의 전부가 비장애인을 기준으로 만들어졌기 때문에 장애인은 일상에서 크고 작은 불편함을 안고 살아간다. 장애인들의 시위로 겪은 하루 이틀의 불편을 분노의 감정에 쓰기보다는 이들의 말에 귀를 기울여야 한다. 이제는 장애인의 박탈된 노동권, 교육권 등을 보장하고, 상실된 장애인들의 권리를 찾는 데 목소리를 모아야 한다.

적법하지 않은 시위로 갈등 일으켜

자신의 기본권을 보장받기 위해 타인의 기본권을 침해한다면 장애인 이동권 시위의 취지를 이해하는 시민들도 부정적 여론으로 돌아설 수밖에 없다. 특히 출근길 시간에 지하철을 점거하고 시위

를 벌이며 시민의 이동을 방해하는 방식은 진짜 문제를 잊게 하고 장애인과 비장애인 간의 불필요한 갈등을 만든다.

무엇보다 장애인 단체가 지하철에서 벌이는 시위는 적법하지 않다. 해당 시위는 철도안전법, 집회 및 시위에 관한 법률, 감염병예방법 위반으로 처벌받을 가능성이 충분하다. 이런 적법하지 않은 시위로 주장한 요구를 받아들이면, 추후 나쁜 선례가 되어 많은 시민단체가 자신들의 권리 주장을 불법적으로 요구할지도 모를 일이다.

또한, 전장연의 요구 사항에는 6000억원대의 장애인 복지 예산 증액이 포함돼 있는데, 이는 기획재정부의 관할이다. 지하철과 무관한 주무부서에 권리를 주장하기 위해 지하철을 이용하는 시민들을 볼모로 삼아서는 안 될 일이다.

전장연의 요구대로 우리 사회가 장애인 이동권과 관련해 마냥 손 놓고 있었다고 보기도 어렵다. 가령 서울교통공사는 매년 엄청난 적자를 보고 있어 재정에 여유가 없는 가운데서도 2024년까지 서울 지하철 100%에 엘리베이터를 설치하겠다고 약속한 바 있다. 서울교통공사는 지난 1월에 시비 650억원을 투입해 지하철 275개 전 역사에 승강기 100%를 설치해 '1역 1동선'을 확보할 예정이라고 밝혔다.

장애인 단체의 시위가 시민들이 오랜 기간 감당해야 하는 불편에 상응하는 것인지 평가가 필요하다. 언더도그마(underdogma : 약자는 선하고 강자는 악하다고 생각하는 오류)에 빠져 장애인 단체의 시위가 성역화되고, 무조건적으로 이해해야 한다고 여겨지는 것은 아닌지 살펴볼 필요가 있다.

선진국 위상에 걸맞은 약자 배려 사회 만들어 가야

이준석 대표가 장애인 시위를 비난하고 나서자 전장연의 후원 금액이 폭발하는 등 오히려 시민들은 장애인 단체에 연대하는 모양새다. 출근길 지하철 시위로 당장 피해를 입은 시민들이 불만을 토로하기는 하지만, 장애인의 이동권을 보장해야 한다는 사실 자체에 불만을 토로하는 시민은 없어 보인다. 사회적 약자를 배려하고자 하는 시민들의 의식이 이미 성숙한 만큼 정치권은 실효성 있는 방안을 마련해야 한다.

시민들의 불편이 이어진 것은 장애인 단체의 시위를 방관한 정치권의 책임이 무엇보다 크다. 정치권이 이를 해결하려는 노력을 적극적으로 보이지 않은 채 이 대표처럼 장애인 이동권 시위를 정치적으로 공격하고, 장애인과 비장애인의 갈등을 조장하는 모습은 부적절하다. 법안을 통과시키고, 예산을 마련하는 것은 결국 정치권의 몫이므로 정치권이 분명한 문제 해결 의지를 갖추고 신속하게 움직여야 한다.

장애인의 이동권뿐만 아니라 장애인의 권리 향상을 꾀하는 것은 선진 사회가 지향해야 할 과제임이 틀림없다. 본격적으로 선진국 반열에 올라선 우리나라는 선진국의 위상에 걸맞은 약자를 배려하는 사회를 만들어 나가야 한다.

⧗ 연습문제

장애인 단체가 이동권 시위를 벌이며 출퇴근길 지하철 탑승 시위를 벌인 것과 관련한 자신의 입장을 밝히고, 장애인 이동권 문제의 해결 방안을 쓰시오. (1000자, 50분)

※ 논술대비는 실전연습이 필수적입니다. 반드시 시간을 정해 놓고 원고지에 직접 써 보세요.

200

400

지방소멸 위기를 극복하려면
지역균형발전 정책을 중심으로

이슈의 배경

2014년 한 보고서가 일본 열도를 충격에 빠뜨렸다. 마스다 히로야 전 총무상이 이끄는 민간 전문가 조직인 일본창성회의에서 발표한 이른바 '마스다 보고서'는 현재 인구 감소 추세대로라면 2040년까지 일본 전체 지방자치단체 중 절반가량인 869개가 소멸할 것이라고 경고했다. 이는 『지방소멸』이라는 책으로 정리돼 우리나라에도 소개됐다.

일본은 1970년대 출산율이 2.1명 이하로 떨어지고 1997년부터 생산가능인구가 줄면서 인구 자연 감소가 나타났다. 그 결과 2019년 기준 일본 전체 주택 7채 가운데 1채가 빈집으로 조사됐다. 시나 군 단위 주거 지역이 유령도시로 변하는 일도 드물지 않다.

지방소멸 현상은 남아 있는 사람에게도 고통을 줬다. 일자리나 학교부터 병원이나 시장 같은 생활 편의시설이 사라져 일상적인 생활이 어려워져서다. 이러한 지역을 일컬어 '생활 사막'이라는 용어가 보편화됐다. 근처에서 간단한 식품조차 살 수 없는 일본의 쇼핑 난민은 600만 명 이상으로 추정된다.

10년 뒤 한국도 일본과 유사한 문제를 겪을 가능성이 크다. 고령화와 인구 유출로 지방 소멸 위기는 이미 현실로 닥쳐왔다. 지난해 정부는 전국 시군구를 대상으로 인구감소지역 89곳을 처음으로 지정하고 지원책을 내놓았다.

인구감소지역은 전남과 경북을 비롯해 강원, 경남, 전북, 충남 등 수도권과 일부 광역시를 제외한 전국에 걸쳐 분포했다. 지방 인구가 현저히 감소하는 가운데 수도권으로의 인구 유입은 오히려 나날이 늘어나면서 지방소멸 현상이 가속화 됐다.

고용정보원에 따르면 전국 229개 시군구에서 지방소멸이 우려되는 지역은 2017년 83개(36.2%)에서 2020년 105개(46.1%)로 증가했고 30년 뒤에는 소멸위험지역이 대부분의 시군구로 확대되는 것으로 나타났다.

소멸위험지수 (消滅危險指數)

소멸위험지수는 20~39세 여성 인구와 65세 이상 고령 인구의 비율로 정의된다. 일반적으로 소멸위험지수 값이 1.0 이하(20~39세 여성 인구가 65세 이상 고령 인구보다 적은 상황)로 하락하면, 그 지역은 인구학적으로 소멸위험이 있음을 의미한다. 소멸위험지수가 0.5 미만(20~39세 여성 인구가 65세 이상 고령 인구의 절반 미만)이면 그 지역의 소멸위험은 크다고 추정할 수 있으며 소멸위험진입 단계로 분류된다. 소멸위험지수가 0.2 미만이면 소멸고위험 지역에 해당한다.

💬 **이슈의 논점**

지방소멸 위기의 원인

통계청에 따르면 2019년 12월 수도권(서울·경기·인천) 인구가 처음으로 비수도권 인구를 초과했다. 국토면적의 12.0%에 불과한 수도권에 우리나라 전체 인구의 50.24%가 몰려 있다. 수도권 인구 과밀과 지방 인구 과소는 수십 년 전부터 국가균형발전을 저해하는 심각한 문제로 지적됐지만 수도권으로의 인구 집중 추세는 오히려 심화되고 있다.

지방소멸 위기의 근본 원인은 인구의 자연 감소세다. 2020년 우리나라는 처음으로 연간 출생자 수가 사망자 수보다 작은 인구 감소 시대에 진입했다. 인구 자연 감소 현상이 불가피하다고 전제한다면 지방소멸 위기의 직접 원인은 지방으로부터 수도권으로의 인구 유출로 봐야 한다. 2020년 기준 수도권의 합계출산율은 전국 평균보다 낮고 광역도시의 합계출산율은 평균보다 높았다는 통계가 이를 증명한다.

수도권으로의 이동 인구는 청년 연령층에 집중돼 있다. 대학에 진학하는 20대 초반과 구직 활동을 활발히 하는 20대 후반~30대 초반 시기에 수도권으로의 인구 집중이 극단적으로 나타난다. 대학도 기업도 모두 수도권에 기형적으로 몰려 있으니 수도권이 청년 인구를 빨아들이는 블랙홀이 된 것이다.

지방에도 대학은 많이 있지만 전국 300여 개 대학 중 상위권 대학교 대부분이 서울에 있어 청년 인구의 수도권 이동을 유발하는 원인이 된다. 반면 학령인구가 감소하면서 "벚꽃 피는 순서대로 대학이 망할 것"이란 괴담은 지방대에 현실로 다가왔다. 일부 지방대는 수능 성적도 보지 않고 원서만 쓰면 장학금까지 주겠다며 학생 모집에 공을 들이지만 폐교와 통폐합을 우려하는 처지다.

일자리 집중은 더 심각하다. 청년들이 선호하는 대기업 등 질 좋은 일자리가 대부분 수도권에 있다. 2021년 공정거래위원회 통계를 보면 자산 총액이 5조원 이상인 71개 공시대상 기업집단 가운데 약 73%인 52개 기업집단의 본사가 서울에 자리 잡고 있었다. 강원·충북·전남·경북·세종 등은 공시대상 기업집단 본사가 한 곳도 없었다. 2020년 매출액 기준으로 보면 수도권에 있는 기업이 전체 기업 매출의 86.9%를 차지하고 있었다.

사회·경제·문화 활동이 활발한 청년들이 자주 이용하는 공연장이나 미술관, 공공도서관, 체육관, 상점, 병원 등 문화 시설과 기초 생활 인프라도 수도권에만 집중된다. 이러한 불균형이 삶의 터전으로서의 지방의 주거 매력을 떨어뜨려 청년인구 유출을 가속하고 저출산·고령화가 인구 감소로 이어지는 악순환 고리를 형성하고 있다.

현행 지역균형발전 정책의 한계

그동안 정부의 지역균형발전 정책은 낙후 지역 개발 지원에 초점을 맞췄다. 낙후도가 심한 농·산·어촌이나 섬 지역, 특별·광역 시내 개발 낙후 지역, 인천·경기·강원 접경 지역 등에 지역 생활 기반을 확충하고 성장을 촉진하는 방식이었다. 이러한 정책은 1980년대 후반부터 지금까지 운영되고 있지만 낙후 지역 문제를 해결하지 못했다.

대형 인프라 건설 등 사회기반시설 구축은 지역균형발전의 대명사로 인식되나 인구 감소와 지방소멸 위기를 막기에 한계가 있다.

역대 정부와 각 지방자치단체가 선거철마다 신공항이나 철도 건설 공약을 내세웠지만 중복된 사업 추진과 비효율적인 예산 집행으로 실효성이 떨어지고 설사 건립이 돼도 이용자가 터무니없이 적은 사례가 빈번했다.

현재 지방소멸 대응 정책의 다른 한 축은 출산율 제고 정책이다. 소멸 위기에 놓인 지자체에서 출산율을 높이기 위해 현금성 지원을 내놓는 사례가 대표적이다. 인구가 줄어들며 소멸·통폐합 위기에 몰린 지자체는 경쟁적으로 현금성 출산 지원 정책을 내놓고 있다.

예를 들어 서울 면적의 80%이지만 인구가 관악구의 10분의 1도 안 되는 약 3만 명에 불과한 충남 청양군은 첫째 출생아 출생 장려금 500만원부터 시작해 아이 5명을 낳으면 8000만원까지 준다. 최근에는 결혼하는 부부에게 1억원을 지급하고 자녀 숫자에 따라 이자와 원금을 탕감해 주겠다는 곳도 등장했다.

그러나 지방소멸 위기는 출산율보다 사회적 인구 유출에 더 크게 영향을 받으므로 출산율을 높여 지방소멸을 막겠다는 정책은 실효성이 떨어질 수밖에 없다. 아무리 출산을 많이 한다고 해도 수도권으로 인구가 빠져나간다면 밑 빠진 독에 물 붓기다.

지자체는 인구 이동을 강제할 수 없기에 수도권과 지방 간 인구 유입과 유출은 제로섬 게임 관계다. 결국 인구 감소 지역의 경제를 활성화하고 일자리를 늘림으로써 굳이 수도권에 살지 않아도 불편함이 없는 환경을 만들어야만 지방으로의 인구 유입을 늘리고 지방소멸 위기를 극복할 수 있을 것이다.

지역균형발전 정책의 대안

독일은 지역균형발전의 모범 국가로 꼽힌다. 독일 인구는 약 8300만 명으로 한국보다 1.7배 많지만 수도이자 제1 도시인 베를린 인구는 360만 명에 불과하다. 국회, 총리 관저는 베를린에 있지만 헌법재판소, 중앙은행 등 많은 주요 정부 기관이 여러 지방 도시에 분산돼 있다.

한국 고속도로는 수도권을 중심에 두고 지방으로 뻗어나가는 방사형이지만 독일 고속도로(아우토반)는 촘촘한 격자형으로 짜여 있다. 격자형 아우토반이 지역 간 경제 분권의 상징이라면 독일 농촌 곳곳에서 찾아볼 수 있는 오페라 하우스는 도농 간 균등히 발전한 삶의 질의 표상이다.

독일이 지역균형발전을 이룰 수 있었던 동력은 기업과 일자리의 지역별 고른 분포였다. 벤츠와 보쉬 본사가 바덴뷔르템베르크에 있고 BMW와 지멘스 본사는 뮌헨에 있다. 유럽중앙은행이 있는 프랑크푸르트는 금융의 중심지다. 독일 경제의 핵심 축이자 전체 기업의 99% 이상을 차지하는 중소기업도 전국에 고르게 퍼져 있다.

우리나라도 역대 정부마다 혁신도시, 경제 특구, 국가 혁신 클러스터 등 지역별 특징과 장점을 내세운 지역균형발전 로드맵을 제시했지만 효과는 미미했다. 가령 전북은 스마트 농·생명, 경남은 항공 소재, 경북은 미래형 자동차, 강원은 디지털 헬스케어에 특화된 클러스터이지만 이 같은 사실을 아는 이들도 드물뿐더러 기업은 여전히 수도권에만 몰린다.

공공기관 이전과 달리 민간 기업의 지방 이전은 강제할 수 없다. 민간 기업의 자발적인 지방 이전과 투자를 도모하려면 정부 보조금이나 이전 지원금과 같은 과감한 인센티브가 요구된다. 세제 혜택 이외에도 행정 절차의 간소화나 규제 특례, 접근성 향상을 위한 인프라 지원 등의 방안이 절실하다.

기존 특구나 클러스터가 특정 산업 육성과 연구 기능에 국한됐다면 앞으로는 기업과 인재가 모두 모일 수 있도록 산업·주거·문화를 종합적으로 고려한 '도심융합특구'의 개발이 필요하다. '고속도로'는 물론 '오페라 하우스'도 있어야 한다. 지역마다 '제2의 판교 테크노밸리'가 생긴다면 지방소멸 우려 해소를 넘어 지역균형발전을 통한 한국 경제의 질적 성장까지 이어질 수 있을 것이다.

도심융합특구에는 청년에게 대학과 일자리, 주거 공간, 문화시설 등을 종합적으로 제공하는 정책이 요구된다. 특구별로 전문성에 특화된 산업 분야를 지역 대학과 연계함으로써 기업은 맞춤형 인재를 얻고 지역 대학은 경쟁력을 끌어 올리면서 학생을 유치하는 '윈윈' 효과로 이어질 수 있어야 한다.

여기에 지방이 자생 역량을 갖추고 지방소멸 위기에 대처하기 위해 행정구역 간 통합에 대한 선제 논의가 절실하다. 자연 인구 감소와 저출산·고령화 영향으로 일부 지자체의 소멸은 불가피하다. 2020년 12월 말 기준 인구 3만 명이 안 되는 군은 18개였다.

지자체별 재정자립도 역시 시군 기준 평균 30% 미만에 불과하다. 인구가 계속 감소하는 상황에서 정부 재정 지원으로 지방소멸을 막기는 어렵다. 행정구역 통폐합 문제는 주민과 이해관계자 간 갈등으로 합의에 이르기 어렵다. 그러나 지역균형발전과 지방소멸 위기 극복을 위해 지자체 통폐합 논의를 미룰 수 없을 것이다.

연습문제

지역균형발전 정책의 문제점을 논하고 지방소멸을 막기 위한 대안을 제시하라. (1000자, 50분)

※ 논술대비는 실전연습이 필수적입니다. 반드시 시간을 정해 놓고 원고지에 직접 써 보세요.

200

400

대통령 집무실 용산 이전 논란

"소통하는 대통령실 구현" vs "지나친 혈세 낭비"

➕ 배경 상식

74년간 이어져 왔던 '청와대 시대'가 막을 내린다. 윤석열 대통령 당선인은 3월 20일 "어려운 일이지만 국가의 미래를 위해 내린 결단"이라며 대통령 집무실을 용산 국방부 청사로 이전하는 '용산 시대'의 개막을 공식 선언했다. 앞서 윤 당선인은 대선 과정에서 현재 청와대 내 대통령 집무실을 광화문 정부서울청사로 이전하며 '광화문 시대'를 열겠다고 공약했다. 하지만 경호와 교통 문제 등이 해결되지 않아 난관이 생겼는데, 대안으로 급부상한 곳이 현 국방부 청사가 있는 용산이다. 용산은 국방부 청사가 있어 대통령이 사용할 수 있는 제반 시설들이 이미 갖춰져 있다. 헬기장은 물론, 국방부와 합동참모본부 지하에 각각 벙커가 있는데 이들 모두 유사시 정부 전체가 들어갈 수 있는 규모로 시설이 마련돼 있다.

청와대의 이전 이슈는 김영삼 대통령 때부터 반복돼 온 대선 후보들의 단골 공약이었지만 경호 문제와 대체지 선정의 어려움 등으로 매번 무산됐다. 문재인 대통령도 대선 후보 시절 대통령 집무실의 광화문 이전을 공약으로 내걸었지만, 취임 이후 경호 등의 문제로 2019년 1월 포기를 선언했다. 이번 윤 당선인이 선언한 '용산 시대'도 해결해야 할 문제들이 산적한 상태다. 우선 임기 개시까지 얼마 남지 않은 상황에서 국가 핵심 안보시설인 청와대와 국방부를 차질 없이 옮기는 실무 과제가 있다. 또 문재인 정부와의 협의 난항, 청와대 이전 비용이 인수위의 예비비 예산 범위를 벗어났다는 야당의 반발까지 넘어야 할 고비가 수두룩하다. 청와대 이전 문제로 신·구 권력 간 갈등 양상이 불거진 가운데 윤 당선인의 열망대로 대통령 집무실이 청와대에서 용산으로 무사히 이전할 수 있을지 관심이 모인다.

찬성1 소통하는 대통령실 구현

이번 집무실 이전은 대통령과 참모 간 불통의 문제를 해결하고 원활한 소통과 업무의 효율을 높이기 위한 결정이다. 참모들의 주 업무 공간인 '청와대 여민관'이 '청와대 본관'과 직선거리로만 걸어서 10분 가까이 걸리는 등 업무 의견을 논의하기에 애로사항이 있었다.

용산으로 집무실을 이전하면 수평적 공간 배치를 통해 대통령이 참모진과 수시로 소통할 수 있어 업무 효율이 늘어날 것이다. 또한 대통령 집무실 앞에 공원을 조성하여, 라파예트 공원과 인접한 미국 백악관처럼 시민들이 대통령 집무실 바로 앞까지 다가가 대통령과 쉽고 원활하게 소통하는 기회가 될 것이다.

찬성2 제왕적 대통령제의 잔재 청산

용산 집무실 이전은 '제왕적 대통령제'에서 벗어나기 위한 취지다. 조선총독부 관저, 경무대에서 이어진 청와대는 지난 우리 역사에서 독재와 권위주의 권력의 상징이었다. 윤 당선인이 무리라는 지적을 감수하며 조속한 청와대 해체의지를 표명한 까닭은 청와대 참모진의 비대화와 제왕적 대통령의 폐해가 심각하기 때문이다.

공간은 사람의 의식을 지배한다. 대통령은 구중궁궐과 같은 청와대에서 고립되고, 소수의 청와대 참모진들이 거대한 권력을 가지는 구조가 모든 정권에서 반복됐다. 용산 이전은 이러한 구조를 무너뜨리고 더 높은 수준의 민주 사회로 나아갈 수 있는 기회가 될 것이다.

반대1 지나친 혈세 낭비

대통령 집무실 이전은 국가 세금 낭비를 초래할 것이다. 윤 당선인은 대통령 집무실 이전 비용을 496억원으로 예상했지만, 합동참모본부의 남태령 이전 비용 1200억원이 필요하다며 하루만에 1700억원대로 뛰었다.

1700억원은 사이버사령부 등 직할부대의 연쇄 이동 비용, 집무실 주변 용산 미군기지를 시민 공원으로 조성하는 비용 등은 빠진 비용이다. 윤 당선인은 선거 기간 동안 그의 최우선 과제로 '코로나19로 인한 경제적 피해 해결'을 꼽았는데, 급하지도 않은 대통령 집무실 이전으로 혈세를 쓸데없이 낭비하고 국론을 분열시키고 있다.

반대2 안보 공백·경호 불안

대통령 집무실 이전은 일반적인 정부 부처 사무실 이전의 개념과 달리 안보 공백이 우려된다. 대통령 집무실 이전으로 국방부와 합참 등이 이동하면 시스템과 지휘 체계의 혼선이 일어날 가능성이 크다. 북한이 최근 미사일을 쏘며 한반도 위기가 고조된 가운데, 안보 시스템이 제대로 작동하지 않으면 큰 위기가 올 수 있다.

경호 문제도 남아 있다. 대통령 집무실과 관저가 한 부지에 있는 현재 청와대 구조와 달리, 앞으로는 집무실과 관저가 분리된다. 대통령이 출퇴근길에 왕복 20~30분 동안 도로를 달리면 경호에 위험 요소가 많아지고 교통·통신 통제로 시민까지 불편을 겪을 것이다.

작년 158만 명 어쩔 수 없이 회사 떠나...
고용 질도 악화

지난해 직장 휴폐업과 정리해고 등으로 어쩔 수 없이 일을 그만둔 퇴직자가 158만 명에 육박한다는 조사 결과가 나왔다. 전국경제인연합회는 최근 5년간 통계청 마이크로데이터를 분석한 결과 비자발적 퇴직자 수가 2016년 125만8000명에서 지난해 157만7000명으로 25.4% 증가했다고 4월 11일 밝혔다.

비자발적 퇴직자란 휴폐업과 명예·조기퇴직, 정리해고 등으로 실직 상태인 사람을 일컫는 말로, 해당 연도에 퇴직해 조사 시점까지 실직 상태일 때 통계에 포함된다. 특히 지난해 비자발적 퇴직자 비중은 전체 퇴직자의 47.8%에 달했다. 퇴직자의 절반은 원치 않는데도 회사를 그만뒀다는 뜻이다.

17시간 미만의 단시간 취업자 수가 관련 통계 집계가 시작된 1980년 이후 처음으로 지난해 200만 명을 돌파하는 등 고용의 질이 최근 5년새 크게 악화했다. 가파른 최저임금 인상이 단시간 취업자 증가로 이어졌다는 것이 전경련의 분석이다.

15시간 미만의 초단시간 취업자 수가 최저임금이 급격하게 인상됐던 2018년, 2019년에 각각 14.1%, 18.9% 증가한 것이 이 같은 분석을 뒷받침한다. 초단시간 취업자는 지난해에도 16.0% 늘어난 것으로 집계됐다.

전경련은 "최저임금의 급격한 인상으로 주 15시간 이상 근무한 근로자에게 지급해야 하는 주휴수당을 피하기 위해 15시간 미만의 '쪼개기 일자리'가 확대됐다"면서 "한국의 초단시간 일자리는 선진국의 시간제 일자리와 성격이 다르다"고 지적했다.

청년, 졸업 뒤 취업까지 11개월...
33%는 비정규직

청년 3명 중 1명은 비정규직으로 사회생활을 시작하는 것으로 나타났다. 최종 학교 졸업 후 취업까지는 평균 11개월이 걸렸다. 4월 3일 한국청소년정책연구원에 따르면 지난해 전국 18세~34세 청년 2041명을 대상으로 설문한 결과 졸업 후 첫 일자리를 가진 임금근로자 청년 중 정규직은 66.6%, 비정규직은 33.4%였다.

'졸업 후 첫 일자리'는 최종 학교 졸업 후 처음으로 수입을 목적으로 1시간 이상 일을 했거나 가족사업체에서 무급으로 18시간 이상 일을 했던 경우, 졸업 전 시작한 일이 졸업 후에도 이어진 경우를 모두 포함한다. 응답자의 94.5%가 임금근로자, 5.5%가 비임금근로자로 대부분의 청년이 취업을 통해 첫 일자리 갖는 것으로 나타났다.

회사 규모별로 살펴보면 63.9%의 청년들이 30인 미만 중소규모 사업체에서 첫 일자리를 시작했다. 1~4인 규모의 직장에서 첫 일자리를 시작한 비율도 26.3%로 높은 편인 것으로 나타났다. 첫 일자리의 종사자 규모가 500인 이상인 경우는 7.7%에 그쳤다.

졸업 후 첫 일자리의 평균 주당 근로시간은 41시간, 월 소득은 평균 213만원으로 집계됐다. 주당 근로시간은 남성(42시간)이 여성(40시간)보다 2시간가량 많았다. 월 소득도 남성(231만원)이 여성(194만원)보다 37만원가량 많았다.

연구진은 "통계청 조사에 따르면 학교 졸업 후 첫 취업까지 평균적으로 11개월이 걸리는데, 이는 개인적으로 불안정하고 고통스러운 시기이지만 국가적으로도 인적 자원이 낭비되는 것"이라면서 "취업 준비 기간을 단축할 수 있도록 학교 졸업 전부터 정부가 지원해야 한다"고 제안했다.

박지웅 교수의 GSAT 단기 고득점 공략 팁
"GSAT는 다 풀고 다 맞혀야 하는 시험"

▲ 박지웅 에듀윌 대기업 인적성 교수

삼성 그룹이 2022년 상반기 대졸 신입사원 공채를 진행 중이다. 5월 중 실시하는 직무적성검사(GSAT)는 사실상 삼성 입사의 당락을 결정하는 승부처. 비단 삼성 취업만이 목표가 아니더라도 GSAT는 그해 대기업 취업 경향을 좌우하는 가늠자로서 중요성이 크다. 4월 6일 박지웅 에듀윌 대기업 인적성 교수를 만나 GSAT 단기 고득점 공략 팁에 대해 물었다.

Q. 2022 상반기 GSAT 경향을 예상한다면?

A. 최근 GSAT는 수리논리와 추리 영역 2개 파트로 출제하고 있다. 가장 중요한 것은 기초적인 연산 능력과 언어 구사 능력이다. 인적성 시험 가운데 상당히 난이도가 낮기 때문에 기본 상식과 연산 능력을 베이스로 갖춰야 한다.

이재용 삼성전자 부회장이 2021년 3만 명을 채용한다고 했고 최근 4만 명 목표로 늘렸는데 사실 3만 명 채용 인원은 거의 다 채운 상태다. 삼성은 채용 목표 달성 막바지 때는 시험 난이도 조절을 하지 않고 대신 서류 전형의 허들을 높여 왔다. 올해 GSAT도 2021년 하반기부터 유지한 평이한 난이도 및 유형 출제가 계속될 것으로 본다. 높은 난이도를 준비하기보다는 기존 출제 유형을 확실히 파악하기만 해도 충분하다. 숫자 조합에서의 변화만 소폭 있을 것이며 이에 적응해서 얼마나 시간 조절을 해가며 푸느냐가 관건이 된다. 정말로 삼성 취업에 뜻이 있다면 2022년 상반기가 더할 나위 없이 좋은 기회다.

Q. 몇 점을 목표로 얼마나 공부해야 하는가?

A. 모든 문제를 풀고 다 맞히는 것을 목표로 삼아야 한다. 실제로 삼성은 GSAT에서 만점을 받은 선배들을 차출해 연수원에 들어가 문제를 출제하도록 한다. 그때 가장 참고하는 자료가 기존 GSAT 기출 문제와 PSAT 기출 문제다.

만점을 받았던 분들이 만점을 받을 수 있도록 출제를 한다는 점에서 GSAT 만점은 물리적으로 가능하다. 공부 기간은 한 달이다. 대부분 학생이 한 달 이내 GSAT 준비를 끝내는 게 일반적이다.

Q. 온라인 GSAT에서 대비할 점은?

A. 모니터를 보며 문제를 푼다는 부분이 가장 중요하다. 문제집에다 문제를 풀지 못한다는 핸디캡 때문에 제약 조건이 크고, 난이도가 올라가지 않았음에도 고난이도로 느껴진다.

오프라인과 달리 온라인은 미뤄뒀던 문제를 다시 풀기 어렵다. 화면 로딩 지연 시간 때문에 지면처럼 가볍게 넘겼다 돌아올 수 없고 눈에 보이는 순서대로 풀 수밖에 없다. 한 문제당 1분도 안 되는 수리 파트에서 화면을 되돌리면 문제를 포기할 수밖에 없으니 치명적이다. 감점 제도가 있으니 모르는 문제가 있으면 넘어가는 것도 하나의 방법이다. 문제를 한참 보고 나서가 아니라 사전에 자신이 어떤 부분이 약하다는 정보를 확실히 갖고 문제를 봤을 때 바로 선택해야 한다.

Q. 유형별로 풀이 팁을 소개한다면

A. 수리논리는 계산이 관건이다. 자료해석에 나오는 숫자들은 3자리, 4자리 이상의 숫자들이 많이 출제되고 여기서 비율을 물어본다. 많은 비율을 외워둬야 한다. 1분의 1(100%)부터 40분의 1(2.5%)까지가 몇 퍼센트에 해당하는지 정도는 외우고 시험에 들어가라는 말씀을 드린다.

추리에서는 도식 추리가 네 문제 세트로 출제되니 다 풀거나 다 풀지 못하거나 둘 중 하나다. 당연히 다 푸는 쪽을 선택해야 한다. 각 알파벳이 몇 번째에 해당하는 것인지 암기해야 풀 수 있게 출제가 된다. a부터 y까지 5개씩 5줄로 빨리 쓰는 연습을 하기 바란다. 시험 시작하자마자 10초 안에 연습지 귀퉁이에 써놓고 그걸 보며 풀어가는 것만 해도 시간을 충분히 아낄 수 있다. 특징적인 단위로 5, 15, 20, 25, 즉 ejoty와 1, 2, 3, 4, 5(abcde)를 기반으로 플러스·마이너스 하며 나머지를 추론하는 것도 도움이 된다.

도식추리는 낮은 난이도 기준을 잡아놓고 출제한 것이 어느 정도 유형화가 됐지만 도형추리는 수험생들이 더 발전하기 어렵다며 벽을 느낄 때가 많다. 어느 정도 선천적인 능력이 좌우를 많이 하기도 하고 그래서 정말 많은 연습을 하고 다양한 문제를 접해야 한다.

Q. 미리 삼성 취업을 준비한다면?

A. 3학년 이하라면 학점부터 챙기기 바란다. 2019년 공개한 바에 따르면 삼성은 서류 전형 단계에서 3대 스펙(학교·학점·어학성적)으로 지원자를 점수화한다. 첫 번째 스펙은 학교다. 서울대와 포항공대 등만 최고 점수를 주고 그 밑에 연세대, 고려대, 성균관대가 낀다. 각 단계별로 10점씩 점수가 낮아지며 서울에서 이름만 얘기하면 알 수 있는 대학을 다닌다고 하는 분들도 세 번째, 네 번째 등급에서 시작하는 거다. 대부분의 지원자가 60, 70점으로 분류되는 학교인데 합격자 평균은 70점대이니 두 번째 스펙인 학점이 중요할 수밖에 없다. 학점 4.0 만점으로 0.2점씩 단계가 낮아지니 학점 3.8도 매우 높은 학점이지만 2등급인 것이다. 세 번째 스펙인 어학점수로 이를 만회할 수는 있다. 학교와 학점을 돌이킬 수 없다면 어학점수 확보에 에너지를 쏟기 바란다. 토익스피킹을 예로 들어 두 번째 레벨에 해당돼 90점이라면 평균으로 학교와 학점에서 미달되는 기준을 채울 수 있다. 그 밖에 어학연수나 봉사활동, 관련 직무 경험 같은 구체적인 가산점 항목도 있으나 기준이 공개된 바는 없다.

박지웅 교수는 온라인 인적성 강의는 물론 대학교 특강에서도 항상 높은 강의 평가를 받기로 유명하다. 박 교수는 그 비결로 "강의 중 한 선택지가 나올 때마다 그 선택지에 필요한 자료를 PPT로 따로 만들어 구현하는 등 수강생들이 공부하기 좋은 환경을 구축하고자 노력한 결과라고 생각한다"고 밝혔다. 그는 "한 문제를 설명하기 위해 1시간을 쓰고, 1시간 강의를 위해 8시간을 준비하고 있다. 앞으로도 편리하고 재미있는 강의를 만드는 것이 목표"라며 인터뷰를 마쳤다.

성큼 다가온
'위드 로봇' 시대

아리스토텔레스의 판타지

'귀차니즘'은 2500여 년 전에도 있었다. 그리스 철학자 아리스토텔레스는 『정치학』에서 "다이달로스(그리스 신화에 나오는 건축가)가 만든 동상이나 헤파이스토스(그리스 신화에 나오는 기술과 대장장이의 신)가 제작한 그릇처럼 생명이 없는 도구가 주인의 뜻을 스스로 헤아려 일하는 자동노예(automatic slave)가 있다면 하인이나 노예가 필요 없을 것"이라고 상상의 나래를 펼쳤다.

로봇(robot)이란 말은 체코 출신 극작가 카렐 차페크가 1920년 발표한 희곡 『R.U.R』에 처음 등장하며 유행했다. 로봇의 어원은 체코어로 'robota(로보타)'로 '노동이나 노예, 힘들고 단조로운 일'을 의미한다. 임금은 물론 휴식 시간을 주지 않아도 한마디 불평 없이 잠도 안 자고 인간을 위해 봉사하는 로봇에 대한 판타지는 오늘날 현실로 다가왔다.

반도체나 자동차 공장에서 바쁘게 움직이는 로봇

팔에서 볼 수 있듯 제조업용 로봇은 보편화된 지 오래다. 최근에는 서비스용 로봇이 일상생활에 스며들고 있다. 코로나 팬데믹 이후 비대면 문화 정착과 서비스 업종의 대폭 인력 구조조정, 자영업자들의 비용 절감 노력 등이 더해진 결과다. 로봇과 함께 사는 이른바 '위드 로봇(with robot)' 시대가 가까워졌다.

로봇과 함께 사는 시대

식사를 마치고 계산하고 나올 때까지 모든 것을 로봇이 처리하는 레스토랑도 등장했다. 매장에서 키오스크로 피자와 커피를 주문하면 로봇이 2초 안에 반죽을 펼쳐 현란한 솜씨로 토핑을 얹고 굽는다. 그 옆에서 바리스타 로봇이 능숙하게 커피를 내리고 서빙 로봇이 피자와 커피를 식판에 담아 고객에게 전해준다.

서울어린이대공원에서는 자율주행 순찰 로봇 패트로버가 활약하고 있다. 패트로버는 정해진 시간마다 구석구석을 순찰하며 소독약을 뿌리고 이상 음향이나 화재, 보행자 쓰러짐 등을 감지한다. 한밤중에도 방지턱을 넘어 다니며 부지런히 순찰한다.

경북 구미시는 올해 1월부터 독거어르신 100명을 대상으로 '인공지능(AI) 반려로봇 효돌이 돌봄 사업'을 본격 시행했다. 귀여운 손녀·손자 같은 인형 모습의 효돌이는 앱을 통해 일상 관리와 응급 알림 서비스를 제공한다. 홀몸 어르신의 보호자나 생활지원사가 스마트폰으로 접속하면 어르신의 상황을 실시간으로 확인할 수 있다. 어르신들의 투약 시간에 맞춰 "할아버지 약 드실 시간이에요"라고 말해주기도 한다.

곤충형 로봇은 재난이나 전쟁 상황에서 탐색이나 정찰에 안성맞춤이다. 영국 롤스로이스는 항공기 엔진에 들어가 결함을 찾는 바퀴벌레 로봇을 개발하고 있다. 지금까지 엔진 점검을 점검하려면 모두 분해하느라 5시간이 걸렸지만 바퀴벌레 로봇이 개발되면 5분 안에 점검을 마칠 수 있다고 한다.

무궁무진하고 직관적인 쓰임새로 로봇 경제에 대한 기대감도 무르익고 있다. 4족 보행 로봇 '스팟' 개발사로 잘 알려진 보스턴다이내믹스를 인수한 현대자동차의 정의선 회장은 "지금 매일 스마트폰을 들고 다니는 것처럼 언젠가는 스팟을 매일 데리고 다니게 될 것"이라고 말했다. 업계에서는 로봇 산업 규모가 자동차와 스마트폰 산업을 합친 것보다 커질 것이라고까지 전망한다.

위드 로봇 시대에 대비하라

위드 로봇 시대가 사회에 미칠 파급력은 AI를 능가할 전망이다. 2016년 알파고가 이세돌 9단에게 연전연승을 거두는 충격 속에서도 사람들은 알파고가 바둑알을 집어 바둑판에 얹을 능력은 없다는 데 애써 안도했다. 컴퓨터는 인간이 할 수 없는 복잡한 연산이나 데이터 검색을 쉽게 하지만 물건을 쥐거나 걷고 뛰는 등 인간에게 쉬운 기초적인 감각·운동 능력을 발휘하기 지극히 어렵다는 '모라벡의 역설'에서 위안을 찾은 것이다.

그러나 로봇의 오감 기술은 갈수록 정교해지며 머지않아 모라벡의 역설을 극복할 것으로 보인다. 눈에 띄지 않게 일자리를 잠식하는 AI와 달리 옆 자리에 버티고 앉아 있는 로봇을 보면 적대감이 커질지도 모른다. 실제로 지난해 한국은행이 발표한 '로봇이 노동수요에 미치는 영향' 보고서에 따르면 근로자 1000명당 로봇 1대가 늘어난 지역에서 제조업 구인 인원 증가율이 2.9%p 감소했다.

사생활 침해 논란도 심각해질 수 있다. 구글의 증강현실(AR) 웨어러블 스마트 안경인 구글 글래스는 사생활 침해 논란을 겪으며 정식으로 출시되지 못했다. 카메라는 로봇의 눈이다. 위드 로봇 시대에서는 수천만~수억 대의 고성능 카메라가 모든 일상을 찍어 저장할 것이다. 개인정보 탈취, 불법 촬영물 유포 등 사이버 범죄에 악용된다면 상상조차 하기 싫은 디스토피아가 펼쳐질 수 있다.

이밖에도 자율 살상 무기(킬러 로봇)의 비윤리성, 로봇의 잘못된 판단이나 작동 오류에 따른 책임 소재, 반려 로봇에 반려 동물과 같은 권리를 부여해야 하는가에 대한 논쟁, 로봇으로 창출된 부가가치에 대한 과세나 수익 배분 등 난제는 적지 않다. 위드 로봇 시대의 선제적 원칙 수립이 시급하다.

콜비츠의 조각과
우크라의 유모차가
사무치게 전달하는
반전(反戰) 메시지

케테 콜비츠의 조각 작품
'죽은 아들을 안고 있는
어머니'. 1993년에 확대
설치된 이 작품은 전쟁의
비극을 사무치게 전달한다.

수많은 전쟁의 비극이 인류의 역사에 남아 있다. 우크라이나를 침공해 전쟁을 일으킨 러시아처럼, 안타깝게도 21C인 현재까지도 전쟁의 비극은 여전히 되풀이되고 있다. 러시아와 전쟁 중인 우크라이나의 절규가 전 세계를 메운 가운데 한 예술가가 남긴 작품을 살펴보며 전쟁이 인간에게 어떤 아픔을 남기는지, 우리가 왜 반전(反戰) 메시지를 외쳐야 하는지 이야기해보고자 한다.

케테 콜비츠(Kathe Kollwitz, 1867~1945)는 1차 세계대전으로 아들을 잃은 독일의 예술가다. 본래 가난하고 소외된 사람의 슬픔과 절망을 주로 표현해온 그녀는 겨우 열여덟의 나이로 전사한 아들의 죽음 이후 전쟁 피해로 인해 황폐해진 마음을 작품으로 표현하며, 어떤 명분으로도 전쟁이 합리화될 수 없음을 말했다.

1993년 설치된 '죽은 아들을 안고 있는 어머니'는 독일이 통일된 뒤에 전쟁 희생자를 기리는 기념관 '노이에 바헤(Neue Wach)'를 재개관하면서 콜비츠가 남긴 작은 조각 작품을 확대해 설치한 것이다. 이 세상에 자식을 잃은 부모만큼 황폐화된 마음을 직관적으로 전달하는 것은 없을 것이다. 어머니의 왼손 위에 포개어진 죽은 아들의 가냘픈 손이 눈물샘을 자극하는 콜비츠의 이 조각 작품은 전쟁이 왜 존재해서는 안 되는지 사무치게 전달한다.

109개의 텅 빈 유모차

지난 3월 텅 빈 유모차 109개가 우크라이나 서부 도시 르비우의 한 광장을 가득 메웠다. 109개의 텅 빈 유모차는 우크라이나의 희생된 작은 천사들을 상징하는 것이다. 우크라이나 정부 당국에 따르면 러시아의 침공 이후 우크라이나에서 109명의 어린이가 러시아군에 의해 사망한 것으로 알려졌다. 무엇을 위해 아이들이 세상을 떠나야 하는 걸까. 죄 없는 아이들의 죽음을 목도

▲ 우크라이나 르비우의 한 광장에 텅 빈 유모차 109개가 줄지어 서있다.

하며, 광장에 모인 텅 빈 유모차 109개를 목도하며 세계인은 어떤 마음을 가져야 하는 걸까. 러시아군이 아동 병원도 공격 대상으로 삼고 있다는 소식까지 들려오는 가운데, 109개의 텅 빈 유모차는 콜비츠의 조각 작품에 버금가는 비극적인 감정을 전달한다.

"전쟁은 이제 그만"이라고 소리 높였던 콜비츠의 외침이 지금 이 시대에도 여전히 외쳐져야 한다는 사실이 마음을 답답하게 만든다. 1차 세계대전으로 아들을 잃은 데 이어, 2차 세계대전으로 손자까지 잃은 콜비츠는 유언에서 전쟁 금지를 바라는 것은 소원이 아니라 명령이며, 요구라고 선언했다고 한다. 콜비츠가 죽어가며 외친 그 명령과 요구를 이제 우리가 한마음으로 다시 한번 외쳐야 할 때다. 더 이상 무고한 목숨이 전쟁으로 희생되지 않도록. 더 이상 인류의 역사에 전쟁의 비극을 남기지 않도록.

청와대
靑瓦臺

지난 3월 18일 대통력직인수위원회 출범 뒤, 한 달이 넘는 시간 동안 가장 큰 이슈는 단연코 '대통령 집무실 이전'이었다. 새 정부 5년의 국정 방향성을 가늠하는 치열한 정책 논쟁보다 대통령이 청와대를 들어가느냐 마느냐, 안 들어가면 어디로 가느냐를 따지느라 연일 언론이 시끄러웠다.

알다시피 문재인 대통령도 2017년 대선 당시 '대통령 집무실 이전'을 공약으로 내세웠다. 대통령 집무실을 광화문 정부종합청사로 이전하여 '광화문 대통령'이 되겠다는 것이었다. 그러나 이때도 안전과 경호 등 현실적 어려움이 끊임없이 거론되었고, 결국 2019년 1월 청와대는 광화문 대통령 집무실 이전을 보류한다고 밝혔다.

고려의 남경

청와대를 포함한 그 일대가 역사의 전면에 나타난 것은 고려 때이다. 고려는 성종成宗(고려 제6대 왕, 재위 981~997) 때 수도인 개경開京과 경주의 동경東京, 평양의 서경西京을 합하여 삼경三京이라 칭했다. 그 뒤 문종文宗(고려 제11대 왕, 재위 1046~1083)이 동경 대신에 지금의 서울 지역에 남경南京을 설치하고 이궁離宮을 건설하였는데, 그 위치가 지금의 청와대 부근으로 추정된다.

익히 알려진 것과 같이 통일신라 말·고려 초에는 산세山勢·지세地勢·수세水勢 등이 인간의 운명을 좌우한다는 풍수지리가 각광을 받았다. 문종이 서경을 설치한 것 역시 지리도참설에 따라 삼각산 아래 지역이 제왕의 도읍이 될 만하다는 이유에서였다. 그 뒤 잠시 폐지되었던 남경은 숙종肅宗(고려 제15대 왕, 재위 1095~1105) 때 다시 설치되어 숙종 이후 여러 왕들이 자주 행차하여 머물다 돌아갔다.

경복궁의 후원

조선 건국 후 새로운 궁궐터를 위해 한양漢陽을 둘러본 정도전·권중화 등은 태조太祖(조선 제1대 왕, 재위 1392~1398)에게 고려 숙종 때의 옛 궁궐터는 너무 좁으니 그 남쪽에 궁궐을 지어야 한다고 보고하였다. 그렇게 지금의 청와대 자리에서 좀 더 남쪽으로 내려간 평지에 지어진 조선의 정궁이 경복궁이다.

임진왜란 때 경복궁이 불탄 뒤로 청와대 자리 역시 긴 시간 방치되었으나, 1868년 고종高宗(조선 제26대 왕, 재위 1863~1907) 때 흥선대원군興宣大院君이 경복궁을 중건하면서 이 일대 역시 경무대景武臺라는 이름의 후원으로 다시금 태어났다. 청와대 이전 대통령의 관저 이름으로 익히 알려진 '경무대'라는 명칭이 이때 처음 생겼으며, 경무대에 들어선 경복궁의 부속 전각만도 32동이었다고 한다.

일제 강점기 조선 총독의 관사

일제는 1910년 대한제국을 강제로 병합한 뒤 경복궁을 조직적으로 파괴하였다. 경복궁에서 각종 박람회와 미술 전시회를 개최하여 몇 채의 큰 건물을 제외한 많은 건물을 헐어버리고 전시장을 만들었다. 일제는 조선의 정궁을 철저히 파괴함으로써 조선의 혼을 깡그리 말살하려 했다.

경복궁 근정전 앞에 총독부 청사를 세운 일제는 1939년 경복궁의 후원인 경무대에 총독 관저를 새로 지었다. 기와는 애초에 청기와가 아니었으나, 보천교普天敎(증산교 계열의 종교)의 대웅전을 헐고 가져온 청기와를 경무대 지붕에 얹었다고 한다. 7~9대까지 세 명의 조선총독이 경무대를 사용하였고, 해방 후에는 미 군정의 하지Hodge 사령관이 관저로 사용하였다.

▲ 청와대 이전 대통령 관저였던 경무대. 1993년 일제 잔재 청산과 역사 바로 세우기 일환으로 철거되었다. (자료 : 행정안전부 국가기록원)

대한민국 대통령의 관저

대한민국 수립 후에도 경무대는 최고 권력자의 관저로 사용되었다. 초대 이승만 대통령은 조선총독의 관저였던 이곳으로 대통령 관저를 옮겼고, 이승만 대통령 하야 후 출범한 제2공화국에서 '경무대'라는 이름이 갖는 부정적 이미지를 바

꾸고자 선택한 것이 '푸른 기와집'이란 뜻의 청와대靑瓦臺였다.

▲ 1991년 신축한 청와대 본관

청와대에는 초대 이승만 대통령부터 19대 문재인 대통령까지 총 12명의 대통령이 머물며 국정을 운영하였다. 현재 우리에게 익숙한 청와대 본관 건물은 1991년 노태우 정부 때 신축한 것이며, 총독 관저로 이용되었던 구 본관 건물은 1993년 김영삼 정부 때 역사 바로 세우기 운동의 일환으로 철거되었다.

재20대 대통령직인수위원회는 당선인이 취임일인 5월 10일부터 용산 국방부 청사에서 집무를 시작할 것이라고 밝혔다. '안보 공백 없는 집무 시작'이 가능한가에 대해 걱정하는 이들이 많다는 것을 당선인도, 인수위원회도, 차기 여당도 알 것이다. 국가 안보에서의 착오는 되돌릴 수 없다. 부디 차기 정부의 '청사진'이 실제적인 결실로 나타나길 기대한다.

신 민 용
에듀윌 한국사연구소 연구원

教學相長

가르칠 교   배울 학   서로 상   길 장

가르치고 배우며 서로 성장하다

출전: 『예기禮記』

교학상장敎學相長은 서로 가르치고 배우며 성장한다는 뜻으로, 우리 모두 누군가의 스승이 될 수도 제자가 될 수도 있다는 말이다. 이 말은 중국 오경五經 중 하나인 예기禮記에서 유래했다. 오경은 유교의 대표적 5가지 경서로, 예기와 함께 역경易經, 서경書經, 시경詩經, 춘추春秋를 가리킨다.

예기의 학기學記편에는 이런 말이 나온다. "좋은 안주도 먹어보지 않으면 그 맛을 알 수 없고, 참된 진리도 배우지 않으면 그 장점을 알 수 없다. 그러므로 배운 뒤에야 자신의 부족함을 알고, 가르친 후에야 비로소 어려움을 안다. 자신의 부족함을 알아야 스스로 반성하고, 어려움을 알아야 스스로 보강할 수 있다. 그러니 가르치고 배우면서 함께 성장한다."

서경에 나오는 효학반斅學半도 교학상장과 뜻이 같다. 효반학은 은殷나라 고종高宗 때의 명재상 부열傅說이 한 말로 남에게 학문을 가르치는 일은 자신의 학문을 닦는 데에도 이익이 된다는 의미다. 부열이 군주에게 '학學'에 대해 훈고하는 말에는 이런 대목이 있다.

"가르치는 것은 배움의 절반입니다. 스스로가 실행하지 못하는 것을 가르치면 배우는 자가 듣지 아니하니, 가르치기 위해서는 스스로 수양을 쌓아야 합니다. 그러니 가르친다고 하는 것은 곧 자기가 배우는 것입니다."

▌한자 돋보기

教는 아이(子)가 배우도록(爻) 하다(攵)'라는 뜻으로, '가르치다'를 뜻한다.

- 反面教師(반면교사) 다른 사람이나 사물의 부정적인 측면에서 가르침을 얻음
- 有教無類(유교무류) 가르침에는 차별이 없음

가르칠 교
攵 총11획

學은 '아이(子)가 배움(爻)을 얻는 집(宀)'이라는 뜻으로, '배우다'를 뜻한다.

- 曲學阿世(곡학아세) 배웠던 지식을 자신의 이익을 위해 사용함
- 不學無識(불학무식) 배우지도 못하고 아는 것이 없음

배울 학
子 총16획

相은 나무와 눈이 서로 마주본다는 뜻으로, '서로'를 뜻한다.

- 相扶相助(상부상조) 서로서로 도움
- 同病相憐(동병상련) 어려운 처지에 있는 사람끼리 서로 불쌍히 여김

서로 상
目 총9획

長는 머리카락이 긴 노인을 그린 글자로, '어른', '길다'를 뜻한다.

- 不老長生(불로장생) 늙지 않고 오래 삶
- 晝夜長川(주야장천) 밤낮으로 쉬지 않음

길 장
長 총8획

▌한자 상식 | 사서오경(四書五經)

사서오경이란 중국에서 유가의 기본 경전의 총칭을 뜻한다. 사서오경에서 사서란 논어, 맹자, 대학, 중용을 의미한다. 사서는 송나라 때 정자라는 사람이 오경 중 하나인 예기에서 대학, 중용을 분리하고, 논어, 맹자와 함께 엮어내 사서로 만들었다. 처음에는 사서가 환영받지 못했지만, 원나라에 이르러서는 고시 과목으로 중요시됐다. 오경은 시경, 서경, 주역, 춘추, 예기를 의미한다. 경(經)이란 말은 본래 날줄로서 피륙의 가장 기본적인 단위인데, 뜻이 변해 사물의 줄거리 또는 올바른 도리란 의미를 지니게 됐다. 따라서 오경은 성인의 모든 진리의 원천이 되는 변하지 않는 가르침이 담겨있는 것으로 전해진다. 오경이라는 용어는 전한시대 무제 황제 때 유교를 관학으로 삼고 오경박사를 두었던 것에서 비롯됐다. 그러나 내용이 어려워 사서에 비해 호응을 얻지 못했다.

문샷

앨버트 불라 저·이진원 역

| 인플루엔셜

코로나19 **■팬데믹**이라는 전대미문의 상황에서 긴박하게 개발된 코로나19 백신의 개발 비하인드 스토리가 화이자 CEO의 말로 직접 전해진다. 이 책은 지미 카터 전 미국 대통령 추천 서문이 들어갔으며, 2022년 전 세계 15개국에 동시 출간되는 등 높은 관심을 받고 있다. 화이자는 21C 글로벌 시대에 감염병으로 국가와 도시가 봉쇄될 것이라고는 누구도 쉽게 예상하지 못한, 그야말로 대혼돈의 상황 가운데서 코로나19 백신을 최초로 만들어낸 제약기업이다. 코로나19 백신을 개발해낸 화이자가 9개월에 걸쳐 이뤄낸 도전과 혁신의 이야기가 고스란히 담겨 있다.

■ 팬데믹(pandemic) 세계적으로 감염병이 대유행하는 상태를 말하는 것으로, 세계보건기구(WHO)가 선포하는 감염병 최고 경고 등급이다. WHO는 그간 1968년 발생한 홍콩독감, 2009년 발생한 신종플루, 2019년 발생한 코로나19 등에 팬데믹을 선포했다.

오래되고 멋진 클래식 레코드

무라카미 하루키 저·홍은주 역

| 문학동네

사시사철 음악을 즐기는 음악 애호가로 유명한 작가 **■무라카미 하루키**의 레코드장을 엿볼 수 있는 책이 출간됐다. 레코드 수집가로 잘 알려져 있는 무라카미 하루키는 이 책에 그가 소장하고 있는 아날로그 레코드 486장을 소개한다. 『태엽 감는 새』의 첫 장을 여는 로시니 오페라 '도둑까치' 서곡, 『일인칭 단수』에서 인상적인 단편소설로 탄생한 슈만의 '사육제' 등 그간 하루키 작품에서 주요 모티프로 쓰인 음악을 포함해 1000여 곡의 명곡에 얽힌 에피소드를 무라카미 하루키만의 매력적인 문체로 읽어볼 수 있다.

■ 무라카미 하루키(村上春樹, 1949~) 일본의 현대소설가로, '하루키 신드롬'(무라카미 하루키의 작품이 열풍을 일으키는 현상)이라는 신조어를 탄생시킬 만큼 인기가 높은 작가다.

더현대 서울 인사이트

김난도·최지혜·이수진·이향은 저

| 다산북스

MZ세대의 성지로 자리 잡은 더현대 서울의 성공 전략을 탐구하는 책이 출간됐다. 지난 2021년 1월 26일 정식으로 문을 연 서울 최대 규모의 백화점 더현대 서울은 독특한 비즈니스 전략으로 1년 만에 8000억 매출을 돌파하며 성공 신화를 쓰고 있다. 매년 『트렌드 코리아』를 펴내는 김난도 교수와 연구진은 '페르소나 공간' 전략이라고 명명한 전략의 관점에서 더현대 서울의 성공 요인을 구석구석 분석한다. 김난도 교수와 연구진의 전작인 『**■마켓컬리** 인사이트』를 통해 온라인 기업의 생존 전략을 엿볼 수 있었다면, 이번 책을 통해서는 오프라인 기업의 생존 전략을 엿볼 수 있다.

■ 마켓컬리(market Kurly) 우리나라에서 최초로 새벽 배송 시대를 연 온라인 식재료 판매업체다. 전날 밤까지 주문하면 다음 날 아침에 배송되는 신선식품 배달 시장을 개척했다.

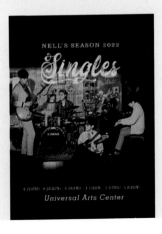

파친코

코고나다·저스틴 전 감독

| 윤여정·이민호·김민하 출연

뉴욕타임스 베스트셀러에 오른바 있는 소설 『파친코』를 원작으로 한 애플 오리지널 시리즈가 3월 25일 ■**애플 TV+**에 공개됐다. 아카데미 시상식에서 여우조연상을 받은 윤여정을 비롯해 이민호, 김민하 등이 출연한 이 드라마는 뜨거운 호평을 받으며 화제를 모으고 있다. 특히 신예 김민하는 강렬한 인상을 남기며 '오징어게임'으로 글로벌 스타가 된 정호연의 뒤를 잇는다는 평가다. '파친코'는 고국을 떠나 억척스럽게 생존과 번영을 추구하는 한인 이민 가족 4대의 삶과 꿈을 그려낸 드라마로, 약 1000억원의 제작비가 쓰인 대작이다. 한국과 일본, 미국을 오가면서 참혹한 전쟁과 평화, 사랑, 이별, 승리, 심판 등에 대한 절절한 연대기를 그린다.

■**애플TV+(Apple TV+)** 애플이 선보인 OTT 서비스다. 다른 OTT 서비스들보다 비교적 저렴한 요금제를 적용해 가성비가 좋다는 평가를 받는다.

앤서니 브라운의 원더랜드 뮤지엄展

예술의전당 한가람미술관 2층

| 2022. 04. 28.~2022. 08. 31

가정의 달 5월에 앤서니 브라운을 주제로 한 전시가 열린다. 앤서니 브라운은 지난 2000년에 ■**한스 크리스티안 안데르센상**을 수상한 영국 출신의 아동문학가이다. 지난 2021년에는 대영제국훈장 CBE에 서훈 되는 영예를 얻었을 정도로 뛰어난 작가다. 이번 전시에서는 아시아 최초로 공개되는 신작 원화 작품이 포함돼 있다. 신작 외에도 앤서니 브라운의 대표작 원화 200여 점이 전시된다. 나아가 앤서니 브라운의 이야기를 새로운 방식으로 재해석한 놀이형 설치 작품도 즐겨볼 수 있다.

■ 한스 크리스티안 안데르센상(Hans Christian Andersen Awards) 덴마크 출신의 동화작가 힌스 크리스티안 안데르센을 기리고자 1956년에 제정된 상이다. '아동문학계의 노벨상'으로 불릴 만큼 아동문학계에서 높은 권위를 자랑한다.

NELL'S SEASON 2022 'Singles'

유니버설아트센터

| 2022. 04. 22.~2022. 05. 08.

■**넬(NELL)**만의 감성을 가득 느낄 수 있는 콘서트가 열린다. 성큼 다가온 봄에 열리는 총 열 번의 공연에서 관객들은 넬의 음악으로 더욱 따뜻해지는 봄을 느낄 수 있다. 한편, 넬은 최근 모바일 미디어 채널 딩고(dingo)가 선보이는 새로운 오리지널 콘텐츠 '딩고 뮤직 하우스'의 첫 주자로 출격해 화제를 모았다. 딩고 뮤직 하우스는 뮤직 라이브와 토크를 결합한 콘서트 형식의 콘텐츠다. 첫 주자로 출연한 넬은 환상적인 보컬과 밴드 사운드를 선보이는가 하면, 자연스러운 토크까지 이어가며 다가올 공연에 대한 기대감을 더욱 높였다.

■ 넬(NELL) 1999년 결성된 우리나라의 모던 4인조 록밴드다. 멤버는 김종완(보컬), 이재경(기타), 이정훈(베이스), 정재원(드럼)으로 이루어져 있으며, 대중에게 사랑받는 '기억을 걷는 시간' 등의 명곡을 보유하고 있다.

누적 다운로드 수 35만 돌파*
에듀윌 시사상식 앱

89개월 베스트셀러 1위 상식 월간지가 모바일에 쏙!*
어디서나 상식을 간편하게 학습하세요!

매월 업데이트 되는
HOT 시사뉴스

20개 분야 1007개
시사용어 사전

합격에 필요한
무료 상식 강의

에듀윌 시사상식 앱 설치
(QR코드를 스캔 후 해당 아이콘 클릭하여 설치
or 구글 플레이스토어나 애플 앱스토어에서 '에듀윌 시사상식'을 검색하여 설치)

에듀윌 취업 아카데미에서 제대로 공부하세요!

공기업·대기업 수준별 맞춤 커리큘럼
온종일 밀착 학습관리부터 전공&자격증 준비까지 케어

고품질 영상 및 음향 장비를 갖춘 최고의 강의실

언제나 전문 학습 매니저와 상담이 가능한 안내데스크

1:1 대면 첨삭 및 전문 컨설팅어 가능한 일대일 상담실

공용 PC, 프린터, 충전기 등 편의시설을 갖춘 휴게실

강남 캠퍼스	운영시간	[월~금] 09:00~22:00 [토/일/공휴일] 09:00~18:00
	주　소	서울 강남구 테헤란로 8길 37 한동빌딩 1, 2층
	상담문의	02)6486-0600

취업 아카데미
바로가기

매달, 최신 취업 트렌드를
I배송 받으세요!

업계 유일! NCS 월간지

HOT 이달의 취업
최신 공기업 최신 이슈&정보

매달 만나는 100% 새 문항
NCS 영역별 최신기출 30제
+NCS 실전모의고사 50제

월간NCS 무료특강 2강
취업 대표 NCS 전문가의 무료특강

꾸준한 문제풀이로 감을 유지하는 것이 중요한 NCS!
#정기구독 으로 NCS를 정복하세요!

| 정기구독 신청 시 정가 대비 10% 할인+배송비 무료 | 정기구독 신청 시 선물 증정 | 3개월/6개월/12개월/무기한 기간 설정 가능 |

※ 구독 중 정가가 올라도 추가 부담없이 이용할 수 있습니다.
※ '매월 자동 결제'는 매달 20일 카카오페이로 자동 결제되며, 구독 기간을 원하는 만큼 선택할 수 있습니다.
※ 자세한 내용은 정기구독 페이지를 참조하세요.

정기구독
신청·혜택 바로가기

베스트셀러 1위! 1,824회 달성*
에듀윌 취업 교재 시리즈

공기업 NCS | 쏟아지는 100% 새 문항*

월간NCS
NCS BASIC 기본서 | NCS 모듈형 기본서
NCS 모듈학습 2021 Ver. 핵심요약집

1위 22. 3월 2주

NCS 통합 기본서/봉투모의고사
피듈형 | 행과연 | 휴노형 봉투모의고사
PSAT형 NCS 수문끝
매일 1회씩 꺼내 푸는 NCS

1위 22. 4월

한국철도공사 | 부산교통공사
서울교통공사 | 5대 철도공사·공단
국민건강보험공단 | 한국전력공사
8대 에너지공기업

1위 22. 2월 4주

한수원+5대 발전회사
한국수자원공사 | 한국수력원자력
한국토지주택공사 | IBK 기업은행
인천국제공항공사

1위 22. 1월 4주

NCS를 위한 PSAT 기출완성 시리즈
NCS, 59초의 기술 시리즈
NCS 6대 출제사 | 10개 영역 찐기출
공기업 전기직 기출로 끝장

대기업 인적성 | 온라인 시험도 완벽 대비!

1위 22. 4월

대기업 인적성 통합 기본서

1위 20. 11월

GSAT 삼성직무적성검사

1위 22. 4월

LG그룹 온라인 인적성검사

1위 22. 4월

SKCT SK그룹 종합역량검사
롯데그룹 L-TAB

1위 21. 3월

농협은행
지역농협

취업상식 1위!

1위 20. 2월

월간 시사상식

1위 20. 1월

多통하는 일반상식
일반상식 핵심기출 300제

1위 21. 1월

공기업기출 일반상식
언론사기출 최신 일반상식
기출 금융경제 상식

자소서부터 면접까지!

NCS 자소서&면접
실제 면접관이 말하는 NCS 자소서와
면접_인문·상경계/이공계

1위 22. 1월 3주

끝까지 살아남는 대기업 자소서

* 온라인4대 서점(YES24, 교보문고, 알라딘, 인터파크) 일간/주간/월간 13개 베스트셀러 합산 기준 (2016.01.01~2021.11.03, 공기업 NCS/직무적성/일반상식/시사상식 교재)
* 에듀윌 취업 공기업 NCS 통합 봉투모의고사, 코레일 봉투모의고사, 서울교통공사 봉투모의고사 교재 해당 (2021~2022년 출간 교재 기준)
* YES24 국내도서 해당 분야 월별, 주별 베스트 기준

더 많은
에듀윌 취업 교재

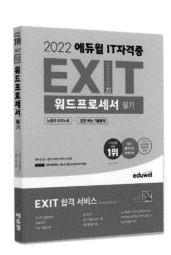

취업, 공무원, 자격증 시험준비의 흐름을 바꾼 화제작!
에듀윌 히트교재 시리즈

에듀윌 교육출판연구소가 만든 히트교재 시리즈!
YES24, 교보문고, 알라딘, 인터파크, 영풍문고 등 전국 유명 온/오프라인 서점에서 절찬 판매 중!

공인중개사 기초서/기본서/핵심요약집/문제집/기출문제집/실전모의고사 외 12종

주택관리사 기초서/기본서/핵심요약집/문제집/기출문제집/실전모의고사

7·9급공무원 기본서/단원별 기출&예상 문제집/기출문제집/기출팩/실전, 봉투모의고사

공무원 국어 한자·문법·독해/영어 단어·문법·독해/한국사 흐름노트/행정학 요약노트/행정법 판례집/헌법 판례집

7급공무원 PSAT 기본서/기출문제집

계리직공무원 기본서/문제집/기출문제집

군무원 기출문제집/봉투모의고사

경찰공무원 기본서/기출문제집/모의고사/판례집/면접

소방공무원 기출문제집/실전, 봉투모의고사

맞춤형 화장품 조제관리사

검정고시 고졸/중졸 기본서/기출문제집/실전모의고사/총정리

사회복지사(1급) 기본서/기출문제집/핵심요약집

직업상담사(2급) 기본서/기출문제집

경비 기본서/기출/1차 한권끝장/2차 모의고사

전기기사 필기/실기/기출문제집

전기기능사 필기/실기

한국사능력검정시험 기본서/2주끝장/기출/우선순위50/초등

조리기능사 필기/실기

제과제빵기능사 필기/실기

SMAT 모듈A/B/C

ERP정보관리사 회계/인사/물류/생산(1, 2급)

전산세무회계 기초서/기본서/기출문제집

무역영어 1급 | 국제무역사 1급

KBS한국어능력시험 | ToKL

한국실용글쓰기

매경TEST 기본서/문제집/2주끝장

TESAT 기본서/문제집/기출문제집

운전면허 1종·2종

스포츠지도사 필기/실기구술 한권끝장

산업안전기사 | 산업안전산업기사

위험물산업기사 | 위험물기능사

토익 입문서 | 실전서 | 어휘서

컴퓨터활용능력 | 워드프로세서

정보처리기사

월간시사상식 | 일반상식

월간NCS | 매1N

NCS 통합 | 모듈형 | 피듈형

PSAT형 NCS 수문끝

PSAT 기출완성 | 6대 출제사 | 10개 영역 찐기출

한국철도공사 | 서울교통공사 | 부산교통공사

국민건강보험공단 | 한국전력공사

한수원 | 수자원 | 토지주택공사

행과연 | 휴노형 | 기업은행 | 인국공

대기업 인적성 통합 | GSAT

LG | SKCT | CJ | L-TAB

ROTC·학사장교 | 부사관